庫

# 1492 西欧文明の世界支配

ジャック・アタリ
斎藤広信 訳

筑摩書房

目次

## 凡例

一　本書は Jacques ATTALI, *1492*, Fayard, 1991/1992 の全訳である。
一　訳文中の注の番号は、巻末の「参考文献」の番号である。
一　原文中のイタリックは〈 〉に入れた。ただし作品名・書名は『 』に入れた。
一　原文中の《 》と（ ）はそのまま《 》（ ）とした。
一　「 」は原著にある大文字の名詞その他に適宜使用した。
一　〔 〕は訳者による補記である。
一　人名、地名などの表記はその国の呼称に拠るよう努めたが、慣用に従った場合もある。

### 注意

一五八二年十月四日まで、日付はすべてユリウス暦〔旧暦〕である。四日の翌日が一五八二年十月十五日となった。グレゴリオ暦〔新暦〕の第一日である。

# 1492 西欧文明の世界支配

# 序

はるか昔、ひとりの巨人が戦争を重ね、勝利を収め、君臨していた。あるとき彼は疲れてへとへとになって退却した。打ちのめされ、拷問にかけられ、死人同様に打ち捨てられ、そのあと彼は多くの支配者によって鎖でつながれた。

のちに巨人の苦痛はやわらいだ。監視人たちの警戒が弱まったのだ。彼は自らの信仰――とても古い――と自らの理性――ごく最近の――から新しい活力をくみ取り、その鉄鎖を揺り動かしてみた。ずんぐりしたある人影《シルエット》が遠くで彼を脅かしたとき、彼はその人影にあっちへ行けと叫んだ。びっくり仰天して、人影はその言葉に従った。

それから巨人はひとつの計画をたてた。じっくりと元気を取り戻し、それから力いっぱい思い切って錆《さび》ついた鉄鎖を一挙に断ち切る。そして世界征服に出発するのだ。

彼は考えたことを実行した。分別のある人間として、復讐する野蛮人として。

ヨーロッパがその巨人である。西ローマ帝国が崩壊すると、ヨーロッパは多くの支配者によって鎖でつながれ、ほぼ一千年の間眠る。それから偶然とも必然とも言えようが、あるときヨーロッパは自分を取り囲む者たちを追い払って世界征服に乗り出し、手当たり次第に民衆を虐殺し、彼らの富を横領し、彼らからその名前、過去、歴史を盗み取る。

一四九二年がそのときである。この年、三隻のカラヴェル船が偶然ひとつの大陸を発見する。ヨーロッパ最後のイスラム王国が崩壊する。ユダヤ人がスペインから追放される。ボルジア家のひとりが教皇に選出される。ロレンツォ・イル・マニフィコ〔豪華王〕、ピエーロ・デラ・フランチェスカ、ポーランド王カジミエシュ四世、ソンガイ族の王アリ・ベルが死ぬ。ブルターニュ公国がフランスに併合され、ブルゴーニュ公国が消滅する。イギリスはヨーロッパ大陸をあきらめ、植民地に目を向ける。カカオ、煙草《たばこ》、玉蜀黍《とうもろこし》、ジャガイモがヨーロッパに知られる。砂糖黍《さとうきび》、馬、天然痘がアメリカに伝わる。マルティン・ベーハイムがニュルンベルクで最初の地球儀を作る。フェラーラで最初の都市計画が発表される。ジェノヴァでは最初のリラ貨幣が発行される。サラマンカでアントニオ・デ・ネブリハ教授が俗語のカスティーリャ語で最初の文法書を出版する。ジュネーヴに梅毒が現れる。ヴァチカンでおそらく最初の輸血が行われる。イタリアでボエティウスの和声音楽論がはじめて印刷される。マインツでミッデルブルグが宗教改革を予言し、ルターの出現を予告する。スペインでは屋内ではじめて劇作品が上演される。

この年、ヴェネツィアに代わってアントワープが経済＝世界の中心となり始める。ヨーロッパは大西洋に目を向け、東洋とその過去のことや地中海とそのイスラム勢力のことは忘れ去る。ヨーロッパはもはやイスラエルではなくローマになることを夢みる。マラーノ的生き方《マラニスム》とともに近代的知識人が出現する。やがて合理主義《ラスィヨナリスム》とかプロテスタンティスムとかになるものが形成される。デモクラシーや労働者階級が思い描かれる。新しい人間像が準備される。新しい支配者たちは名利名声を得ようと、自らの残虐は隠して、正道《レゾン》への熱情、探検の勇敢さ、真理への関心、建造物や音楽に対する夢を並べ立てて語る。そのような「歴史《イストワール》〔物語〕」が書かれ始める。

しかし同時に、「歴史」を勝手に思い描くこの人たちは自分たちの企てに欠かせないことをつい忘れてしまう。すなわち自民族中心主義《エトノサントリスム》、植民地主義《コロニヤリスム》であり、それなしには過去の潔白も未来の「新しい人間」もないということを。そして彼らは自分たちの征服を認めてもらうために、先例のない、熱狂的で破壊的な概念をでっち上げ《アンヴァンシ》、その名において何世紀もの間虐殺を行うことになるだろう。すなわち〈進歩〉という名において。

私はここで、こうした〈カタストロフィー〉――一部の数学者が言うような――、こうした〈分岐《ビフュルカスイヨン》〉――物理学者が言うような――、一般大衆ならばもっと簡単に、たぶんもっとうまく言えそうな、こうした〈巡り合い《ランデヴー》〉を語ろうとした。

それはさまざまな変化、酔っ払いの語るばかげた話が単なる偶然で起こったというようなものではない。これは複雑な仕組み《メカニスム》によって互いに関連した幾多の騒乱の〈必然的な収束点〉なのだ。その仕組みを理解するためには、これまで盛んに見られた、非常に魅力的ではあるが物足りなさも強く感じる、あの長々とした歴史分析だけで満足することはできない。全体がまとまって、ある〈時点《モマン》〉ある〈日時《ダット》〉を構成するあらゆる出来事の詳細にまで入り込む必要がある。そこに、そのあとすぐに人々の記憶に刻まれることになる急激な変化や急展開や主観的な事柄を見つけ出さなければならない。

記念祭を行うことは今や憂慮すべき習わしとなっている。まさに今日、未来があらゆる想像を超えているだけにますます過去が捏造《アンヴァンテ》されるのだ。おそらく一四九二年の五百年祭は、一部をはしょり、手直しをして、記念祭に出資する人たちの株が上がるようなものに限って行われるのだろう。

私は反対に、それらの記念行事を通して、今日重要なほとんどすべてのことは、善い《ビヤン》ことも悪い《マル》ことも、あのときに決まったということを人々に理解してもらいたい。もし一四九二年が違ったふうに展開していたならば、五つの象徴──〈商人〉〈芸術家〉〈探検家〉〈数学者〉〈外交官〉──および今日の主要な五つの価値基準──〈デモクラシー〉〈市場〉〈寛容〉〈進歩〉〈芸術〉──はその近代的意味を持つことはなかったであろうことを。

そして、とりわけ、あの年が違ったふうに語られていたならば。

要するに私は、あのとき人間が人間に対して犯した罪を悔やみ、犠牲者たちに許しを求め、そうして人々の記憶の中に彼らにふさわしい場所を与える勇気を皆に持ってほしいと願っている。

近い将来、新たな残虐行為が人間の健忘症という泥の大量流出を、全く違った規模で、再びもたらすことにならないように。

# 第Ⅰ部　ヨーロッパを捏造する

一四九二年の夜明けとともに、ヨーロッパでは宗教、人口、文化、経済、政治の面でまれにみる復活《ルヌーヴォー》が始まる。この復活はやがてきわめて困難な矛盾に陥り、暴力によってしかそれを断ち切れなくなるのだが、十六世紀のヨーロッパ人に重要な権限を与えることになるだろう。すなわち自分たちの時代の「歴史」を後世の人々に語るという権限を。西ヨーロッパはそのとき、私が〈大陸《コンティナン》＝歴史《イストワール》〉と名づけるもの、世界の歴史を決定し、その解釈を他者に押しつけるのに十分な思想的・経済的・政治的な力を備えたひとつの空間となるだろう。

ところが当時それを予測させるものは何もないのだ。この十五世紀末にあって、もし今日のような情報手段が整っていたならば、どんな観察者といえども、その人口、航海術、兵力、学問知識、富および技術によって他の諸大陸を圧倒していた中国の力にまず注目したであろう。もちろん中国がその巨大化と合議制のために身動きできなくなり、次第に他の世界を受け入れなくなっていたことにも気づいたであろう。またアフリカとアメリカを、すばらしい繁栄を誇る帝国からなる人口の多い大陸として描き出したであろう。インカとアステカ、マリとソンガイはまだ何千年も続くにちがいないように見えたからだ。ヨーロッパはペストによって荒廃し、何十もの都市と対立する国々とに分割され、生気がなく、近隣諸国から脅かされ、「恐怖」と「享楽」、「謝肉祭」と「四旬節」、「信仰」と「理性」の間で迷っている、地球上のちっぽけな郡《カントン》としか映らなかったであろう。

それでもこのヨーロッパから、臆面もなく世界の秩序を覆そうと決心し、一か八かの勝負に出て、恐怖と暴力の間隙《かんげき》をぬって物や思想を作り出し創造し交換する、栄誉と富に飢えた何人かの冒険家、領十と雑多な夢を求める自由奔放な征服者たちを出現させることができたらしいのだ。

## 1　生の勝利

### 生まれる

当時、三億の人間が地球上に住んでいた。その半分以上はアジア、およそ四分の一がアメリカ大陸で、わずか五分の一だけがヨーロッパで生活している。[26] ただしこの数字はきわめて不確かなものである。組織的な人口調査を行なっているところはどこもないからだ。どこでも大多数の人々は自分の生年月日を知らないし、ときには子供の数さえ知らないこともある。この種の最良の史料——一四二七年のフィレンツェ土地台帳——でさえかなり大まかな概数しか示していない。[16]

それらの大まかな概算によると、各大陸における百年単位の人口動態は驚くほど似ているようだ。どこでも人口が同時に増減している。一〇〇〇年から一三〇〇年まで人口は増加し、一三〇〇年から一四五〇年まで減少し、一四五〇年から十五世紀末までは再び増加している。《まるで人類全体が宇宙の原初からの運命にのみ込まれていて、それに比べれば人類の残りの歴史などはさほど重要なことではないかのようだ》、とフェルナン・ブローデルは述べている[12]。

たとえば中国の人口は、一〇〇〇年頃の一億三千万が一三〇〇年頃には二億人に増加し、それからモンゴルの侵攻に伴って一四五〇年頃にはその三分の二に激減している。ヨーロッパの人口もそれと並行して――一〇〇〇年頃の四千万が十三世紀末には八千万になり――、そのあとその半数が一三四八年および一四五〇年のペスト大流行で死んでいる。この恐るべき大量の犠牲者は至るところで経済的・文化的に計り知れない影響を及ぼす。幼児死亡率はかなり高い。世界中で乳児の少なくとも四分の一は一歳になる前に死んでいた。ヨーロッパでは、各小教区ごとに記入されている記録簿が示すように、子供が誕生するとすぐに洗礼を授ける慣行が広まる。十四世紀全体を通じてヨーロッパは飢餓におびえる。食人風習《アントロポファアジ》の事例は一四三六年に至ってもなお指摘されている。

どの国も同じような惨憺たる変化を経験する。たとえばフランスの人口は――一三〇〇年頃は二千万に近づくが――シャルル七世の時代にはおよそ一千万に落ち込んでいる。十四世紀にはフランスの村の少なくとも十分の一が消失した。ドイツでも事情は同じで、十五世紀になっても非常に多くの廃村の跡と、ずっと以前からの荒れ放題の土地が見られる[74]。

そのあとすべてが逆転する。世界中どこでも、十五世紀後半は人口回復の時期を示し、《死の悪循環》[74]に終止符が打たれる。中国、アフリカ、アメリカ、ヨーロッパで再び人口が増加し始める。ヨーロッパでは、世紀中頃にはせいぜい四千万であったのに、一四九〇年にはおよそ六千万に達する。

この急速かつ世界的な逆転の理由はいろいろある。一定の経済発展、気候の緩み、まずまずの平和、より安定した政治組織の形成、伝染病と飢饉の後退、早くなった結婚、出生率の上昇。これらは人口統計学者がよく挙げる理由である[13]。

いずれにせよヨーロッパでは伝染病発生の回数が少なくなる。ペストの相次ぐ流行も次第に衰えてくるし、ハンセン病の流行もずっと少なくなる。たとえ幼児死亡率はほとんど変わらなくても、寿命が伸びる[74]。それまで見捨てられていた村に人々が再び住みつく。生が重要性を取り戻す。いくつかの地方、とくに北ヨーロッパでは拷問が下火にすらなる。個人がより貴重な存在として知覚される。個人の労働がひとつの価値をもたらすからだ。たとえ私生児であっても、子供は以前よりも保護される。一部の階層では、家族が子供の教育に責任を感じ始める。

一四四〇年と一五六〇年の間にヨーロッパの人口は二倍になるが、各国の人口も同じく飛躍的に増大する。一四九二年には、フランスではおよそ千七百万、ドイツでは一千万、スペインでは八百万、イタリアでは七百万、イギリスでは四百万、オランダでは二百万足らずの人々が生活している。人口密度は、スペインでは一平方キロにつきわずか十五人であるが、ドイツでは三十人、フランスでは三十四人、オランダでは三十七人である[13]。フランスは昔から、最も強大なときも、最も都市化されたときでなくとも、最も人口の多い国である。

一四九〇年には、ヨーロッパでは三つの都市だけが十五万人を超している。パリ、ナポリ、イスタンブールである。他の二都市が十万に達する。ヴェネツィアとミラノである。五つの都市――コルドバ、ジェノヴァ、グラナダ、フィレンツェ、セビーリャ――が六万を超す。およそ二十近くの都市――アントワープ〔＝アントウェルペン〕、アウクスブルク、バルセロナ、ボローニャ、ブレシア、ブリュージュ〔＝ブルッヘ〕、ブリュッセル、ケルン、クレモナ、ヘント、リスボン、ロンドン、リヨン、パレルモ、ローマ、ルアン、トゥールーズ、ウィーン――が四万を超している。結局、一四九〇年時点でヨーロッパの二十八都市が――そのうち十五は港湾都市――人口四万以上ということになる。一世紀後には四十二都市になるだろう。中にはとくに急速な発展を遂げた都市もいくつかある。リヨンではルイ十一世時代の二万が十五世紀末頃には五万になる。またアントワープでは、一三七四年には一万八千であったが、一四九〇年には四万になる。

　このように人口が増加すると管理が困難になる。都市の人口密集はずっと前から暴力や伝染病や死の要因となっているからだ。市外区《フォブール》は市壁の外に広がり、農地にまで及ぶ。衛生状態はひどいものだ。大小便は《厠》《ルトレ》つまり階段室に置かれた便所から、まず清潔とは言えない糞尿溜めに垂れ流される。人々は下水管の役目も果たしていた川の水を飲む。浮浪者、よそ者、はみだし者《マルジナル》、病人、乞食は警戒され、札つき、ごろつきだけが都市で黙認される。〈ロタ〉と言えば売春婦と狂人、クレッセル〔がらがら〕はハンセン病患者、マント・コンステレ・ドゥ・コキーユ〔貝殻をちりばめたマント〕は巡礼者、ルエル〔肉などの輪切り〕はユダヤ人のことだ[16]。

この恐ろしい人口急増は新たな都市や公共施設や市街区の建設を促す。道路舗装や排水工事が進められる。都市計画をどうするかが最も重要となる。一四九〇年頃にアヴェルリノ、アルベルティ、フィラレティ、〔レオナルド・ダ・〕ヴィンチが理想的な都市計画を描く。近隣の城館《シャトー》は都市の公共施設となる。〔市壁の〕巡回路は歩廊に変わり、銃眼はガラス工業の進歩により開口部が広くなる。世紀後半になると、人々は都市の新しい力を示すために数々の建造物を建てる。のちに教皇パウルス二世となるヴェネツィア司教ピエトロ・バルボは、サン・マルコ寺院とともに総督《ドージェ》宮殿を増築させる。ブラマンテは、ミラノではサンタ・マリア・デレ・グラツィエ教会の後陣とサン・サティーロ教会の聖具室を、ローマではサン・ピエトロ寺院の〈小聖堂《テンピエット》〉とサンタ・マリア・デラ・パーチェ教会の内庭回廊を設計している。ピエヴォランティはスフォルツァ家のためにローマ、フェラーラ、ミラノで仕事をし、最後はクレムリン宮殿にまで赴き、一四八六年にそこで死んでいる。ローマでは何十という大聖堂《ドウオーモ》が建立される。一四九〇年頃、教皇インノケンティウス八世は、最初の〈市外の《エクストラミユロス》〉別荘であるベルヴェデーレのヴィラを建造させる。そこにはマンテーニャによる見事に装飾された礼拝堂が付いていた。リミニの凱旋門では正面の外観《ファサード》が構想され、ナポリではカステル・ヌオーヴォの城門の建造が始められる。パドヴァではサントのバシリカ聖堂の主祭壇が、フィレンツェでは洗礼堂の第三の門が完成する。ブルネレスキはこの都市にピッティ宮殿、サンタ・マリア・デル・フィオーレ大聖堂、パッツィー家の礼拝堂、サン・スピリト教会を建造する。メディチ家の家令ベネデット・デイによると、フィレンツェでは、一四七二年には《見事に配列された百八の教会、行政機関に使われる二十三の宮殿、三千六百の農地と〈市外の〉別荘、そして市内には見事に作られた五十の広場を数える》という[16]。

### 暮らす

たとえ食事の習慣は何世紀も前からあまり変わらないとしても、経済発展に伴って暮らし方が次第に洗練されてゆく[53]。とくに田舎では、人々は大皿の料理を指を使ってじかに取ったり、あるいは二つに分けたパンの上にのせて食べる。商人や王侯の家では煮込み《ポタージュ》を陶製のどんぶりに盛るが、ふつうは二人で同じひとつの料理を分け合い、客を迎えた主人は《食事の際に夫人か娘が[127]》どの客のそばにもいるように気を配る。会食者全員が同じ取っ手付きの壺《クリュッシュ》か同じ大杯で酒を飲む。裕福な家では肉切り用の板が出てくる。肉が熱すぎる場合に身の回り品のひとつとなっている自分のナイフで肉を突き刺すのだ。裕福な家では雌鹿の脚やライオンとか竜の鼻面をかたどった柄の付いたスプーンも使い始める。大皿の料理を取るのにはじめて二股フォークが使われるが、その柄は銀であることが多い[127]。指を洗うために、たらいや水差しが食事中に回される。テーブルクロスの端で口と手を拭くのがよい作法とされる。ナプキンがある場合はそれを肩にかける。十六世紀になると、ひだ襟《フレーズ》の流行とともに、それが首のところで結ばれるようになる[11]。

あらゆる社会階層で衣服にますます男女の区別ができる。人々は自分を誇示し、羞恥心が薄れる。下層民の着る寛衣《ローブ》や長衣《トージュ》、貫頭衣《チュニック》は使われなくなり、カラーはのちにひだ襟となる。シャツがリンネルとともに広まる。女性の服装はますます自由かつ多様になる。ドレスは緩みが少なくなり、美しい布地への情熱が広がる。重い毛織物は絹織物に、ダマスカス風あるいはヴェネツィア風の織物はビロードや金糸で浮き模様を織り出した絹織物に取って代わられ、あらゆる装身具が銀のリングや宝石で飾られる。このような新しい流行が経済の全般的な発展の原動力となる織物産業の急成長を促すことになる。

個人の衛生観念は依然としてきわめて低い。ハンカチは、一四九一年十二月のアンヌ・ド・ブルターニュとシャルル八世との結婚の際、ある目録の中にはじめて出てくる。(31) 共同浴場は別に珍しくなく、とくに北ヨーロッパはそうである。一四九二年にはウルムに十一、ニュルンベルクに十二、フランクフルトに十五を数える。(16) 木製の柄の付いた豚毛の歯ブラシは一四九〇年頃に中国で最初に作られるが、それがヨーロッパに入って来るのは半世紀後となる。

## 愛する

キリスト教の成立以降、一四六〇年から九二年のわずかの期間ほど、ヨーロッパが性的に自由であった時期はたぶんなかっただろう。売春が公然と認められ、奨励され、ときには市町村当局によって組織されたことすらある。恋愛《アムール》はまだ司祭あるいは官憲の監督下にはない。もちろん結婚は依然として女性の唯一の途《みち》であり、教会が中絶や嬰児殺しを厳しく咎め、出産を夫婦間の結合の本来の目的と見なすことに変わりはない[128]。しかし婚姻はまだ完全に教会の手に委ねられてはいない[128]。伝統神学および教会法によれば、婚姻が有効と認められるには、親の同意も立会人の出席も、司祭の参加さえも求められることはない。二人《フィアンセ》だけで自分たちの運命を決めるのだ。だから婚姻は、秘跡であると同時に夫婦となる者が《結婚契約[128]》を結ぶこと、すなわち〈未来の合意《ウェルバ・デ・フトゥロ》[128]〔婚約〕〉を公に宣言する単なる世俗の儀式にすぎない。この儀式に聖職者が出席するようになると——そうしたケースが次第に多くなる——、聖職者が〈現実の合意《ウェルバ・デ・プレセンティ》[128]〔現実の約束〕〉によって二人を祝福する。だから婚礼はもともと配偶者同士の間で取り交わされる身ぶり、象徴的な品物、誓いの言葉の交換なのだ[128]。一四八三年にシャンパーニュ地方の《結婚式《クレアンタイユ》》では、夫婦は互いに相手に飲み物を与え、《結婚の名において》接吻を交わしている[128]。《お前たちの婚約は公に認められた。私は葡萄《ぶどう》酒によりこの結婚を証する》と娘の父が言う[120]。トロワでは、キルト職人の祭りの最中に、ひとりの男性が《結婚の名において》一個の梨をひとりの娘に差し出すと、出席している女性たちがその娘に《これがあなたの夫よ》と言う[128]。

中世期を通じて文書はないも同然で、言葉が永遠の効力を持つ。たとえ教会から見ても、このような結婚は、死あるいはまれな理由、すなわち近親結婚、女性の不義、インポテンツ、ハンセン病といった理由によってしか解消されることはない[128]。また教会は、恋愛はそれだけで男女の結合を正統化するもので、子供を産む義務とは別であることを結局認める。こうして教会は、結婚がひとつの社会的必要性、協力と愛情の関係であることを容認する[128]。

教会は、《老後をお互い助け合える》[128]ようにと、高齢者同士の結婚も許可する。それはたぶん教会がこれを阻止できないからであろう。しかし同時に教会は、結婚のもっと宗教的な内容を女性たちに伝達しようと努める。ラ・トレムイユ元帥夫人ガブリエル・ド・ブルボンは次のような婦徳の一覧表を作成している。《敬虔で立派な信仰心に満ちあふれ、控え目で操正しく、真面目で横柄なところがなく、口数少なく、寛大で傲慢なところがなく、また一般の学芸に無知ではなく（……）、神学の奥深い部分はあまり詮索することなく、徳義《モラル》と瞑想にふける事柄を愛し[130]……》

いちどきに、しかも同じ理由で、美と恋愛の主題をめぐる物語《ヌヴエル》や詩からなる恋愛文学が華々しく甦《よみがえ》る。イタリアではペトラルカとボッカチオのあと、ベンボ、ポリツィアーノ、ボイアルド、アリオストが――一四九二年に生きている人たちだけを挙げる――トスカーナ語で恋愛文学を確立する。ベンボの抒情詩は恋愛詩の一大絵巻を生む。ボイアルドの『恋するオルランド』は武勲詩に想を得た〈フランスもの〉の押し寄せる波に新風を吹き込み、それは二十年後に最も有名な〔アリオストの〕『狂気のオルランド』をもって頂点に達するだろう。フランスでは、一四六三年頃にフランソワ・ヴィヨンが消息を絶ったあと、詩人とその恋愛作品は伝説に包まれる。彼の二つの詩集『形見の歌』と『遺言詩集』は一四八九年にはじめてピエール・ルヴェにより出版され、一五〇〇年以前に九回も版を重ねる。一四九〇年にはクレマンの父ジャン・マロもすてきな恋愛詩を幾編か発表する。

教育する

結婚と同様、家族の絆も強くなり始める。名前が固定し、子供は以前よりもその存在が認められる。家族——北ヨーロッパは核家族で、地中海沿岸の方はもっと大家族である——が安定してくる。社会のあらゆる階層で、教育が親の義務として少しずつ感知されていく。

北ヨーロッパや田舎や庶民階層では、教育とはふつう、労働力の補助として自分の子供を他人に預けることである。あるイタリア人観察家は、イギリスにおけるこうした子供を預ける慣行について次のように記している。《私が思うに、彼らは自分たちの安楽だけを考えて自分の子供よりもよその子供に手伝いをさせている[128]》。青年を預ける場合は、個人の修業の場としてである。《若者は、家庭環境から引き離された中で、適応するよう試され、また愛情の欲求不満にもぶつかって、人生に立ち向かうべきものと見なされる[128]》

裕福な家では子供を外に勉強しに行かせる。学校教育も子供の育成を他人に委ねる傾向にある点では同じだ[130]。寄宿学校《コレージュ》では教師は何よりも生徒たちの宗教と道徳の教育を引き受ける。十五世紀はじめに、パリのノートル・ダム校の校則の中で、ルアン大司教で大学の学則の改革者ギヨーム・デストゥトヴィルは、学校の目的は《もちろん知識の伝達にあるが、同時に精神を育成し徳を教え、生徒たちの欠点を直し正しくすることにある。そうした訓育はきちんと決められたスケジュールの中でのみ実行されうる[130]》と書いている。時間の暴力が公立学校《パブリックスクール》や寄宿学校で容赦なく行使され、その行き過ぎを抑える法律を制定するところも出てくる。《教師は一家の父親が同意する以上のことはすべきではない》。パリのある条文はこのように規定している。(130)

南ヨーロッパでは、家族は家族だけで閉じこもって生活することが比較的多い。若者を小間使として預けることはそれほど多くない。ゆとりのある階層では、ふつう女性が子供の教育に当たる。(130) ジャン・ドゥリュモーが引用している、あるイタリア人法学者は書いている。《フィレンツェのご婦人たちがこれほど道徳および自然哲学や論理学や修辞学に通じているなんて、私にはとても信じられなかった(38)》

## 治療する

幼年時代に目立つのは病気と死だ。かなりの年齢まで生きる非常に頑丈で健康な者もいるが、平均余命はヨーロッパでも他のところでも、せいぜい三十五歳である。そのうえ一世紀前のペストは大陸の半数の人々を消滅させ、社会構造を崩壊させ、貧民を敵とした。災厄と闘うことは貧民を抑えつけ、彼らを施療院に隔離することだ、と指導者層《エリート》は考える。(4)

どんな小さな伝染病でもそれを予防し治せるものは何もない。お上《かみ》が容認する唯一の治療法は司祭——心を慰め、贖宥状《しよくゆう》を売る——および警官——伝染病患者と浮浪者を閉じこめる——である。不思議な伝染力によってあっという間に大きな被害をもたらすこれらの病気から社会を守ろうとしても、医師はまだ一介の理髪師にすぎない。瀉血を施して下剤をかけるのだが、うまくいくことはそう多くはない。一一三〇年の公会議であらゆる医療行為が禁止されたとはいえ、修道院ではその分野に関する古代の知識が守られ、学ばれ、次の世代の人々に受け継がれる。(4) 植物園ではさまざまな植物や毒薬や薬が試され、分析される。聖職者も非聖職者もそれぞれヒポクラテスの医学を再発見する。これらの医師たちの大部分はユダヤ人であり、アラビア人から薬草による熱さまし、出血の際の焼灼《しょうしゃく》、腸障害の療法を学んでいる。十二世紀に最初の医学部がパリに創設されたあと、モンペリエ、サラマンカ、オックスフォード、フィレンツェなど、あちこちに医学部が創設されたが、治療の上で実質的な進歩はなかった。

その貧弱な専門知識にもかかわらず、一四九〇年頃にひと握りの医師が王侯たちの侍医となり、彼らに助言と安心感を与える。(121) すぐれた腕前と評判だったのは、ボローニャではアレッサンドロ・キッリーニ、ナポリではルイ・ドルレアンとシャルル八世の侍医アンジュ・カトー、パリではシャルル八世の侍医で一四九一年に『熱についての研究』を出版したアントワーヌ・シタダンやマルチオ・ガレオットやゴルサン、ローマではアレクサンデル・ボルジアのスペイン人侍医ガスパール・トレーリャ、ウィーンではオーストリア大公マクシミリアンの侍医ヒエロニムス・バルドゥングである。(121)

一般民衆においては、キリスト教が苦痛に神秘的な意味を与えて以来、苦痛との関係のあり方はほとんど変わっていない。古い昔からの知識に頼る農民は、相変わらず警官や司祭よりも妖術使い《ソルシエ》や治療師《ゲリスール》の方を信用している。(4) ヨーロッパのあちこちで、妖術使いは崇拝されると同時に恐れられる。梟《ふくろう》に変身して子供の血を吸いにやって来る老婆とか、死体を食らう妖術使いとか、ひどい話が恐る恐る口から口へと伝えられる。[16]当局も教会も、ヨーロッパの異教の過去を思わせる、このなかなか捕まらない相手を認めることはほとんどなく、至るところで彼らを執拗に追及し、有罪にする。たとえば選任されて三カ月にもならぬ当時の教皇インノケンティウス八世は、一四八四年十二月五日の勅書により、二人の聖ドミニコ会士ヤーコプ・シュプレンガーとハインリヒ・クレーマーに、ドイツに赴いてあらゆる調査機関を使って、妖術使いについて、またローマ教皇庁の権威に従わないことで知られる教会については[16]その内部まで含めて、調査するよう依頼している。次の文書は当時の最も優れた人たちの盲信をよく示している。

《妖術使いは妖術、魔力、呪文、そのほか忌まわしい迷信や非難すべき魔法を使って、人間の子供や動物の子供、農作物や葡萄《ぶどう》の若枝や樹木の果実を弱らせ、窒息させ、死に至らしめた。しかもそれは子供ばかりではなく、成人した男や女、大小の家畜やその他あらゆる種類の動物、葡萄の木や果樹園や畑や牧草地、穀草や穀物や野菜(……)にまで及んだのである。奴らは男が女を妊娠させたり、女が身ごもったり、人々が正しい夫婦のお務めを果たしたりするのを妨げるのである[16]》

教皇は自分の書いていることを信じているのだろうか、それとも単に民間信仰を容認することによって民衆に受け入れてもらおうとしているだけなのだろうか。それを決めるのはむずかしい。いずれにせよ二年後の一四八六年に、二人の聖ドミニコ会士はその調査結果を『邪悪な者への鉄鎚』という一冊の書物に公表する。その中で二人は、妖術使いの空中旋回や魔女集会《サバト》の存在について反論の余地のない証拠をつかんだ、と本気で断言している[16]。また魔女をその癖や挙動から見分ける方法も説明している。悪魔と契約を結んだ最初の体系的な論述の試み[16]である同書は世紀末まで九回も版を重ね、何千という人々を火刑台に送り込むことになる。この書物は純潔にも罪科にも飢え、追放すべき敵を待ち伏せしているヨーロッパの精神を見事に示している。当時〈妖術使い〉は、――それにつづいて〈ユダヤ人〉や〈イスラム教徒〉や〈先住民〉が――ヨーロッパの敵の象徴的存在である。このほとんどキリスト教的とは言えないヨーロッパが存在するためにでっち上げ《アンヴァンテ》、そのあと自らの過去を脱ぎ捨てて潔白になるために追放される人たちである。

## 死ぬ

いかなる社会もそれが死に与えうる意味を中心に組織される。どこにでもついて回る、思いがけない不快な死は人間の日々の道連れである。ヨーロッパでも他のところでも、聖なるもの《サクレ》だけが死に意味を与える。勃興しつつあった商人階級の新しい表現形態――文学、絵画、彫刻、音楽――が死に支配され、〈往生術《アルス・モリエンディ》〉に関する書物が数多く出版され、〔墓上の〕横臥像が彫刻され、レクイエムが作曲されるのは、十五世紀末にあっては死の持つ意味が本質的にはまだ宗教的なものだからだ。教会は死に伴う儀式を用意し、苦しみと報い、地獄と煉獄を巧みに添えて、死の制裁を行う最後の審判を作り上げる《アンヴァンテ》。永遠の生命は教会に捧げられる献金によって得られ、教会が正しい死に方を規定し、贖罪のための罰金を決める。最初は王侯に限られていた献金による減刑も、やがてそれが可能な財力を持つすべての人々に開かれるようになる。

しかし同時に、市民階級《ブルジョワジー》は別の未来を望む。彼らがその財産を譲ろうとするのは自分の子供たちにであって、もはや教会にではない。そこで献金は遺産に変わり、教会への基金は遺言に変わる。お金が教会を離れるとき、信仰が揺らぐ。

## 2 信仰の衰え

### 信じる

十世紀以上も前から、東も西もヨーロッパはキリスト教である。少なくとも表面上は。というのは、ヨーロッパすなわちキリスト教圏ではないからだ。第一に、ヨーロッパでキリスト教信仰が頭角を現したのは、それがケルトやゲルマン、イベリアやヴァンダルの神々に普遍的な聖人の扮装をさせて異教の宗教を取り込むことができたからにすぎない。第二に、境界外にもキリスト教徒が存在している。それから、まだヨーロッパのあちこちにユダヤ教徒や異教徒やイスラム教徒がいる。最後に、教会自身がその中心たるローマにあって熱烈な信仰の模範ではないからだ。

それでもヨーロッパの民衆の心には、霊的恐怖、迷信、予言、威嚇に妨害されながらも、熱心な信仰心が宿っていた。説教師たちは村から村へ――一四五六年の彗星の通過が知らせる――不吉な災害の起きる〈重大な年《マグヌス・アヌス》〉のことか、あるいは《反キリストの年》のことか、あるいはまた〈大洪水の年《アヌス・アクアエウス》〉(16)のことを、予告して回る。それぞれ、一四八四年、一五〇〇年、一五二四年にあたる。天蝎宮《てんかつ》での木星と土星の合《ごう》は一四八四年十一月二十三日と予告されるが、それはひとりの《教会を滅ぼす修道士[119]》の到来を招くだろうという噂が人々の間でささやかれる。一四八四年が過ぎて、パドヴァの占星術教授でオランダの聖職者パウル・ヴァン・ミッデルブルグは『今後二十年間の予言』の中で、その期日は一五〇四年に延期されると書いている。一四九〇年にはヨハネス・リヒテンベルガーという人が『驚くべき予言あるいはプラクティカ』を出版するが、そこでは《小預言者》の到来を一五二四年に延期している。この書物はその後も版を重ね、教養ある読者層に大好評を博する[119]。

ヨーロッパの最も優れた人たちはまだ自然の異変《メタモルフォーズ》を信じている。知性の解放の中心にあったフィレンツェにおいてさえ、最も偉大な哲学者たちが、重大な出来事は必ず土曜日に起こるとか、戦いを交える前にはこれこれの通りを横切るのは避けたほうがよいとか考えている。フランドル地方ではエラスムス自身が、ある《不思議な獅子》がいつも自分の身にかかわって呪いから自分を護ってくれると考え、また七の倍数の年をひどく恐れている。

どこでも人々はさまざまな聖遺物を崇拝し、巡礼の旅が終わるとそれらに寄進する。聖地エルサレムはマムルーク朝の支配下にあり、そこに近づくことはほとんどできなかったので、人々はモンセラート、ロカマドゥール、モン・サン・ミシェル、ケルン、サンティアゴ・デ・コンポステラ、ル・ピュイに赴き、聖人の墓所で黙禱する[47]。七年ごとに開帳される《マリアさまのヴェール》を見にエクス・ラ・シャペルに赴く[47]。ケルンを訪れて東方の三博士の聖遺物にお参りをし、あるいはカンタベリーに行って聖トマス・ベケットの墓所で祈りを捧げる[16]。ヨーロッパは一神教を我が物とし、それが東方《オリヤン》から来たことなど忘れ去る。

それには伝達手段――何よりも印刷術――がその役割を果たす。書物は巡礼者の杖となり、巡礼路を示し、宿泊地について詳述し、泊まる宿や見学すべき建築物の傑作についての案内までもすでに載せている[47]。

このような雑然たる信仰を前にして、ローマ教会は制度としては副次的な力にすぎない。もちろん教皇は常にキリスト教君主たちの調整役と自認しており、まれにではあるが依然としてカトリックの国々の首脳会議を召集し、主宰している。しかし教皇は彼らの人質にすぎず、もはや主人ではない。一四一七年にマルティヌス五世は公会議に対する自分の政治力がなくなったことを公然と認め、国家の主権を暗に承認さえしている。アヴィニョンの出来事〔いわゆる教皇のバビロン捕囚(一三〇九―七七年)〕ですっかり信頼を失った教皇庁は、ローマに戻ると一四三九年以降、軍事的・政治的・経済的独立を得てその影響力を回復したいと考える。こうして教皇庁は資金を集め、領土を拡大し、軍隊を組織することに専念する。破門の脅し、昇進の約束、枢機《すうき》卿《けい》の位の割り振り、軍事的脅しを用いて、ヴァチカン〔教皇庁〕は王侯や商人たちと複雑な関係を結ぶ[131]。ローマに復帰するとヴァチカンは、偽造文書――いわゆるコンスタンティヌスの《贈与証書》――を根拠に《教会国家》に対する主権を主張し、ナポリ、シチリア、サルデーニャ、コルシカに対するいっそう不確かな統治権を要求する。一四四〇年にイタリアの学者ロレンツォ・ヴァッラがこれらの主張の法的有効性を疑問視すると、ナポリ王アラゴンのアルフォンソ五世はその検討をすすめるよう彼を激励する。ところがそのあと王はヴァッラを無視し、他のイタリア諸侯との関係をこれ以上悪化させまいとして、教皇に対して正式に従属を認めることを承諾する。

十五世紀後半の五十年間に、教皇領の再興および教会の不動産の拡大によって、教皇庁はその旗の下に馳せ参ずることを承諾する諸侯や諸国の利権を支えうるだけの経済的・軍事的強国となる。十字軍は忘れ去られ、東方教会は見捨てられ、キリスト教世界は今やローマ、ヨーロッパ、ラテンの世界である。こうしてそのときから、聖座《サン・シエジュ》〔ローマ教皇庁〕はヨーロッパの列強間の絶え間ない抗争の的となる。信仰の価値が何の役割も演じず、そのかけらさえ見られない闘いだ。列強はそれぞれローマで多額の出費をして枢機卿や修道会員のグループを養い、そうしていつの日か身内のために教皇の位を得ようと願う。依然としてヴェネツィア共和国が経済界も聖座も支配している。ミラノとフランスがそれに干渉しようとしている。カスティーリャ王とアラゴン王の聖座に対する影響力が次第に大きくなり、ローマから四方八方に広がるボルジア家が管理してくれている財力を聖座に注ぎ込む。

サラゴサ出身で彼ら一族の最初の人物アルフォンソ・ボルジアは、アラゴンの枢機卿ペドロ・デ・ルーナ――ベネディクトゥス十三世としてアヴィニョンで教皇となった――の庇護のもとに、アラゴン王アルフォンソ五世の私設秘書となる。(29) 教会の再統一を弁護したアルフォンソ・ボルジアは、教皇マルティヌス五世の御代《みよ》にはバレンシア大司教、およびアルフォンソ五世の息子の家庭教師となる。そのあと彼は甥のロドリゴ・ボルジアの後見人となり、対立教皇フェリックス五世が教皇位を放棄した年の一四四九年にローマに住みつく。一族はもはやイタリアを離れることはない。彼は教皇ニコラウス五世の御代には枢機卿となるが、バレンシア大司教の身分も保ちつづける。あらゆる高位聖職者と同じく、できれば身内の者を教皇庁の金もうけになる地位につかせようと腐心していた彼は、当時十四歳であった甥のロドリゴをバレンシアの大聖堂の聖歌隊員にする。こうして巧みに巣を張りめぐらしたので、コンスタンティノープル占領の二年後の一四五五年にニコラウス五世が死ぬと、オルシニ家とコロンナ家とのとめどのない抗争の仲裁役を務めていた彼は――当時七十七歳であった――カリストゥス三世として教皇に選出される。彼はジャンヌ・ダルクの名誉を回復させ、立派なスペイン人としてバレンシアの反ユダヤの説教師ビセンテ・フェレールを聖列に加える。(29) ただちに彼は一族の者たちに多くの利益をもたらす。ロドリゴ――甥の中で最も有望かつ野心的な人物――はまず教皇の公証人、バレンシア大司教区のサンタ・マリア・デ・ハティーバ教会主任司祭、次いでアンコーナ辺境領の教皇使節、教皇庁副長官、イタリア全土の教皇軍総司令官、最後は教会の長官代理、そして教皇となる。もう一人の甥ルイス・フアンも、教皇選出後すぐに枢機卿に任命される。ロドリゴの兄ペドロ・ルイスは聖ペテロの世襲領〔教皇領〕の総督、次いで教会の高位の世俗職であるローマ長官となる。(29) 二年の間に、腐敗と威嚇と放埒の中、ボルジア家はヴァチカンの宗教的・世俗的権力のほとんどすべてを支配する。

カリストゥス三世が教皇になってわずか三年後の一四五八年八月六日に死ぬと、フランス王は教皇権をスペインの支配から引き離しにかかる。王はミラノとヴェネツィアの助力を得てルアン大司教で他にも六つの司教区を持っていたギヨーム・デストゥトヴィルを教皇に選出させようとする。しかし彼は最初の投票で、カトリック両王や神聖ローマ帝国やブルゴーニュ公の支持するシエナのエネア・シルヴィオ・ピッコローミニに敗れてしまう。この並はずれた知識人は、かつて反教皇派であったときに彼らの参謀となっていた人物である。教皇ピウス二世となったピッコローミニは一四六〇年に、先の教皇たちと同様、トルコ軍に対して十字軍を組織しようとする。マントヴァの会議で、彼はヨーロッパの君主たちから体のいい支持しか得られない。それを見て取った彼は一四六一年一月に、いささか皮肉っぽくトルコ皇帝《スルタン》に改宗を勧め、その代わりとして皇帝に東ローマ帝国を約束する。彼は次のように書いている。《間違いなく貴下は世界で最も偉大な君主となられるであろう。貴下に足りぬものはただひとつ、洗礼のみ。少々の水を受けられよ。さすれば貴下は聖なる王冠を頭に載せたあの臆病者どもすべてを支配し、必ずや祝福された王座の上にすわることであろう。わが新しきコンスタンティヌス〔ローマ皇帝〕になってほしい。さすれば貴下に対して我も新しきシルウェステル〔ローマ教皇〕となるであろう。改宗なされよ。そして我々二人して、わがローマとコンスタンティノープル——今では貴下のものである——でもって、新しき世界の秩序を築こうではないか(16)》。おそらくこの親書は相手に届かなかったのであろう。いずれにせよ何の返書もなかった。この親書はローマとビザンティウム、ローマとエルサレムの統合の夢の終わりを示すものだ。

それでもほどなくピウス二世は小艦隊を集めることに成功する。しかしその彼も乗船を目の前にして、一四六四年八月十五日にアンコーナで死ぬ。そのとき十字軍という考えはヨーロッパの夢から消えるのだ。聖地に赴いてそれを奪回しようとする者はもはや誰ひとりいない。もちろんそれをしきりに口に出す者はいるだろう。コロンブスをはじめとして、カスティーリャのイサベル女王やシャルル八世である。しかし誰しもそれが言葉だけのものであることを知っている。教会はもはや東方にはない。ヨーロッパが作り出される。そしてその夢は別のものである。

一四六四年八月三十日にデストゥトヴィル枢機卿は再び教皇候補者となるが、最初の投票でまたもや負けてしまう。選出されたのはロドリゴ・ボルジアの友人でヴェネツィアの枢機卿ピエトロ・バルボで、彼はパウルス二世を名乗る。その頃ロドリゴ・ボルジアの影響力は絶大であった。大金持ちとなった彼は、サンタンジェロ橋とカンポ・デイ・フィオリとの間にある大邸宅に住み、愛人ヴァノッツァ・カッタネイとチェーザレやルクレチアなど四人の子供たちと一緒に暮らしている。一四七一年七月二十六日にパウルス二世が死ぬが、彼は自分の候補者を押しつけることができない。フランスおよびミラノ公の支持を受けて、修道会の総会長となっていた遠慮がちなフランシスコ会士フランチェスコ・デラ・ロヴェレが教皇に選出され、シクストゥス四世を名乗る。ところがロドリゴがこの主人の中に見いだすのは陰謀と腐敗にまみれた姿なのだ。新教皇は自分を選出してくれた枢機卿たちに報償を与えたあと、自分の甥六人を枢機卿に昇進させる。彼らのそれぞれが、当時の他の枢機卿たちと同じく大金持ちになる。――一四六五年に教皇代理枢機卿《カメルレンゴ》ルドヴィコ・トレヴィザンは三千ドゥカートの遺産を残しはしなかっただろうか。それぞれがローマに邸宅を所有し、自分用の兵士、楽士、画家、道化役、占星術師を抱える[131]。助祭枢機卿会《カルディノー・ディアクル》の会長ロドリゴは権力にしがみつく。危険を感じた彼は司祭職につき、そこで純潔の誓いをすることになる。スビアコ修道院長の彼は枢機卿会の財務担当となる[29]。一四七二年六月に彼は教皇シクストゥス四世に、一四六九年に近親者同士で結婚していたカスティーリャのイサベルとアラゴンのフェルナンドの縁組を正式に認めさせる。一四七四年に彼は愛人を自分に仕える士官のひとりと結婚させる。ローマ教会はすっかり信用をなくす。フィレンツェでは二十二歳の無名の青年サヴォナローラがドミニコ会に入り、富の放棄について説教する。二十年後に彼はボルジア家とメディチ家にとって最も危険な敵となるだろう。

　一四七六年七月二十四日にロドリゴはポルトの司教枢機卿《カルディナル・エヴェック》および枢機卿会の会長となる。しかしシクストゥス四世はいち早くイタリアにおける自分と一族の主導権を確実なものにする。一四七八年に彼はまずフィレンツェの責任者をメディチ家に代わって彼の甥のひとりに移そうとする。ジュリアーノ・デ・メディチが死んだにもかかわらず、彼はそれに失敗する。次に彼はトルコの脅威からヴェネツィアを守ることを口実に、一四八一年にイタリア諸国を再編成しようとするが、それにも失敗する。しかし依然としてローマはあらゆる国の高位聖職者や外交官の出会いの場所であり、枢機卿たちがそこで果たす役割は増大する。

その間ロドリゴ・ボルジアは人目をひくことは避けようと努める。彼は詩や物語を書き、音楽を楽しみ、ユマニストたちを庇護し、図書館や美術コレクションの充実に力を貸す。だからといって清貧の誓いを立てたわけではない[29]。彼はスパダルレトの別荘用に、ボッティチェリやペルジーノやギルランダイヨやフィリッポ・リッピに作品をどんどん注文する。枢機卿アスカニオ・スフォルツァは、ミラノを支配していた兄ルドヴィコ・イル・モーロに宛てたある書簡の中で、ロドリゴ・ボルジアのローマの大邸宅で《見事に細工を施した金銀の壺で一杯の飾り戸棚やさまざまな大皿小皿》を見たが、《いずれも実にすばらしい光景であった[16]》と述べている。

シクストゥス四世が一四八四年八月十二日に死ぬと、ローマ最強の一族のひとつとなったデラ・ロヴェレ家は、叔父の後継者としてジュリアーノを教皇候補者に擁立しようとする。ロドリゴは脅威を感じ、一か八かの勝負に出る。教皇選挙に立候補するのだ。しかしスペインの台頭を阻止し、ナポリを抑えることで固く手を結んだフランスとミラノ側を前にして、彼は敗北する。ジュリアーノ・デラ・ロヴェレ――のちにユリウス二世となる

——の勝利を阻もうと、ロドリゴは彼を抱き込み、ジェノヴァの凡庸な枢機卿ジョヴァンニ・バティスタ・チーボを教皇の座につける。インノケンティウス八世である。ロドリゴは自分の活動は終わったと考え、静かな生活に戻る(29)。

その頃ローマはかつてないほど奢侈、放蕩、腐敗にまみれ、ヨーロッパの多くのキリスト教徒の憤激を買っていた。教皇庁は他のイタリア公国の中の一公国にすぎず、陰険な政治的陰謀とひどい奇襲攻撃にすっかり消耗し、探検家たる君主たちに征服した土地を振り分けたり、枢機卿の位と司教区を割り当てたり、君主たちを買収したり、可能なかぎり贖宥状を売って宮殿や大聖堂の資金にするのに追われていた。信仰どころではないのだ。十字軍は忘れ去られ、新たな教会分裂が起ころうとしている。ボヘミアで残酷な形でつぶされた一四一三年のヤン・フスの離教を、誰ひとり忘れてはいない。新教皇はそれを強く感じたのか、すぐに自分が暫定的な教皇以上の存在であることを示す。

インノケンティウス八世は教皇に選出されてわずか三カ月後に、ドイツの妖術使いに悪魔の化身および異端配達人として有罪判決を下す。一四八六年にはブレシアの異端審問官たちが教皇に唆されて、市当局が処刑しようとしない多くの妖術使いに死刑を宣告する。

修道院では、パウルス二世の親族で聖堂参事会員修道会の設立者、次いでパドヴァのサンタ・ジュスティーナ修道院長となったヴェネツィアの青年貴族ルドヴィコ・バルボの指導により、ベネディクト会士が規則の厳守、つまり清貧を復活させる。ティエレーニやモンテカッシーノやスビアーレやシエナ近くのモンテ・オリヴェートにいる他のベネディクト会士も、フランシスコ会士もドミニコ会士もそれにならう。人々はこぞって聖アウグスティヌスや聖トマス・アクィナスの著作を再認識する。オランダでは《共同生活の兄弟会》が苦行を説き、ロイスブルークが魂と神との邂逅についての教育を展開し、フローテとラーデヴェインが〈新しき信心《デヴォチオ・モデルナ》〉を諸国に広める。フランスではジャン・スタンディックとルフェーヴル・デタープルが、ラインラントではトマス・ア・ケンピスが、内的生活の完成を目ざした心霊修業を広める。純化へのすさまじい欲求が現れる。そしてローマ教会は、はっきり決めることもなく、ヨーロッパのすべての君主たちに、非キリスト教徒やユダヤ教徒やイスラム教徒を追い払って大陸を《純化する《ピュリフィエ》》するよう仕向ける。時代の皮肉だ。このキリスト教純化の狂信的欲求は一四九二年に頂点に達し、その年に歴代教皇の中でも最も堕落した影のスペイン人ロドリゴ・ボルジアが教皇に選出されるだろう。

**排斥する**

他の二大陸を征服した勇壮果敢なイスラムの活動領域も、十五世紀末には、もはやヨーロッパにはほんの小さな飛び領土しか残っていなかった。グラナダである。イスラム教国であると同時にジェノヴァの植民地でもあるこの壮麗な都市では、アフリカの金《きん》や東洋の香辛料やフランドル地方の織物が取引されていた。

ローマ教会とカトリック両王は、この都市を始末してヨーロッパのイスラムの長い歴史に決着をつけ、この寄生虫を追い出してキリスト教大陸を《純化》しようとする。

寄生虫だって！　なるほど。たしかにイスラム教はその出現以来、地中海両岸の宗教である。イタリアとスペインはかなり早くから、ときにはキリスト教がそこに根づく前からイスラム教を受け入れている。しかしイスラム教は、ユダヤ教とは異なり、共同体《コミュノテ》ではなく諸国民《ナスイオン》の中に構成される。だからキリスト教世界の〈中〉には組み込まれないが、その〈傍らに〉住みつくか、あるいはそれに取って代わる。こうしてイスラム教徒は北ヨーロッパの征服に失敗したあと、スペインや南イタリアの自治都市の中に根を張る。紀元一〇〇〇年になる頃、イベリア半島の三分の二はおよそ二十のイスラム公国に分割される。(2)それらは多くの場合、トレドとかグラナダのように開かれた都市で、イスラム教徒の芸術家や学者、キリスト教徒やユダヤ教徒、ギリシア古典の翻訳家や有名な医師を受け入れている。(136)

寛容で創造的であるとはいえ、この存在はローマの気に入らない。アフリカの金《きん》をねらい、〔エルサレムにあるキリストの〕聖墓の返還を主張するローマ教会は、君主たちをどこでても、まずヨーロッパでイスラム教徒と戦うよう仕向ける。一〇七三年にカノッサの教皇グレゴリウス七世は、ベネディクト会士であれば誰でもイスラム教徒を征伐しに行ってもよいと敢然と認める。その五年後にアラゴンのキリスト教王サンチョ・ラミレスは、隣接するナバラ王国の野心から身を守るために、教皇庁に服従を誓い、また自らの信仰を明らかにしようとして南部イスラム教地域の奪回戦争を開始する。(2)すべてはそこに始まる。そして一四九二年に終わるのだ。

一〇八五年にグレゴリウス七世が死ぬと、カスティーリャ王アルフォンソ六世がイスラム軍と戦うアラゴン軍に加わってトレドを奪回し、イスラムの精鋭はそこから逃げ出す。クレルモンからウルバヌス二世が西欧騎士軍団をエルサレム攻略に差し向ける。のちに歴史家が十字軍と名づけるものに参加するずっと前からポルトガル、ナバラ、カスティーリャ、アラゴンの諸土は、彼らの半島からイスラム教徒を追い出そうとし、またシチリアの新しいノルマン人支配者たちはイスラム教徒を海に追い出す。このときから――二世紀にわたって――彼らは自分たちの半島をいわば解放すべき聖地と見なし、もうひとつの、東方の聖地を忘れ去るまでになる……

イスラムの君主たちも黙っていない。彼らの軍隊は強力であり、よく編成されている。たとえば一一九四年にグラナダの支配者アン＝ナシールはマドリッドまで北上し、ナバラ軍をアラルコスで粉砕している。ナバラ軍もトルトサおよび半島のもう一方の端で反撃するが及ばない(2)。その三十年後にはキリスト教軍が強力になり、優位に立つ。一二三〇年にイスラム支配のエストレマドラ地方が四方八方から攻撃され、ポルトガルの手に落ちる。コルドバは北からの攻撃を受けて一二三六年に降伏する。次いで一二四六年にはバレンシアとハエン、一二四八年にはセビーリャ、ひき続いてアンダルシア地方が降伏する(2)。イベリア半島のキリスト教圏はモロッコ沿岸地方にまで達する。

征服された諸都市はただちにキリスト教のしるしを帯びる。壮麗なイスラム教寺院《モスク》が大聖堂《カテドラル》に変わる。イスラム教徒は改宗しなくとも許されるが、以前にイスラム教に改宗したキリスト教徒である《背教徒《エルチェ》》は追放される。スペインは十字軍に失敗したヨーロッパの君主たちの慰めとなる。

一二四八年には、独立国として唯一残っているのは――ヨーロッパのイスラム教の栄華を示す最後のシンボル――グラナダ王国だけであるが、君主ムハンマド・アル＝アハマルは、カスティーリャにもアラゴンにもモロッコの首長たちにも莫大な代償金を支払い、それと引き換えに王国を守ることに成功する。[2] 当時ここは世界で最も美しい都市のひとつである。各地からここを訪れる人々、フランドル地方の知識人、ドイツの楽士、イタリアの商人、そしてどうやらエチオピアの君主や中国の使節までもが回教寺院や宮殿や庭園のすばらしさに驚嘆している。

グラナダとそれ以外のスペインとの間に戒厳令が敷かれているわけではない。人々は互いに寛容を示し、他方の陣営に移ったり、どちらかに改宗したりする。それでもときには村の破壊、捕虜の虐殺、小競り合い、強制的改宗などが憎しみをかき立てることもある。城を取ったり取られたりすることもある。キリスト教両王はなかなかうまくやれない。カスティーリャとアラゴンには征服地の人口を増やすだけの人々はいないのだ。そこでグラナダが税収の半分近くをそこに供給する。こうしてこの都市は、二世紀の間、そのまま壮麗な形を残す。しかもそこはアフリカとヨーロッパとの交易の一大中心地、キリスト教国に金《きん》を調達するのにきわめて重要な場所、ジェノヴァ人やスペイン人とマグレブ〔モロッコ、アルジェリア、チュニジアの地域〕との交流点となる。この都市のおかげで、しばらくの間、イスラム教に対するキリスト教の不寛容がいささか和らげられる。

すべてが一四六〇年に変わる。ポルトガルがアフリカに進出し、金鉱を独占するとさである。その頃グラナダにはカスティーリャに税を支払うだけの資金はなくなっている。決定が下される。――たぶんアルフォンソ・ボルジアのあとピウス二世が教皇となって間もないローマで――ヨーロッパのイスラム教徒の最後の拠点に決着をつける決定が。

内紛で疲弊しているグラナダに対する戦いが準備される。首長ムハンマドの弟がマラガで我こそは王なりと宣言する。ジブラルタルが一四六二年に陥落する。ポルトガル、カスティーリャ、アラゴン、ナバラの諸王は最後の攻撃を準備する。スペインの二人のいとこ、カスティーリャのイサベルとアラゴンのフェルナンドは一四六九年に結婚後、ポルトガルとの争いとカスティーリャの内乱問題が終息するや、一四七九年に両王国を統一し、その軍隊の力によってできるだけ早く決着をつけようと考える。しかしグラナダ軍もまだまだ強力である。長期間にわたって掠奪や小競り合いが繰り返され、睨み合い、探り合いがつづく。一四八一年十二月にグラナダ軍は主導権さえ握り、その世紀はじめにカスティーリャ人に占領されたサアラの城を奪取する。今度はセビーリャ軍が反撃に転じてアラーマの都市を占領し、イスラム教徒の攻撃に備えて防備を施す。一四八二年七月九日にフェルナンド自ら率いるカスティーリャ軍がローハを包囲する。十四日にこの都市はグラナダから来た援軍に助けられ、キリスト教軍を撃破する。ローハでの敗北でフェルナンドとイサベルは屈辱を覚え、グラナダとの全面戦争を開始する。そこで聖墓の上にではなく、もっと安易に、アルハンブラ宮殿の上に《キリストの十字架を掲げる》ために、最後の十字軍が始まる。それは一四九二年早々に達成されるだろう。

この最後の《奪回》は単なる健康のための散歩といった楽な道のりではない。一四八三年三月に三千人のキリスト教兵士がマラガ地域で敗北し、二千人が捕虜となる。四月には首長の二人の息子のひとり、野心的だが優柔不断でぱっとしない人物ボアブディルが父に代わってルセナを占領しようとする。彼はそれに失敗してスペイン軍の手に落ちるが、彼らに仕えるという密約をして釈放される。一四八四年六月にキリスト教軍はアローラを占領しマラガを攻撃するが、マラガは抵抗する。一四八五年一月にフェルナンドは再びローハを包囲するが徒労に終わる。首長の弟《サガル》がアルメリアを征服する。彼の甥ボアブディルが約束を破ってスペイン軍を攻撃する。再び捕らえられた彼は、もう一度スペイン軍の配下につくことを約束して釈放される。一四八五年五月二十二日にカスティーリャ軍がロンダを占領する。ほどなくサガルが首長の兄を罷免する。一四八五年九月、失脚した首長の息子ボアブディルはフエスカに場所を移し、一四八六年三月にそこから叔父に反逆を企て、そのあと王国の東側と引き換えに彼を首長と認める。驚くべき精神力だ！　一四八六年五月二十日にフェルナンドは三たびローハを包囲するが、ボアブディルがそこに来て抵抗する。二十九日にこの都市はついに陥落する。フェルナンドの恨みが晴れる。今度もスペイン軍はボアブディルに三度目の隷属の誓いをさせたあと、彼を釈放する。政治における永久運動のようなもの……

一年後の一四八七年四月二十九日、サガルの不在に乗じてボアブディルはグラナダに入って権力を掌握し、キリスト教両王に使者を送る。彼は封地と引き換えに、交戦することなく都市を明け渡すことを両王に約束する。カトリック両王は彼の提案を受け入れるが、戦争の準備は怠らない。終結はもうすぐだ。スペイン軍は駐屯地のあちこちでイスラム教に改宗したキリスト教徒を虐殺し、イスラム教徒に対してアフリカに移住するよう促す。スペイン軍は彼らに移動の船を提供し、彼らが財産をその場で売り渡すことも一緒に運んで行くこともできるようにしてやる。一四八七年五月三日にベレスがサガル軍に占領される。マラガは二十年前から自治都市であったが、八月十八日に陥落する。翌年六月にキリスト教軍はベラを占領する。あらゆる動きが速くなる。一四八九年十一月二十八日にバーサが降伏。アルメリアは十二月二十二日に、カディスは三十日に包囲される。

グラナダは完全に包囲される。サガルは戦意を喪失して領地を離れ、モロッコに亡命する。もはやグラナダには、妥協しない臣下たちと二十万人の住民と亡命者に支えられた優柔不断なボアブディルしかいない[97]。

カトリック両王は自分たちの優位に気を強くし、一四九〇年二月にそこへ入城することにする。一四八九年末に両王はその式典のために高位聖職者まで招き、然るべき祝賀行事一切を準備する。一四九〇年一月十八日に両王はセビーリャの住民たちに書面で次のように知らせる。《数多《あまた》の苦しみと試練と出費ののち、我らの主の思し召しにかない、我らがグラナダ王国で行なってきた戦争を終結させることができたことを承知されたい[97]》。しかし両王は自分たちの力を過信している。実際、降伏するよりはどんなことでも耐えようとする亡命者や改宗したキリスト教徒のいるこの都市に決着をつけるには、まだ二年の月日を要するだろう。(97) ボアブディル自身は、自分の軍隊が怖くて戦争をやめるわけにいかない。

フェルナンドとイサベルは征服の大詰めが容易でないことを知り、セビーリャの全地区にわたって、十八歳から六十歳までのスペイン人に総動員を命じる。巨大な軍隊がはじめて近代的な大砲を用いて動きだす。九十日かかって、グラナダからおよそ十二キロの場所に、八十の櫓《やぐら》に取り巻かれた十字の形をした野営――そこからサンタ・フェという地名が生まれる――が設けられる。(97) 一四九一年四月十一日には王と廷臣たちがセビーリャを離れ、野営に加わる。八月末にボアブディルは、頑として妥協しない臣下たちの熱意と敵の脅威との板挟みとなり、カトリック両王の二人の使者、フェルナンデス・デ・コルドバおよびフェルナンド・デ・サフラとひそかに明け渡しの交渉をしようと決める。(97) イサベルとフェルナンドは急いで決着をつけようと、ともかく約束は守らないことに決めて、この裏切り者に――裏切りを重ねること五回！――彼が要求するすべてを承諾する。協定の内容は人間と財産の保障、信仰の自由、取引の自由、移住の自由、武器や馬を持つ自由、捕虜の解放……そしてボアブディルにはアルプハラの領地である。協定の調印は十一月二十五日、都市の明け渡しは一四九二年一月二十三日と決まる。実際にはそれよりも二十二日早まることになる。

## 追放する

十五世紀末にはおよそ二百万人のユダヤ人が世界各地に散らばっていた。唯一スペインだけがヨーロッパで最大の共同体《コミュノテ》――およそ三十万人――に、ときに虐殺や追放があるとしても、どうにか我慢できる境遇を与えていた。

祖国を追放されたユダヤ教は、自らを社会の周縁《マルジナル》に生きる共同体というモザイクとして自認し、神権政治を主張しようとは決してしなかった。だからユダヤ教は、よそからはきわめて特殊な脅威、〈対決〉による政治的脅威ではなく〈誘惑〉によるイデオロギー的な脅威と見なされる。人々が恐れるのは、キリスト教徒を改宗させるユダヤ教の力であり、さらに一度ユダヤ教に改宗した者が改宗をやめようとする場合に、もとの信仰に戻ることは罪であると説得する点である。そこで人々はユダヤ教と闘うが、だからといって国家《エタ》に闘いを挑むようなわけにはいかない。しかしたぶんユダヤ教創設に当たっての選択――国民《ナスイヨン》という考えを拒否する。彼らにとっての国は、イスラエル以外にありえないから――は、それぞれの共同体には最悪の不幸を強いることになったが、全体としてユダヤ教を守ることになった。

キリスト教世界であれイスラム教世界であれ、他の世界であれ、世界の至るところで人々はこの共同体を受け入れている。当時人々は、この社会の周縁に生きる人たちにしかできない仕事を遂行するために、彼らを必要としていた。つまり翻訳家、銀行家、会計係、教師、医師である。しかし人々は彼らを嫌い、そのため彼らに仕事を強制する。また彼らをだましたり、また呼び戻すことになるのを承知で追放したりする。彼らが存在することだけでキリスト教がヨーロッパの生まれではないことがはっきりするので、知らず識らず人々は彼らに恨みを抱くのだ。

四二五年までユダヤ人はだいたいパレスチナで生活する。そのあと大多数の人々は六世紀までバビロンにいる。ある人々はエジプトに、ある人々は中国、インドに移住し、またある人々はアラブ世界に、またネブカドネザルの時代そしてローマ人によるエルサレム神殿の破壊の時代から一部の人たちが住みついていたヨーロッパに分散する。ユダヤ人はローマにもガリアにも、――聖書の伝説では《世界のもうひとつの果て》と呼ばれる――スペインにもいる。すべての人がイスラエルに戻ることを夢見る。しかしペルシア人、次いでアラブ人によるパレスチナ侵略によって、彼らは国外にとどまらざるをえない。

ヨーロッパでは、ローマ教会の強化に伴い、ユダヤ教徒にとってあらゆる事態が悪化する。スペインでは、三一二年のエルビーラ公会議でキリスト教徒が彼らの収穫をユダヤ人に祝福させることを禁じ、また司教はユダヤ人が彼らの奴隷に割礼を行うことを禁じる。西ゴート王ルカレードは、五八六年にカトリック教に改宗すると、ヨーロッパ最初のユダヤ人排斥の法律を制定する。六一三年には彼の後継者のひとりシセプートがユダヤ人に改宗か追放か――のちにすべての共同体に飽きることなく繰り返し提出される選択――を強制する。

だからイスラム軍が七一一年にジブラルタル海峡を通過すると、彼らはユダヤ人共同体から解放者として歓迎される。当時ユダヤ人はコルドバ、グラナダ、セビーリャ、トレドに住んでいる。ユダヤ人の農夫、織工、銀行家、翻訳家がイスラム社会に溶け込む。ちょうどその頃にユダヤ人はドイツ、イギリス、イタリアおよびその他すべてのキリスト教圏ヨーロッパで追い回される。逆に次の世紀には、大陸を支配するシャルルマーニュの帝国が彼らに対しておおむね好意的な態度を示す。十五世紀にユダヤの医者で歴史家のヨセフ・ハ゠コーヘンは次のように書いている。八一〇年――ユダヤ暦四五七〇年――《キリスト教徒とムーア人が戦争をする。そしてそのときはヤコブにとって悲痛のときであった。多くのユダヤ人が虐殺を避けようとしてドイツ、スペイン、イギリスから逃亡した(……)。ドイツでは逃亡しなかったユダヤ人は誰ひとりいなかったし、神の怒りのこの日、母は子供たちの上で押しつぶされた[49]》。シャルルマーニュは他の君主たちよりも彼らを厚遇している、とその歴史家は強調する。《フランス王シャルルマーニュ皇帝はローマから祭司カロニュモス・デ・ルッカを連れてきた。祭司は生き残ったユダヤ人をドイツまで送って行き、ユダ王国の四方に散った人々を集め、そしてシャルルマーニュは彼らと同盟を結んだ。そこで彼らは以前のようにドイツに神の律法の学校を作り、この祭司カロニュモスが彼らの指導者となった[49]》

けれどもこの最初の追放は何ら全面的なものでも最終的なものでもない。それは絶えず取り消されるか、でなければ忘れ去られる。

十世紀末にスペインの一部のユダヤ教徒が信条とか社会的理由とかによりイスラム教に

改宗するが、ひそかにユダヤ教を実践しつづける[98]。アラビア語で〈イヌース〉と呼ばれるものが始まる。イスラム圏のスペインでは、ユダヤ人共同体はそれでも安全な状態にある。グラナダのハッブス王の宮廷では、一〇五五年にコルドバの富豪出身のサムエル・イブン・ナグレラが大臣、軍隊長、そして宗教論の著者となる[49]。キリスト教の王に征服された地域では、ユダヤ人の農民や職人や商人は自分たちの土地を持ち、自分たちの宗教を実践することが許される。一〇八五年のコルドバ陥落後、コルドバとサラゴサにいるユダヤ人はイスラム教世界とキリスト教世界の仲介役をしばしば務めている[68]。

一〇九五年に教皇ウルバヌス二世がキリスト教軍をエルサレムに差し向ける――ついでにユダヤ人も、と《人々が決める》――と、その合言葉はただちにヨーロッパ全体に達する。一〇九六年五月三十日にユダヤ教徒たちがケルンで虐殺される。一世紀後の一一八九年九月三十日のロンドンの場合も同じである。共同体のいくつかは集団自殺さえ実行する。たとえば一一九〇年三月十七日の、祭司ヨム・トヴ・デ・ヨワニに勧められて行なったヨークでの集団自殺である。

メソポタミアも居心地が非常に悪くなる。当時スペインがユダヤ人に対して最も寛容な地域である。一一五〇年にカスティーリャのアルフォンソ七世は自ら《三つの宗教の王》であると宣言さえする。そこでのユダヤ人の日常生活はまずまずであり、世界中のユダヤ人がそこにやって来て住みつく[68]。たとえば一一七〇年にサラゴサの北にあるツデラでは[73]、サンチョ七世の治世下、ユダヤ教徒とキリスト教徒の間にはいかなる差別も行われていないし、またキリスト教の裁判所が当事者の合意を得てユダヤ人の訴訟の裁定さえ行い、ユダヤ人の証言とタルムード〔ユダヤの律法集〕の法律の有効性を認めている。ユダヤ人著述家はアラブ人旅行者が東方から持ち帰ったギリシア思想を再発見する。彼らはそれをヘブライ語に翻訳し、注釈を加え、キリスト教世界に知らせる。たとえば当時コルドバの医師マイモニデス〔イブン・マイムーン〕は、信仰と理性の整合性を求めて聖書とアリストテレスを比較し、――西洋思想における先駆者のひとりとして――トマス・アクィナスに影響を与えることになる。個人の恩寵と霊魂の不滅という思想を導入する。彼はアルモハド〔＝ムワッヒド〕朝から迫害を受け、十六年間イスラム教徒を装い、フェス、そのあとエルサレム、エジプトへと亡命し、公然と自らの信仰を取り戻す。

他のところでもユダヤ人排斥の圧力が次第に大きくなる。一一八一年にフィリップ・オーギュストはパリの祭司養成学校を閉鎖する。一二一一年にはフランスとイギリスの祭司たちがパレスチナに亡命する。教会はローマから、スペイン両君主の宗教上の寛容は認めないと通告する。一二一五年のラテラノ公会議は、彼らにも他の君主たちにも、ユダヤ人を社会生活から締め出すよう要求する。一二一七年にフィリップ・オーギュストはユダヤ人に目印のついた服を着用させて範を示す。一二四八年にルイ九世はパリにあるすべてのヘブライ文書を焼かせ、一二五四年にはユダヤ人をフランスから追放する。一二六〇年頃にパリを離れた祭司イェヒエルはアッコ〔イスラエル北部の都市〕にタルムードの学校を創立する。一二九〇年に、今度はイギリスにいる一万六千人のユダヤ人が追放される。

スペイン——一二三〇年から九八年にかけてイスラム教の王族の大半は執拗に追い回されたが——は半世紀の間、ユダヤ人にとって避難所でありつづける。一二六五年の王令は、公会議の決定に基づいて、彼らに原則として別の地区に住むよう義務づけるが、実際はずっと緩やかなものである。カスティーリャ王は彼らに保護を与え、彼らの宗教を崇拝するよう励まし、またユダヤ人を自分たちの財産だと考える。スペインの裁判所は敬虔でないユダヤ教徒に罰金を科し、改宗した人たちの財産を没収することまでしている。ユダヤ人殺しは貴族の暗殺の場合と同じ罰金刑を科せられるし、もしユダヤ人が市街区で殺されているのが見つかった場合は、その都市が共同で罰金を支払う[68]。その頃ツデラにはまだユダヤ人の金融業者、農民、職人、医師、葡萄《ぶどう》栽培者、オリーヴ畑や麦畑の所有者がいる[73]。自分で畑を耕す者もいれば、イスラム教徒あるいはキリスト教徒を雇う者もいる。羊毛や絹を加工する者もいる。またナバラの人たちに——お金、穀物、油——を貸し、王の宮廷に宛てて出す書簡や勘定書をヘブライ語かユダヤ・スペイン語で書く者もいる[73]。しかも当時、経済用語はヘブライ語から作り出されている。たとえばカスティーリャ語で借金の利子はキーニョ（quiño）と呼ばれるが、それはヘブライ語の quenez から派生した語である[73]。フランスのユダヤ人は一二〇六年にフィリップ美貌王《ル・ベル》により追放されてスペインに亡命するが、幸いそこにはきちんと組織された共同体と数多くのタルムードの学校がある。

　ヨーロッパの他のところも、十四世紀の最初の二十年間は比較的平穏な時期を示しており、ユダヤ人共同体の中で目覚ましい知的活動が行われる。イギリスでは一三一五年にユダヤ人が呼び戻される。追放令にもかかわらず多くの者が残ったフランスでは、タルムードの学校がサンス、ファレーズ、トロワに広がり、数十人の教師を養成する。スペインでは、紀元一世紀に遡る写本と伝承に基づいて、『ゾーハル』〔モーセ五書の注釈書（十三世紀）〕がモーセ・デ・レオンによって書き写される。彼はユダヤ教の宗教および哲学思想を解き明かし、それを今日まで伝えてくれる。

しかしこの平穏も長くは続かない。スペインはもはや反ユダヤの波を免れないだろう。そこで一部のユダヤ人は、カジミエシュ三世が一三三四年に〈特別の計らい《プリウィレギウム》〉を与えてくれたポーランドにまで行く。一三四八年にはヨーロッパのあちこちで大流行したペストがユダヤ人排斥の波を引き起こす。パリ、ロンドン、パヴィア、ニュルンベルク、アウクスブルクでは、彼らユダヤ人が病気を運んで来る、井戸に毒を入れる、子供たちの血を飲む、——さらにひどいことには——キリスト教徒を改宗させてその霊魂を奪い取ろうとする、と責めたてられる。どこでも彼らは監禁され、追い立てられ、火あぶりにされる。

カスティーリャでは、二人の王子の相続争い——王位継承権を主張する残忍王ペドロと兄〔異母兄〕のエンリケ・デ・トラスタマラ——がイベリア社会にある根深い反ユダヤ主義をさらけ出す。争いの成り行きがどうなるのかわからないため、ユダヤ人は両陣営に出資する。一三六九年にエンリケが優位に立つと、彼は弟を《ユダヤ化した》と言い張り、ユダヤ人が収税吏や官吏の職につくのを禁じようとする身分制議会の要求を——ためらいながらも——受け入れる。(68)

二十年後に事態はいっそう深刻な様相を呈する。イベリア半島の教会はすべての君主に対して〈改宗者《コンベルソ》〉たちの信仰を脅かすユダヤ人を葬り去るよう求める。最初の危機がバレンシアで一三七八年に訪れる。狂信的な修道士ビセンテ・フェレールが説教で、ユダヤ人は井戸に毒を投げ入れると糾弾し、彼らを虐殺するようキリスト教徒の民衆を扇動する。エシハの副司教でセビーリャの司教総代理フェランド・マルティーネスは彼らの追放を求める。一三九〇年七月に彼らを保護していたカスティーリャのファン一世が死ぬ。歯止めがなくなる。一三九一年は虐殺がまたたく間に都市から都市へと伝播した年である。六月にはセビーリャのユダヤ人地区が破壊され[89]、次いでそれがコルドバ、モントロ、ハエン、トレド、マドリッドに広がる。セゴビアでは市当局がユダヤ人を保護しようと努めるが徒労に終わる。七月九日にバレンシアのユダヤ人地区が壊滅し、二十二日にはバルセロナ、次いで八月五日にはパルマ、ヘロナに広がる[68]。

こうした状況に直面して、ユダヤ人は実にさまざまな態度をとる。多くの人々は抵抗し、若干の人々が国を離れ、半数が改宗する。同じ家族の中でさえ行動が別の場合もある。つまり両親が改宗し、子供たちはそうでないとか、夫婦の一方が改宗し、もう一方はそうでないとかである。ツデラでは、その都市にいる二人の祭司イツァーク・ベン・シェシェトとヨセフ・ベン・メニルがマグレブに出かけている間に若干の人たちが洗礼を求める[73]。サラゴサでは、祭司の息子アルザル・ガルフがファン・サンチェスという名前で改宗する。サブルゴスでは、大祭司サロモン・ハ＝レヴィが家族全員で改宗し、しかもパブロ・デ・サンタ・マリアの名前でブルゴスの司教となり、何と反ユダヤの誹謗文まで書いている！　アルカニースでは、ヨシュア・ロルキがヘロニモ・デ・サンタ・フェという名前で改宗している。マジョルカでは、医師のボネト・ボンホルンや偉大な地図学者イェフダ・クレスケスも改宗している(110)。

亡命した人々は改宗者たちを告発する。彼らにしてみれば、人々の精神を動揺させ、英雄的行為の模範を示すどころか共同体の指導者たちを改宗するように仕向けたのは、アリストテレス哲学に対する関心と近代性に対する情熱を持ったマイモニデスなのだ(110)。ブルゴスの有名なユダヤ人医師ヨシュア・ロルキは、スペインを去ることを決心して、パブロ・デ・サンタ・マリアに手紙を書き、彼がかつての同宗者たちを改宗させようと努めていることを非難している。《宗教とは理性を物差しにして測られるべきなのでしょうか。あるいはむしろどんな人間も自分が生まれたところの法律を学問的基準によって検討し、もし他の法律の方が哲学的理想に合致することに気づいたならそれを捨てねばならないのでしょうか。どのようにしてあらゆる宗教を知り、判断するのでしょうか。ある宗教が最もすぐれていると判断する基準は何なのでしょうか。（……）ですから哲学がその普遍性ゆえに宗教の不変性の維持にとくにふさわしいというわけではないのです(110)……》。彼ものちに改宗する。

のちにこの議論は、世界のどこであろうと、ユダヤ人共同体を揺り動かしつづける。嫌われる危険を冒してもその世界に閉じこもるべきか、それとも反対に世俗の誘惑に負けて堕落する危険を冒しても他者の影響を受け入れるべきか。

一世紀後に、異端審問所の調書によって、一三九一年のこれら改宗者の多くは実際にはユダヤ教をひそかに信じていたこと、彼らが改宗したのはスペインに残って嵐が通りすぎるまでユダヤ教徒として守れるものは守るためであったことが明らかになるだろう[36]。

こうして苦悩に満ち、二股をかけ、日常の危険にさらされた《マラーノ〔カトリックに改宗をよそおったユダヤ人〕》の二重生活が始まる。《マラニスム》というスペイン特有の現象。しかもこの語はカスティーリャ語の〈マラーノ（豚）〉に由来し、それ自身はアラビア語の〈マーラム（禁じられた）〉から派生している。事情をよく物語る派生関係だ……

一三九一年の危機は相当なものであったが、その期間は短かった。数カ月後にはイベリア半島は平穏になる。一三九四年にユダヤ人が再びイギリスから追放されると、彼らはスペインに戻り、たいていまた同じ場所で生活する。不思議なことに、喉元過ぎれば熱さを忘れるものだ！ 一三九七年からサラゴサではユダヤ人共同体が再び栄え、活気づき、隆盛に向かう。

一三九一年夏の恐怖の中で改宗した人々だけが罠にかかる。というのは教会としては、ユダヤ人を容認することはやむをえないとしても、人々がキリスト教信仰を放棄することは許せないからである。そしてそれまでユダヤ人にとくに好意的であったスペインが、彼らにとって最悪の場所となる。

あらゆることが硬化する。彼らはナバラのカタリーナ女王が一四一二年に細かな規則書の中に制度化したきわめて厳格な規則を遵守するよう強要される。《王国のあらゆるユダヤ人は、キリスト教徒と離れて、通用門がひとつだけの壁に囲まれたひとつの地区に住まねばならない。いかなるユダヤ人もキリスト教徒と一緒に食べたり飲んだりしてはならない。料理を作るためでも、子供を育てるためでも、どのような仕事をするためでも、そうすることは許されない。いかなるユダヤ人も畑や葡萄畑を耕したり、家やその他の建築をするのにキリスト教徒を使ってはならない。女性は房飾りや羽飾りのない、足まで届く長いマントを着て、金《きん》の付いていない帽子をかぶること。いかなるユダヤ人も顎ひげを剃ったり髪を切り整えたりしてはならない。いかなるユダヤ人も獣医、長靴下や胴衣の製造人、鍛冶屋、指物師、仕立て屋、鋳造工、肉屋、なめし工、織物や靴や胴着の商人の仕事に携わってはならないし、キリスト教徒の服を縫うことも、騾馬《らば》引きになることも、いかなる荷物の運搬人になることもできない。また油や蜜や米やその他の食物の取引はしないこと。告発者はユダヤ人に科した罰金の三分の一を受け取ることとする》

同じ年の一四一二年にアヴィニョンの教皇ベネディクトゥス一三世——修道士ビセンテ・フェレールが教皇の礼拝堂付司祭である——は、彼の侍医である改宗者ヨシュア・ロルキと十四人のアラゴンの祭司との〈討論《ディスピュタチオ》〉を企画する。教皇はその後二年の間彼らと対立する。祭司の多くは一四一四年夏に見切りをつける。(98)

寛容と封鎖、虐殺と知識欲、栄光と屈辱からなる時代の不可解な曖昧さだ。セビーリャでユダヤ人が殺されたそのときに、カスティーリャの大祭司メイル・アルガデスはバンヴニスト・イブン・ラビに手伝ってもらい、アリストテレスの『倫理学』のヘブライ語訳を完成している。[67] トマス・アクィナスやウィリアム・オヴ・オッカムを翻訳する人たちもいる。一四四九年にはユダヤ教徒とキリスト教徒がペストの災厄を払いのけるために、律法《トーラー》の巻物と聖体を一緒にして行列を行なっている。[67] 一年前から教皇となっていたニコラウス五世はそれを知って激怒する。

というのはローマ教会は、他の一神教を自由に受け入れすぎるこのスペインを好んでいないからだ。一四七八年十一月一日に教皇シクストゥス四世は新しいカトリック両王、カスティーリャのイサベルとアラゴンのフェルナンドに——ずっと前から異端審問官がいる他のところと同じように——、彼らの王国でも異端審問官を選任し、ユダヤ教をひそかに実践している〈改宗者《コンベルソ》〉と再改宗を促すユダヤ教徒とを告発するよう強く求める。審問が始まる。ニコラス・エイメリクやフランシスコ・ペイラらの審問官の手引書によると、《審問と死刑の目的は被告の霊魂を救うことではなく、公益を守り人々に恐怖を引き起こすことにある（……）被告は告発された事柄のこまごました事実を知る必要などない[36]》。数カ月の間に五千人の〈改宗者〉が自らの非を認めて謝罪する。その中の七百人は、いかんともなしがたしと見なされ、火刑に処せられる。[67] しかし異端審問所の関心はあくまで〈改宗者〉だけに向けられ、ユダヤ人は安泰でいられる。一四八一年にサラゴサで混乱があった後にフェルナンドは、《ユダヤ人は我々の臣下である（……）我々の金庫であり、我々の財産の一部であるユダヤ人に関する命令はすべて我々しだいである[67]》と注意を喚起している。

一四八二年にシクストゥス四世はカスティーリャの異端審問所の活動を抑える努力までしている。しかし新しい異端審問所長官トルケマダは、君主たちがこれ以上あれこれ反対しないうちに審問に拍車をかける。あらゆるユダヤ人――もはや〈改宗者〉だけではない――が今やはっきりと標的になる。一四八三年一月一日にカトリック両王はセビーリャ大司教区およびカディスとコルドバ司教区の四千のユダヤ人家族に、そこを離れるか改宗するかの選択をせまる(67)。両王の方は、スペインの他のユダヤ人に対するひとつの警告としてこの決議を示す。この決議の理由については何もわからない。果たしてそれが本当に実施されたのかどうかについても。わかっているのは、これらの都市のどのユダヤ人地区も名前を変えて〈ビリャ・ヌエバ〔新しい町〕〉となることだけだ(67)。

同じ年の一四八三年に改宗の問題それ自体が再検討される。事実、アルカンタラの騎士修道会は、ユダヤ人の改宗は問題解決としては十分ではない、改宗したユダヤ人はひそかにユダヤ教を信じているから、と説明している。そこでユダヤの血をひく者はすべてスペインから〈排斥〉し、修道会が〈血の純潔《ピュルテ・ドゥ・サン》〉と称するものを確立する必要がある。こうした概念《コンセプト》が現れるのはそのときであり、それがヨーロッパの反ユダヤ主義運動の中で主要な役割を果たし、――そして三十年後に、原初の《純粋さ《ピュルテ》》ゆえに《生まれながらの》キリスト教徒であるアメリカ・インディアンの強制的なキリスト教化の基盤となるだろう。ヨーロッパのキリスト教がその起源を徹底的に拒否しつづける際の主要概念だ。

カトリック両王は、最初はこの概念をきっぱりと拒否する。おそらくフェルナンドはイサベルよりも激しくそれを拒否するだろう。しかし見解《イデー》は打ち出されたのであり、トルケマダは次第に自分の権限をトレド、アラゴン、それからカスティーリャへと広げる。彼は十五年間に十万人の審問を行い、二千人を火刑台に送っている。彼の頭にある考えはただひとつ、〈すべての〉ユダヤ人をスペインから立ち去らせることである。

あらゆることがまだ考えられる、不可解で不確かな十年間だ。イサアク・シェロが記しているように、(49) パレスチナでは《かなりの数のユダヤ人共同体が（……）世界各地、とくにフランスからやって来た家長たちで構成される》。ヨーロッパでユダヤ人を受け入れているのは、今やポーランド、ドイツのいくつかの都市、プロヴァンス地方（エクス、マルセイユ、アルル、タラスコン、アプト、マノスク、オバーニュ、アヴィニョン、カルパントラ）、イタリアと、むしろ逆に彼らを厚遇している教皇国家だけだ。ユダヤ人共同体はそれらの土地でルネサンス思想の動きに関心を抱く。パドヴァではエリ・ベン・モーセ・アッバ・デル・メディゴが哲学の公開授業を開き、〈学問〉と〈宗教〉、論証と啓示を区別する先駆者のひとりとなる。(110)

スペインでは、一部の都市でユダヤ人の虐殺、拷問、追放が行われるが、他の都市ではキリスト教徒が有名な祭司の説教に出席したり、ユダヤ人がクリスマスのミサに出席したり、大貴族がユダヤ商人の家に食事に行ったり、ユダヤ人の金融業者が宮廷に迎え入れられたり、そこで仕事をしたりしている。(67) 祭司アブラハム・セニョルはアラゴン王の間接税の筆頭徴税人であり、イサベルとエンリケ四世とのいざこざの際に彼女を助けた褒美として十万マラベディーの《年金《フロ》》を得ている。一四八八年に彼は王国の最も高い地位のひとつである〈エルマンダー〉と呼ばれる警察組織の財務官に任命されている。ユダヤ人大文学者アブラハム・ザクトも海上荷物の発送を担当する国務評定官で、その方面のことは彼がいなければいかなる決定もなされない。多くの〈改宗者《コンベルソ》〉——アルフォンソ・デ・ラ・カバリェリーア、ガブリエル・サンチェス、ルイス・デ・サンタンヘル——がユダヤ出身であることを隠そうとはせず両君主のもとで重要な職務についている。王妃の聴罪司祭でユダヤ人を母に持つエルリンド・デ・タラベーラの場合もその例である。他の土地から追い出された他のユダヤ人までもスペインに来て住みつく。たとえばポルトガルの大金融業者イサアク・アブラヴァネールは、一四八一年にジョアン二世が王位につくとリスボンを離れ、イサベルとフェルナンドに仕えている。

けれども事態はユダヤ人指導者たちが心配していたとおりになる。ペドロ・デ・ラ・カバリェリーアが一四六一年に死ぬと、彼は死後審問の対象となる。十五世紀はじめに改宗した大一族の一員である彼は、アラゴンですばらしい出世をする。サラゴサ市の要職、アラゴン宮廷の監督官、議会での王妃代理となる。その彼も、ユダヤの律法をひそかに遵守しつづけたとして有罪の判決を下される。一四八五年九月十六日にサラゴサでひとりの異端審問官、ドミニコ会士ペドロ・デ・アルブエスがミサの途中で何人かの〈改宗者〉に暗殺され、その中のフランシスコ・デ・サンタ・フェは自殺する。一四八五年には五十二人の〈改宗者〉がグアダルーペで火あぶりにされ、四十六人の死体が掘り起こされて焼かれ、十六人が終身刑に処せられている。一四八六年にフェルナンドは、かつてセビーリャで行なったように、ユダヤ人をサラゴサとアルバイシンから追放することを決める。しかしこの王令は実施されない。おそらく有力なユダヤ人たちがそれをうまく撤回させたのだろう。しかし状況は日に日に悪化する。一四八六年には祭司アブラハム・デ・フエスカが〈改宗者〉に割礼を受けさせたとして火刑に処せられる。また祭司の中には、敵から逃れるために信者たちに《ユダヤ教の律法に従う[67]》〈改宗者〉を告発するよう求める者まで出てくる……

それでもおよそ三十万人のスペインのユダヤ人はこれらの虐殺を重大に考えていないようなのだ。五世紀後と同じように、彼らは最悪の事態が起こりうるのだということをなかなか認めようとはせず、両君主の示すあらゆる厚意にしがみつく。たとえば一四八七年に、彼らはグラナダ再征服のために彼ら住民に求められた税金が教会に要請された税金のわずか十分の一であることを喜んでいる[67]。そこを離れようと本気で考える者は誰もいない。他人の不幸とあまり関係がなければ自由で幸福だと思うのだ。その上どこに行く必要があろうか。およそ十五世紀前から一部の家族が暮らしているこのスペインほど好意的に受け入れてくれる場所は、もはや世界のどこにもない。

一四九〇年十二月中旬にアビラで、ひとりの〈改宗者〉が《ずだ袋の中に聖別されたパン[67]》を持っていたところを見られて逮捕されたときでさえ、マドリッドやセビーリャでは誰ひとり動揺しない。その男が拷問を受けて行なった自白によると、何年か前の聖金曜日にユダヤ人と他の〈改宗者〉と一緒に、あるキリスト教徒の子供の心臓を引きちぎり、頭に荊冠《けいかん》をのせてその子供を磔《はりつけ》にし、拷問にかけて殺したという。このおかしな裁判の審理は一四九〇年十二月十七日に始まり、一連の死刑判決で、一年後の一四九一年十一月十六日に終わる。(97) 最後の威嚇射撃だ。

## 3 自由の目覚め

### 読む

この時代のいかなる出来事も、印刷術の出現が引き起こした驚くべき知的変動を抜きにしてはなかなか理解しにくいであろう。

一四三四年にヨハネス・ゲンスフライシュという名前の――やがてグーテンベルクと呼ばれる――ニュルンベルクの一印刷業者が最初の活字印刷機を作り出すが、彼の発明は注意をひかない。一四四一年に彼は紙の両面を印刷できるインクを使ってそれを完成させるが、まだ全く話題にならない。一四四八年にはフストとシェファーという二人の協力者を得て、木製の活字を金属の活字に取り換えるが、誰もそれに関心を示さない[9]。一四五五年には聖書の印刷に着手するが、それでも反響は全くない。彼が協力者に対する訴訟に敗れて自分の発明を彼らに譲り、その二年後の一四五七年に彼らの手により最初の印刷本――『マインツ詩編集』――が刊行されたとき、あらゆることが広まり始める。一四六二年にはその印刷機はすでに貴重なものとなっていて、アドルフ・フォン・ナッサウに蹂躙《じゅうりん》された都市からひそかに他の場所に移されている。一四六五年に権利が回復され、マインツ大司教から爵位を授けられて、グーテンベルクはようやく栄光を手にする。その翌年に彼は著作をいくつも印刷している。最後の審判に関するドイツ詩、聖人伝、説教師用の説教集、『ドナトゥス文法書』という有名なラテン文法書の三つの版、――それから彼の主要な発明の年となる一四四八年の暦である。

そのとき大量生産方式で作られる新しい品物、〈放浪する品物〉、すなわち印刷本が出現し始める。それは三十年の間にヨーロッパ社会を思いがけない方向へ急変させる。

ローマ教会はそれがラテン語とキリスト教信仰の普及を促進するだろうと考える。教会はそれに布教宣伝の理想的な手段を見いだし、それを歓迎し、もはや他のいかなる新しい方法も受け入れることはないだろう。教会はそれを《あらゆる学問の冠》《神がその民と出会い、対話するために》[16]選び、授けてくれた術と名づける。書物によって、教会は聖書のことばを知らせることができ、そうしてローマは新しいエルサレムとなる。

実際には、初期に次のようなものが出ている。信仰書やラテン文法書、〈往生術《アルス・モリエンディ》〉や〈記憶術《アルス・メモリアエ》〉といったものが主要な出版物である。ヨーロッパで世紀末まで、とりわけ一四九二年に最も多く印刷された二つの著作は、聖書およびアレクサンドル・ド・ヴィルデューという人物が一二〇九年に編纂したラテン文法書である。その文法書は最初にパルマで一四七八年に出版され、そのあとヨーロッパのほとんどすべての大学で採用されている。[133]

けれども印刷術はすぐに初期の親方たちの手を離れる。それは聖職者に対する一般市民の、ラテン語に対する現地語の、信仰に対する学問の道具となる。十年の間に商人や知識人たちはあちこちに印刷工房を開設する。一四六二年にはパリのソルボンヌに現れ、一四七〇年にはフィレンツェ、ナポリ、スペイン、オランダ、さらにクラクフ〔ポーランド南部の都市〕にまでできている。一四八〇年には、その数はヨーロッパですでに百カ所を超える。

下り坂とはいえ経済＝世界の中心都市ヴェネツィアがもちろん印刷業の中心地となる。ピエール・ショニュはドージェ〔ヴェネツィア共和国総督〕の都市を《ねっとりしたインク、印刷機と溶けた鉛の不思議な機械装置の中心地[24]》、と見事に言い表している。そこには実に立派な図書館が見いだされる。一四六三年に枢機卿ベッサリオンは、自分の蔵書を市に寄贈するに際して総督クリストフォロ・モーロに書いている。《書物には賢者たちの言葉、古代人の実例、習慣、法律、宗教がたくさんつまっております。もし書物がなかったならば、我々には過去のいかなる遺物も実例もなく、全員が野蛮で無知でありましょう。その場合は肉体を収める死者の骨壺そのものが人間の記憶も消し去ることでしょう[16]》。だから最初の《工業用》印刷機はヴェネツィアで生まれるが、そこは印刷術のあらゆる発展の場所でもある。アルド・マヌツィオはそこでイタリック体と八つ折り判を考案する[24]。彼の工房は三十人以上の印刷職人を雇い、その販売網をイタリア、オランダ、パリ、オックスフォード、ポーランドにまで広げる。当時ヨーロッパで出版された書物の七分の一はヴェネツィアで刊行されている。そこでは百五十台の印刷機が年間四千点の書物、つまり最初のライバル都市パリの二倍を印刷している。一四九一年にはヨーロッパの二百三十六都市が印刷工房を備えていて、四万点の書物、一千万冊がすでに印刷されている[9]。

哲学書が広く行き渡るようになり、書物は宗教批判に拍車をかける。廉価なミサ典書は記憶の果たす役割を減らし――一四九一年にピエール・ド・ラヴェンヌが最も有名で最も多く版を重ねた記憶術に関する論のひとつ『巧みな記憶のフェニックス』をまだ出版してはいるが――説教師の威厳を失墜させる。

旅行に関する作品が広まり、書物はさまざまな発見の基盤を与える。自国語を奨励することによってラテン語が見捨てられ、ナショナリズムが目覚めるようになる。たとえばイギリスのエドワード四世の妹の財務顧問であるカクストンは、ブリュージュに印刷機を設置し、そこで一四七六年に英語による最初の書物をいくつか出版し(『チェスのゲームと遊び方』もそのひとつ)、一四八〇年にはロンドンで『英仏単語集』を出版し、ロンドンで話されている言葉を英語にするのに貢献する。サラマンカでは無名の一教授アントニオ・デ・ネブリハがラテン語辞典とカスティーリャ語文法の編纂に精魂を傾けている。

教会の一部の人たちはこうした変化を感じて、これらの民衆語や書物を利用して信仰を広めたいと考える。のちにエラスムスは書いている。《私は福音書と聖パウロの手紙がすべての女性に読まれ、すべての言語に翻訳されてほしいと願っている。農民がクマシデ〔カバノキ科〕の蔭でそれらを口ずさめるように、機織《はた》り工が織機の前で口ずさむ節を出せるように、また旅人がそれを会話の話題にすることができるように[16]》。しかし手遅れである。世俗の時代が来ているのだ。

案外見逃されてきたことだが、もうひとつの大きな発明が読書と知識の進展をかなり促進する。〈眼鏡〉である。誰でもかなりの高齢まで書物を読める眼鏡のおかげで、知識のより大きな蓄積が可能になる。十三世紀にはもうロジャー・ベーコンがそれを発明していたらしい、とも伝えられている。[14] 実際には、最初の眼鏡は一二八五年にさかのぼり、その年にイタリアのガラス職人が凸面ガラスは高齢者の老眼を矯正することを確かめている。眼鏡の使用が一般的になるのは近眼用の眼鏡も現れる十五世紀中頃になってからである。一四三六年のヤン・ファン・アイクのある絵の中には、聖ゲオルギウスと聖ドナシアヌスの間にある司教座聖堂参事会員の聖務日課書の上に近眼用の眼鏡がひとつ置かれている。[16] 一四八二年には眼鏡製造業者の同業組合がニュルンベルク市に登録された最初の事例が見いだされる。

他のいかなる行為よりも、これからは読書が時代の思想を激しく揺り動かすであろう。

**考える**

ヨーロッパの人口六千万のうち、自分の名前を読める人はわずか二千万、自由に読める人は五十万足らずである。印刷術のおかげで聖職者はあまり苦労せずにより多くの著作に接することができるようになる。それまでいくつかの修道院や大学に閉じこめられていた知識が広まる。富裕市民《ブルジョワ》の家には書斎ができる。商人、船乗り、地理学者、医師、教師は以前より自由にものを考え始め、ビザンティウムから戻ったギリシア・ローマの思想を再発見して驚嘆する。スペインやイタリアの祭司たちがすでに十三世紀から想像していたように、その頃に哲学的思索は宗教的祈りから分かれ、後者は神聖で口にできぬものや恩寵の領域に、前者は意識と理性の領域に属するようになる。

思想はもはやスコラ学者たちのわかりにくいラテン語ではなく、もっと明快でわかりやすい、しかも典雅なラテン語で伝えられる。ときにはきわめて大胆に、カスティーリャ語、トスカーナ語、フランス語、ドイツ語、英語といった現地語でも伝えられる。聖職者たちは文化や知識や真理にあこがれ、ヨーロッパの経済の中心でも政治の中心でもないが傑出した都市、メディチ家のフィレンツェを中心とする当時のまさに国際的な《ネットワーク》[21]の中にまとまる。一世紀前に詩の領域で道を切り開いたペトラルカとボッカチオにつづいて、新しい思想の鍵となる概念《コンセプト》を創出した人たち――マルシリオ・フィチーノ、ルイジ・ブルチ、アンジェロ・ポリツィアーノ、ピーコ・デラ・ミランドラ――は、フィレンツェで、教会の掟は――少なくとも表面的には――尊重するにしても、自由な知識に魅力を感じ、教会の哲学とは無関係な独自の哲学を作り上げることに関心を持った寛大な庇護者たちを見いだす。

だからすべてはフィレンツェで、まさに一四六二年に始まる。その年にこの都市を支配する財閥の長で最大の会社を所有するコジモ・デ・メディチは、プラトンの全著作をラテン語に翻訳する事業に出資することを決める[131]。なぜ彼なのか。なぜそこなのか。なぜそのときなのか。これらの質問に対する答えは、おそらくイタリア諸都市の商人気質《エスプリ・マルシャン》のゆっくりした成熟の中に見いだされよう。すでに一世紀前からプラトンの原典のヘブライ語訳の存在は知られているし、ユダヤ人が彼らのキリスト教徒の弟子たちにそれらを教えているのだ。

　コジモはこの翻訳の仕事を、彼の侍医の息子でギリシアの作品の翻訳家としてすでに名を馳せていたマルシリオ・フィチーノに委ねる。三十年の間、あらゆる新思想はこの人物の思想と著作を中心に展開し、彼はたいへんな名声を博するだろう。今日、彼は不当にも忘れられているけれども。

　フィレンツェ大聖堂の参事会員で、修道僧と哲学者、大公顧問と占星術師とが魅力的に交じり合ったフィチーノは、たちまち単なる翻訳家の役割をはみ出してしまう。彼はプラトニスムとキリスト教の哲学的な総合をもくろむ[14]。翻訳から解釈へ、解釈から教説へと移行し、必ずしも自分自身のものと自分が注釈する思想家から借用したものとを区別することをせず、彼は《新しい探求の方法と生き方》[131]を創造し、信仰と魔術と哲学を結びつけたい、と言う[131]。並外れた野心を持った驚くべき詩人だ。《星々に尋ねる。生きている人の解剖を行う。都市に自らの規則を適用し、都市の建設までも行う。憂鬱《メランコリー》と狂気《フォリー》を治す[131]》。信仰と理性、芸術と商業を結びつける時代の思想の理論的枠組みを示す。以上が彼の野心なのだ。

　彼はまずプラトンの『対話編』を翻訳したあと、その注釈の中で、このギリシアの哲学者が神や魂や宇宙の美について語るとき、まるでキリスト教徒のように自分の考えを表現していることを明らかにしようとする。[131] ところが彼はその先まで行く。人間の魂は神の反映であり、魂は直観と瞑想と美によって神と結びつきたいと願う、と彼は言うのだ。そこで彼は〈芸術〉だけが世界の《音楽的》調和を説明する、〈芸術家〉だけが神に似せて理想的な形《フォルム》を創造する能力を持っている、と主張する。[131]《美は言葉に訴えるよりも容易に、激しく、愛を生じさせる》、と彼は書いている。[131] だから彼は〈芸術家〉を新しい範疇に属する人間、天と地上との仲介者、時代の人間にしているのだ。彼にとって芸術家とは単に画家や音楽家だけではなく、とくに哲学者と占星術師のことである。[14] 哲学は何よりもまず芸術作品だからである。哲学は論理的な思考だけにとどまらず、《人間をその死すべき運命から解放して、生の究極の意味を理解する》[131] ことを目指すべきだ。芸術と哲学、学問と占星術は似通った、しかも切り離せない活動であり、その活動によって神と接触し、《生きている宇宙》[131] と連絡をとることができるのだ。《地上の夫である天は、一般に信じられているように、地上に触れたり、それと交わったりすることはない。天はその眼差しである星々の光によって己れの妻を包み込み、抱き締めて受胎させ、生物を作る。その眼差しだけで生をあちこちに振りまく天が自ら生を失うとでも言うのだろうか》[131]

　二世紀も前にスピノザの汎神論を予告するマルシリオ・フィチーノの不思議な作品《テクスト》だ。フィレンツェの聖堂参事会員〔フィチーノ〕とアムステルダムのマラーノ〔スピノザ〕は、それぞれのやり方で同時代の人々を非常に古い宗教的な枷《かせ》から解放し、一方は宗教改革へ、他方は啓蒙時代への道を開く。

　マルシリオ・フィチーノは、自分たちのトスカーナ地方に誇りを持つが世界にも関心を抱き、超自然的なものに囚われるが理性にもひかれる商人たちの心をとらえる。コジモの死後、孫のロレンツォとフィレンツェのあらゆるエリートたちがカレッジの別邸を頻繁に訪れる。師はそこで弟子たちを豪華な饗宴でもてなし、哲学論議を交わし、またプラトンの誕生日とされる日には欠かさずお祝いをする。そこにはニコレット・ヴェルニアや、ロレンツォの長男の家庭教師で、聖パウロ参事会教会の院長、それからサンタ・マリア・デル・フィオーレの聖堂参事会員となったアンジェロ・ポリツィアーノがいる。そしてピーコ・デラ・ミランドラも。彼はこの集まりについて、一四八五年六月三日に次のように書くだろう。《おおエルモラオよ、我々は誉れ高く生きてきた。そうした我々はこれからも、文法学者たちの学校でも子供たちに教える所でもなく、哲学者たちの集い、学識ある人たちの集まりの中で生きていきたい。我々はそこでアンドロマケの母とかニオベの息子とか、その種のつまらぬ自慢話についてではなく、何よりも人間と神の事柄の原理について議論するのだ[131]》

　師よりも大胆な若きピーコ・デラ・ミランドラは、プラトンの思想の中にもはやキリスト教の隠れた原理ではなく、まさに学問と自由と責任の原理を見ている。人間は世界の中心にいる、と彼は言う。だから人間は自らの運命に関してもっぱら責任がある。神は人間に発見すべき世界と構築すべき学問を与えられた。神は人間に次のように言われた、と彼は考える。《私はお前を世界の中心に置いたが、それはお前が世界をより容易に見つめ、世界の中に存在するあらゆるものを見られるようにするためである。私はお前を天上的なものとしても、地上的なものとしても、死すべきものとしても、不死なるものとしても造らなかったが、それは〈お前がもっぱらお前自身の導き手と主人になれるように、またお前がお前自身に固有の形を与えられるようにするためである〉》。[131] 何とすばらしい表現だろう！　だから人間には世界を理解する権利と義務がある。人間は知る《サヴォワール》ことによって神のごとき存在になるのだ。カバラについて思いを巡らしつつ、ピーコは『人間の尊厳について』の中で、人間は自らの運命を自由にできる創造者、世界の主人ともなりうる存在だと述べ、フィチーノのように人間を神の意思の道具とは考えない。

〈力《プヴォワール》は知識《サヴォワール》から生じる〉。情報の価値を知り、印刷術の価値を発見した商人たちの誰もがこの革命的な主張に賛成しないはずはない。

　こうして一四九二年を前にして、フィレンツェの別々の集いの中で運命論《ファタリスム》のヴェールが破れる。いくつかの概念《イデ》――「個人」「芸術」「自由」「責任」「創造」――が現れる。古代ギリシアの思想の新版である。たちまちそれはヴェネツィア、ブリュージュ、パリ、ルーヴェン、サラマンカ、オックスフォードに達する。フランスではジャック・ルフェーヴル・デタープル、ロベール・ガガン、ギヨーム・フィシェ、ギヨーム・ビュデがそうした概念の擁護者となる。スペインではイサベルとフェルナンド付のイタリア人外交官ピエトロ・マルティーレ・ダンギエーラがその擁護者となる。[16] ハウダ郊外ステインのある修道院の若い修練士エラスムスもウェルギリウス、ホラティウス、オウィディウス、テレンティウス、キケロを見いだす。イギリスではジョン・コレットがそうである。近代《モデルニテ》が動き始める。

## 計算する

哲学は商人から生まれる。学問は商業から生まれる。当時の絵画の中に、商人と船乗りと学者が港で砂時計と地図のまわりに集まっている絵がよくある。また芸術と数学――時代のキーワード――が今日ではほとんど顧みられない芸術〈寄せ木細工〉の中で結びつく。それは幾何学者と数学者、指物師と芸術家を、幾何学的な遠近法、直角部分の交差、複雑で難解な構成といった魅力的な遊びに駆り出す。[21]

こうした芸術の進展が遠近法――地平線を遠くにあるように見せる――および代数――計算を短縮する――の再興を告げる。計算する、旅行する、交換する。これらは同時に浮かび上がる、切り離せない概念《コンセプト》である。またこれまでと同じように、アラブ人旅行者やユダヤ人翻訳家を経由してギリシア人のすぐれた芸術・学問がイタリア商人に伝わる。[7]

商人たちは相場を安定させ、利潤を計算し、収益を配分するために数学を必要とする。早くも十二世紀はじめからスペインのイスラム世界では、ユダヤ人著述家のアブラハム・ベン・ヒッヤ・ハ＝ナッシが代数に関する当時の知識を要約した著作をヘブライ語で書き、そのあと彼自身がそれをラテン語に翻訳している。[7] これはこの種のものではヨーロッパ最初の概論で、そのあとカスティーリャ語とトスカーナ語に翻訳され、以後二世紀の間ブリュージュからヴェネツィアまで広く、商人たちの算術の基本的道具となる。

十三世紀はじめにスペインのイスラム世界が消え去ると、フランドル地方とイタリアが商業の面でも数学の面でもそれを引き継ぐ。はじめて紙の上に数式が書かれ、演算法が単純化される[7]。利潤の問題や収益の配分に必要な二次方程式や三次方程式が研究され始める。商人用に新しい手引書が出版される。一三二八年にパオロ・ゲラルディは直接イタリア語で書いた最初の代数の本をまとめ上げ、十五の二次方程式と九つの三次方程式を研究し、解いている[7]。一三四〇年にはフィレンツェの数学者パオロ・デラパッコが労働と資本の関係、取引途中での出資者の買い戻し、為替レート、金属の重さと金属含有度検定の計算といった新しい問題を解決している[7]。十四世紀末には、やはりトスカーナ地方で代数だけを扱ったものがはじめて現れる。ダルディ・デ・ピサの『アリアブラ・アルジブラ』で、百九十八の方程式を解ける演算方式が書かれている[7]。十五世紀後半は計算方法が著しく進歩したときである。割り算と掛け算の等値関係が発見され、未知数がコーサ(cosa)、平方がセンツォ(senzo)、立方がクーボ(qubo)と呼ばれる。トスカーナ地方の匿名の著作『数字の根《こん》と解法』はさらに記号を体系化している。すなわち未知数はC、平方はZ、立方はQで記され、方程式は十八の《型》に分けられ、それぞれに異なった解法が与えられている[7]。

新しい方法の複雑さを前にして、商人たちに数学教育を受ける必要が出てくる。フィレンツェでは六つの算術学校――〈ボッテゲ・デラッバコ〉――が開設され、どうやらいずれも私営で商人用らしいが、そこにおよそ千二百人の生徒を集めている。ルッカにも公立の算術学校ができている。ミラノでは一四五二年に、簿記教育のための融資を大公に求める請願書に三十七人の実業家が署名している。(7)

大変な費用をかけて、北ヨーロッパで最もすぐれた数学者たちがイタリアに招かれ、そこで教える。一四六四年にドイツの数学者ヨハネス・ミュラー――彼の生地ケーニヒスベルクのラテン名からレギオモンタヌスとも言われる――はニュルンベルクに住み、そこで三角法の最初の体系的な論『三角形について』を書く。彼はその都市の富裕な一商人から天文台と印刷所を任せられるが、一四七五年に教皇に招かれてローマに赴き、暦法改正の研究を始める。のちに我々はリスボンで――全く別のことに関して――彼の弟子のひとり、ニュルンベルクの商人の息子マルティン・ベーハイムと会うことになろう。

一四七八年にはイタリア最初の『商業用算術書』がトレヴィゾで印刷される。(7) 一四八〇年頃にピエーロ・デラ・フランチェスカは遠近法についての理論を立てるかたわら、六次方程式をひとつ含む六十一の方程式の解法を示した論を出版する。(7) ほかにもいろいろな書物がヨーロッパの他の国々で、他の国語で現れる。一四八二年にドイツ最初の商業用算術書がバンベルクで出版される。一四八四年にはヴェネツィア人ピエーロ・ボルギの『算術書』がフランスで出版される。同じ年にニコラ・シュケは入手したイタリアの業績を集大成したものをフランス語で書き、その中で記号を作り、さまざまな方程式をいくつかの典型的事例にまとめている。その書物の最終章は《数の学問は商売にどのように役に立つのか》[7]という題である。翌一四八五年にはパリでジャン・セルタンとかいう人の『商人たちのカドラン』[7]が出版されるが、これは当時の知識全体を要約した四部からなるとくに興味深い本である。その第一部はアラビア数字、演算、証明、分数《フラクスィヨン》（《端数《ノンブル・ロンピュ》》と呼ばれる）を扱う。第二部は《重さ、大きさ、商会、為替》、比例算およびその適用である。第三部は為替の諸問題の解決を扱う。第四部は貴金属の精錬技術に関するものである。ジャン・セルタンはその中で書いている。《拙論はひとつの文字盤《カドラン》にたとえられるだろう。そこで私は拙論を『商人たちのカドラン』と呼びたいと思う。というのは拙論は、〔時計の〕文字盤が日時を知るためにあらゆる種類の人々の案内人、導き手、道案内であるのと全く同じだからである。そういうわけでこの小論は、すべての商人が十分信頼しうる案内人、導き、説明となるであろうし、これにより誰もがその正当な権利に応じて売買する際に公正に取ったり与えたりすることができるであろう[7]》。ここでは利益は、危険の代償としてではなく、品物の公正な分配として示されている。そうした思想が認められるには、なおしばらくの時間が必要だろう。

　数学の主要都市ジェノヴァでは、織物の製造人と商人の団体が一四八六年に算術学校を開設している。ヴェネツィアではルーチョ・パチョーリ――一四九〇年頃に『算術大全』を書く――が商人アントニオ・ロンピアーニの子供たちの家庭教師として仕事を始め、そのあと彼は一四九一年にミラノに赴き、注文されたブロンズの巨大な騎馬像の寸法を計算するレオナルド・ダ・ヴィンチの手伝いをする。
思想が経済の急成長に役立つための準備はすべて整う。

## 4　お金の支配

ヨーロッパの市場経済はまだ東洋の諸帝国の巨大な管理機構にとりついたごく小さな寄生虫にすぎない。小麦や金《きん》と香辛料や絹との交換だけである。ヨーロッパの市場を特徴づける貨幣の取り決めはまだ、イタリアとフランドル地方、スペインとドイツのいくつかの都市の商人間の取引に限られている。

十五世紀まで北欧で商業経済を支配したブリュージュのあとを、東洋への通過地点となるヴェネツィアが引き継ぎ、地中海沿岸とバルト海沿岸の二つの商業圏をひとつにまとめている。

十五世紀末に新たな均衡の兆しが現れる。〔ヴェネツィア〕市政庁はトルコの箝口《かんこう》令によって麻痺状態になる。リスボン、アントワープ、ジェノヴァが新たな通商路の支配をめぐって争う。

当時の大多数の人々と同様、ヨーロッパ人の圧倒的多数が農民である。彼らの生活は土地に根を下ろした、地味で変化のないものである。彼らは自分たちの作った穀物や野菜を食べ、領主や森や飢餓、狼や兵士やペストを恐れている。彼らは貧困や恐慌におびえる境遇に耐えている。

それでも十五世紀末には、少なくとも北では彼らの状況はいくらかよくなった。領主制度が瓦解し、租税や賦役が軽くなり、大規模な侵略もなくなった。農奴制が緩む。穀物の生産量が増加し、また見捨てられていた農地が再び開墾される。都市と農村の間で取引が組織的に行われ[74]、もはや人間は紀元一〇〇〇年の《耕作に恵まれた場所[64]》だけに拘束されることもなければ、とても踏み込めないような広大な森林に囲まれて途方に暮れることもない。

しかし技術の進歩によって農業が目立って変わることはほとんどなかったし、人々は重量犂《すき》とか金属製の道具類といった、十四世紀に取り入れた画期的な技術革新をまだ消化しきれていない。小麦の生産量は、世紀はじめには一ヘクタール当たりせいぜい四・四キンタル〔一キンタルは一〇〇キログラム〕であったが、百年後には六・六キンタルになる。生産力が増大している場所では価格は相対的に下がる。耕作が多様化し、東洋から伝わった新しい植物が現れ、広まる。アーティチョーク、メロン、カリフラワー、レタス、人参、甜菜《てんさい》、苺、木苺である[16]。

地域によっては決まった産物だけを専門に作るところも出てくる。こうしてさまざまな風景と行動様式、社会的関係と伝説、タブーと権利が形成される。スペインは牧畜国となり、その結果そこで農作業に従事する人への蔑視が生まれてくる。イギリスは羊の国となり、その結果最初の囲いこみ運動が起こる。ブルゴーニュ地方は風景全体が葡萄《ぶどう》畑であり、アキテーヌ地方は大青《たいせい》である。ボース地方はやはり小麦、ブルターニュ地方は麻を中心にまとまる。(74) 要するにヨーロッパ全体の農業生産性が向上し、需要を上回り、大陸は生産物を世界の他の地域に輸出できるようになる。ポーランド、イギリス、フランスは穀物の余剰生産物を売りに出す。イタリアとアンダルシア地方は果物、葡萄酒、油、羊、魚、馬を、またフランドル地方は染料、魚、羊毛を売りに出す。(74)

ほとんどどこでも不動産は、権力のしるしとは言わないまでも、その条件であることに変わりはない。大地主たちが存続しているところでは、彼らは富豪である。反対に商人の力が強いところでは、その社会的上昇が不動産の取得となって現れる。(64) たとえばスペインではビリェナ侯爵、パチェコ家は二万五〇〇〇平方キロの土地と三万の家族を支配している。(64) フッガー家、カルティエ家、アルノルフィニ家、メディチ家、チェントゥリオーニ家は広大な面積の土地を購入している。

南ヨーロッパでは、このような大所有地にまだ大勢の奴隷が見いだされる。まずスラヴ人、タタール人、コーカリス人であり、彼らはエジプトあるいは黒海沿岸の市場で買われていた。オスマン帝国の征服によってこれらの供給源が汲み尽くされると、次はイスラム教徒の土地にいる昔から奴隷のアフリカ人である。アフリカ奴隷を乗せた最初の輸送船団が一四四四年にポルトガルに入港する。一四六〇年にアントニオ・デ・ノーリがヴェルデ岬諸島に砂糖黍《きび》を植えつけるときに労働力が不足していたため、彼はギニアの黒人奴隷をそこに来させる許可をポルトガル王から得ている。イタリアが黒人奴隷に関心を示すのはもっとのちのことだ。ヴェネツィア古文書館にある、隷属と肌の色とのつながりに関する最初の記事は一四九〇年である。

奴隷制度は当時南ヨーロッパでは一般的に認められていたことで、セビーリャでは住民の十人にひとりは奴隷といった具合である。

## 製造する

十九世紀、二十世紀に言われるような意味での産業も労働者階級もまだ存在していないが、とくにドイツやフランドル地方やイタリアには、機械と技師、職人と技術者からなるひとつの技術世界が存在する。《機械《マシンヌ》》という語は十四世紀後半に現れ、まだ《仕組み《システム》》という意味しかない(55)。たとえばニコル・オレームは人体を指し示すのに《体の機械《マシンヌ・コルポレル》》と言っている(55)。いろいろな機械を記述した最初の論は『果敢なる戦い』で、一四一〇年にドイツでコンラート・クライザーによって書かれている。彼は《戦車、攻囲の兵器、揚水機、火器、防御用武器、不思議な仕掛け、戦争用火薬、お祭り用花火、仕事の道具や学習用具(55)》について論じている。語の近代的な意味で機械と言える最初のものは時計で、それはドンディのおかげで十四世紀に現れる。[5] 平衡輪《フォリオ》と発条《ぜんまい》を用いた時計は、エネルギーを蓄積し、それを遅れて放出する最初の完全な機械仕掛けを内蔵している。[5] 一四八一年にはルイ十一世が小型の時計を作らせているし、また建造物用大時計も発達し、初期の工房の製品をすでに組織化した、多少個性には欠けるが飛躍的な技術の進歩を利用している。

　これらの主要な発明のひとつで、近代のあらゆる機械化を生み出したものは〈クランク機構〉である。[55] それがどこで、いつ発明されたのかは全くわからない。いずれにせよ、それによって穀物用挽《ひ》き臼《うす》、ペダル式轆轤《ろくろ》、水力利用の鋸《のこぎり》、吸い上げ送り出しポンプを製造することが可能になる。

　同じ時期に新しい道具が現れ、木材や金属を加工することが可能になる。縦挽き鋸、糸鋸である。ふたつの働きを組み合わせた最初の工作機械もできる。[56] 管に穴をあける、砲身の中刳《なかぐ》りをする、やすりを削る、宝石を磨く、といった機械である。

　とくに三つの部門の製造がこれらの機械を利用している。織物と鉱山と武器である。〈織物製造〉では紡ぎ車が糸巻き棒に代わる。最初は手動で、そのあと一四七〇年頃にペダル式になる。縦糸が麻、横糸が綿の綾織《あやおり》であるファスチアンの飛躍的発展とともに織機の発達が見られる。[46] トゥールでは一四九〇年頃に絹織機が八千台を数える。アウクスブルクでは職工の親方が三千五百人を数え、フッガー家は彼らから莫大な利益を得ている。フランドル地方では原料の所有者で顧客でもある織物商人がさまざまな工房の活動を連携させ、それらの間で仕掛け品の流通を組織化している。[12]

〈ドイツとボヘミアの鉱業〉は何千人もの労働者を集めている。そこでは排水用のバケットコンベヤー、水車で動かす吸い上げ送り出しポンプ、鉱石を運び上げる水力装置、木のレールを使って鉱石を鉱山の外まで運ぶ三輪の荷車が利用される(55)。〈武器の製造〉では、とくにイタリア、フランス、ドイツであるが、ブロンズを溶かし、銅を精錬し、ブリキを製造する新しい技術が発達する。新しい製鉄所——それは八世紀から存在している——がリエージュ、ロレーヌ地方、ノルマンディー地方、シャンパーニュ地方、ニヴェルネ地方、イギリスに建設される(16)。本格的な軍事産業が最新の武器を中心に組織され、量産方式で長砲、臼砲《きゅうほう》、火縄銃が製造される。

それは単に集団による緩やかな進歩の成果だけではない。「生まれつつある階層《オルドル》」、すなわち現実に興味を抱く芸術家(55)で、あらゆるエネルギーとあらゆる知識を駆使して人間を自由にする機械を思い描く空想家である〈技術者《アンジエニュール》〉の本質的特性が生み出した産物でもある。空想家と具体的世界とのパイプ役である技術者は、算術を駆使して人間の労力を有効に使う機械を思い描く。彼らの中でまず第一に挙げるべき人物レオナルド・ダ・ヴィンチは、当時ミラノのスフォルツァ家の宮廷で、水車、水平車輪付き製粉機、水力タービン、吸い上げポンプ、クレーン、パラシュート、ヘリコプター、スクリューに取り組んでいる。彼は書いている。《力学《メカニック》は数学の楽園である。数学は力学の中で現実のものとなるからだ(55)》。他の人々も力学論を出版する。ヴァルチュリオは一四七二年にそれを出し、フィレンツェの彫刻家ブルネレスキは光学論を著し、ヴェネツィアの医師フォンターナは戦争用機械、水力機械、自動機械に関する書物を書いている[55]。

建築家も《技術者》の中に入るが、その役割はとくに重要である。芸術家で数学者でもある建築家は自然を支配し[21]、自然を加工する。最初の優れた建築家レオン・バッティスタ・アルベルティは尖頭アーチの代わりに半円アーチを用い、ゴシック様式の支柱の代わりに古代ローマ式の円柱を用いる建築論を一四八五年に出版している。ヴァザーリは彼について書いている。《まさしく彼は何百年間も混乱していた建築に新しい形を与えるために神が授けられた賜物と言える[28]》。彼はいろいろな発見をして建物に対する考え方を一変させる。

こうして数学者と技術者、印刷業者と指物師は、商人が危険《リスク》を計算するのを助ける。彼らのおかげでこの「階層」は、まだ理性の階層ではないにしても、もはや力の階層ではない。それはもはや恐怖の階層ではなくエネルギーの階層となる。

この世紀末に封建階層が姿を消し、商人階層が場所を占める。取引において。

### 交換する

商人が社会に影響力を持つ地域では経済が発達し、農業が発展し、都市が形成される。知識人である商人は書物や地図が読め、地理、気象学、宇宙形状誌、言語、数学を知らなければならない。冒険家である商人は不正行為をしたり、ごまかしたり、必要とあらば殺人を行うこともあえてしなければならない。支配者である商人は管理し、命令し、組織し、解雇し、自らの規則を押しつけなければならない。計算機である商人は資本を集め、それをさまざまの企業に投資し、貸し付け方法を考案し、利潤を配分し、為替レートを計算し、公証人の前で作成された契約書の内容に応じて、他の商人、職人、法律家、大諸侯、聖職者(46)から集められた資本を運用しなければならない。

十二世紀以来、商人たちはこうして誰も出資金を損することのない〈出資分担組合〉で資本を集めている。イギリスには海上の旅への融資、トゥールーズ地方には製粉所の設置、ドーフィネ地方には鉄鉱山への融資、ボスニアには銀鉱山の開発、トスカーナ地方には小アジアの明礬《みようばん》やチュニジアの珊瑚《さんご》やスペインの水銀の市場への売り出しを目的とした組合がある。ジェノヴァにある組合——〈海上組合〉と呼ばれている——は発送品への融資を行い、あちこちで小商人と行商人、居酒屋の主人と酒の買い手、大企業者と地方の市場に根を下ろした商人を連携させている(46)。

十四世紀から、これらの組合は多くの出資者をひとつにまとめる。たとえば一三一〇年にカタルーニャの私掠《しりやく》船がヴェネツィアの船を奪うが(118)、そのとき二十二人のヴェネツィア商人がその船に乗組員を乗り込ませていたことがわかる(118)。十五世紀には、ハンザの商船に六十二人の商人が乗組員を乗り込ませていたことが記録されている(118)。反対に同じひとりの商人がこの種のいくつかの組合に投資し、彼のまわりにひとつの〈組合集団〉を作り上げていることもよくある(9)。企業家を中心としたこのような資本の吸い上げによって取引量は増大し、商人の仕事も専門化する。陸上では商人はもはや製造業者ではない。海上では船主はもはや船長でも傭船主《ようせんしゅ》でもない。[47]

十五世紀はじめには大商人は、いわゆる《合資》という新しい形の会社の中で、もはや他人の資本の管理者にすぎない。資本は持ち分に応じて分けられ、一般に均等で譲渡可能であり、挙げた利潤に応じて報酬が支払われ、——しかもその場合、出資者たちが出した資本以上に彼らの共同責任はない。たとえばジェノヴァでは、そうした組合の資本は純金に換算して二十四等分されている。出資者のそれぞれが組合を解散させることなく、自由に自分の持ち分を転売することができる。ジャン・ファヴィエがいみじくも言っているように、《《合資会社》は評判を維持することにかかっている》[47]。大変な進歩だ！　事業に参加した者は誰でもそれから退くことができる。証券市場——少なくとも組織化されてはいない——が存在するのだ。

少し遅れてトスカーナ地方では別の組合〈商会《コンパニー》〉が作られるが、その出資者は一般に同じ一族——メディチ家、ペルッツィ家、ピジェッリ家、ダティーニ家、ポルティナリ家——の出であり、こうして事業を確実に存続させている[47]。合資会社の出資者と違って、彼らは利潤だけではなく損失も分け合い、彼らが出資した資本以上に責任を負う。これらの商会は貯金も受け入れ、それに謝金を出し、それを資本に加えることはしない[47]。つまり自己資本と同時に借入金で運営されるのだ。商会は危険を分散し、倒産の広がりを防ぐために支店を持つが、のちにそれは独立した子会社となる。たとえば一四八〇年にブリュージュとロンドンにあるメディチ家の子会社が閉鎖に追い込まれたときも、残りの同族会社には被害が及んでいない。ひとつの商会とその子会社との関係は強固である。一三九五年から一四〇五年にかけて、フランチェスコ・ディ・マルコ・ダティニは彼の商会の支店、代理店、情報提供者と八万通以上、すなわち一日に何と二十通以上の手紙を交換している[118]！

ときとして商会が一時的な形の場合もある。ヴェネツィアの場合がそうである。同じくフランスでは、ひとつの事業あるいは特定の期間に限って出資者が商会を設立している。ギヨーム・ド・ヴァリとかブリソンネは小麦、毛織物、香辛料を売買している。ジャック・クールはシャルル七世に彼の軍隊の遠征のために資金を出し、またナポリ、パレルモ、フィレンツェ、ブリュージュ、ロンドンに《代理人》を置いている[74]。

十五世紀末には、このような形のあらゆる商会が中世の諸規則の隙間に共存している。封建制の力が弱まったところ――まずイタリアとフランドル地方――では、商人たちは慣習法の支配からのがれ、彼らの法律を作り、自分たちの問題は自分たちの間で解決している。封建制の力がまだ強いところ――フランスとスペインとドイツ――では、彼らは市場独占か、あるいは王侯君主に供する貸付金からの利潤を求めることしかできない。ときとして、どちらからもという場合もある。たとえばフランスでは、ド・ヴァリとブリソンネが公的収入の事業請負契約を管理している[74]。ドイツでは、成り金となった織工の孫ヤーコプ・フッガーがジェノヴァの商人アントニオ・デ・カヴァッツリと結びついて、チロル大公ジギスムントに高額の貸付金を供与し、その見返りとしてチロルの銀鉱山の開発、次いで他の鉱山採掘の独占権を得て、一四九一年に伯爵領がオーストリアのマクシミリアン一世の支配下になってもその権利を持ちつづける。

とはいえ商人たちの成功の判断基準は、まだ封建階層の基準である。彼らにとって地所が力のしるしであり、財産の最終目標であることに変わりはない。誰もが自分の財産を子供たちに譲り渡し、耳に心地よい肩書を持ち、宮廷に迎えられることを夢見ている。すでに富裕市民《ブルジョワ》、貴 族《ジャンティヨム》となった者たちは、彼らの得た利益を地所や称号、都市の邸宅や田舎の城館、官職や教会禄《ろく》、絵画や墓に投資している。

こうして十五世紀末には、商人は資本主義についてあらゆることを考え出している。彼ら自身の成功の模範例のほかにも、あらゆることを。

一四九二年は商人にそれについての概念を与えるだろう。

**輸送する**

運搬手段を持たない商人はいない。輸送のない市場はない。アフリカでは駱駝が主要な輸送手段であり、一日に二〇キロまで歩き回る。隊 商《キャラヴァン》の動物の数は一万二千にも及ぶ。(47) ヨーロッパでは、田舎から都市へ、食糧と織物が陸路で人間の背中あるいは荷車に乗せて運ばれる。荷車はそのあと多少快適になる。前輪部が可動式になり、ベルトと鎖の付いたサスペンションが取り入れられる。しかし車の速度も大きさも変わらない。だから陸路で運べるのは――絹、金、香辛料といった――ぜいたく品や、とくに最も大切なもの、すなわち情報、売買契約の書状や指示、注文書や料金表に限られる。(118) ヴェネツィア、アントワープ、ジェノヴァの保険会社は、組織網に入っている陸上便の場合、平均して徒歩で一日十里《リュー》、馬で二十里の距離を進むと計算している。ある情報が届くのに、ヴェネツィアからジェノヴァまで十日から十五日、ヴェネツィアからアントワープまで三十七日かかる。実業家の郵便業務は王のそれよりも速い[118]。ブリュッセルからマドリッドまで行くのに、スペイン王室の郵便物がおよそ十五日かかるのに対して、民間の郵便物は同じ道のりを十一日で走破している。だから神聖ローマ皇帝は自分の郵便物を送るのにヤーコプ・フッガーの私的な組織網を頻繁に利用している[118]。

情報伝達がこのような状態であれば、商品の場合はなおさらそうである。陸上便は重い品物には何ら役に立たないからだ。ロンバルディアの大青《たいせい》をポー平野からジェノヴァまで陸上便で輸送するのに、ジェノヴァとロンドンの間を海上便で輸送するよりも時間がかかるのだ。

そういうわけで十五世紀は、以前の世紀とは比較にならないほど、何よりもまず〈海の世紀〉なのだ。

ヨーロッパで活気のある都市のほとんどすべては港湾都市である。富、新しいもの、変化、創造的なものはすべて海上からやって来る。船乗りは成功の典型となり、造船はヨーロッパ第一の産業となる。海岸に沿ってヨーロッパと他の既知の土地との間を、食料となる魚、衣類となる織物、保存に役立つ香辛料、世界を変える情報を輸送する船は、活力の象徴となる。

いく種類もの船舶が港ですれ違う。各地から来る〈大帆船《ネフ》〉、ジェノヴァの〈大型商船《カラク》〉、ヴェネツィアの〈ガレー船〉、そしてリスボンの〈カラヴェル船〉。ヨーロッパの商船団の半数と東洋航路を行き交う輸送船団の三分の二は大型商船である。(47) 五本のマストを備え、長さが四十メートルもあり、大砲を積み込み、荒天のときでも快適で力を発揮する大帆船は、重さ千トンまで輸送できる。(47)

ジェノヴァではさらにもっと強大な船、《当時としては桁《けた》外れに大きい建造物(62)》で、バスク人の船〈コカ・バヨネーサ〉にヒントを得て建造された〈大型商船〉を、船主は武器の輸送や小麦、塩、葡萄酒といった非常に重量のある生産物の交易に利用している。《まるで要塞のように水面高くそびえ立ち、三層の甲板と二層の上部構造を持ち、三本の大きなマストのうち最大のものは四十ないし四十五メートルに達し、実にいろいろに変化させた数多くの帆は驚くほど複雑にできており(62)》、射石砲に守られた大型商船の場合は、千トン以上の商品を輸送するのにわずか百人の乗組員で十分である。(62) 旅行によっては乗組員の費用のほうが船自体の費用よりも高くなることを知ると――ジェノヴァの商人レオナルド・ジュスティニアーニの例をあげると、彼の場合、船には四千五百リーヴルしかかからなかったが、五千八百五十リーヴルの給料を支払っている――、こうした定員削減の経済的重要性が理解される。

最も高価な産物が出入りするヴェネツィアではとくに〈ガレー船〉が使われているが、それは海洋国家としての市政庁の力の象徴となる。まず戦争用に使われる櫓櫂《ろかい》船が《商業用ガレー船》に代えられる。その長さが幅の六倍にもなる広い甲板は、百八十人の漕手《そうしゅ》と弩《おおゆみ》射手、三人の船大工と二人のコーキング工〔船の隙間・継目に詰め物をする人〕を収容することができる。この船は大三角帆を揚げて港から港へ速やかに移動し、また漕手がいるのでバーバリ海賊や海上封鎖に直面しても非常に操縦しやすい(47)。二、三百トンの商品を輸送することができる。費用がかかるので、輸送するのはとくに高価な荷物である。たとえばヴェネツィアでは、アレクサンドリアへ向かうガレー船一隻に金塊および銀貨、金貨十万ドゥカートを支払って荷を積み込み、帰りは香辛料を持ち帰っている。ガレー船は船荷の価値を考えて常に船団で航海するが、中には最初は槍と弩、一四六〇年以後は大砲と鉄砲を使用する大勢の兵士を乗せる船もある。ときには法外な値段で乗客や金持ちや商人を乗せることもある。ヴェネツィアからベイルートまでの乗客ひとりの値段は、二十二日間で七百五十ヴェネツィア・ドゥカート、すなわちヴェネツィアの土工六百人分の年収、税関所長の年収の三倍以上である(118)。

リスボンでは、商品の中でも最も高価な〈情報〉を運ぶために新型の船〈カラヴェル船〉が十五世紀後半に広まる。その名前は十三世紀に主に漁に用いられたアラビアの小舟〈カラヴォ（caravo)〉から来ている。最初は三本マストで床一枚だけの五〇トンほどの小型船である。その独創性は帆の広さが同じ大きさの他の船の二倍あることで、それによってはじめて外海を航行することが可能になる。それまで不可能であった大洋横断が可能になる。

時とともにカラヴェル船は洗練されてゆく。マストも四本になる。最初それは十四世紀にポルトガルで建造されたが、そのあと十五世紀後半にはヨーロッパ中で建造される。ただし暴風雨に弱いので、北海ではほとんど利用されない。アフリカ、大西洋、地中海のあらゆる移動はこれである。シチリアでは、一四〇〇年から二〇年の間にそれが二回通過するのを目にしている。そのあと一四二〇年から四〇年の間に五十四回、四〇年から六〇年の間に五十六回も通過している。(47) こうして新型の船はいろいろな航路を切り開き、のちには〈ガリオン船〉――同種類であるが大型の船――がポルトガルやフランドルの船主のためにそれらの航路を交易路に変えてゆく。

地中海および大西洋では、漁や輸送用の他の船が行き来するのが見られる。(47)〈小舟《コック》〉〈貨物帆船《ウルク》〉〈小型ガレー船〉〈マラン船〉〈マルシリアーヌ船〉等々。それらの船の建造のためにヨーロッパ中から多数の労働者が雇われる。造船技術はとくに北ヨーロッパで発達する。床を張る場合に船体をかなり強化する〈鎧《よろい》張りの厚板〉や、船内から操縦して舵を取れる軸舵〈船尾舵柱〉が現れる。(12) さらに〈羅針盤〉の精度がよくなり、地図は磁気偏角を表示する。

思わぬ戦争が起こり、どうしても陸路が不可能な場合でも、造船の分野でのこのような驚くべき進歩によってすでにかなりの量の交易が可能になる。

取引する

金、銅、香辛料、明礬《みょうばん》、塩、葡萄《ぶどう》酒、織物。以上はフェルナン・ブローデルが適切にも《ルネサンスの国際貿易の花形(12)》と呼ぶ産物である。当時のあるヴェネツィア人が言っているように、《それと一緒に他の香辛料も連れ出す(12)》胡椒《こしょう》はマラバル海岸から来る。金持ちの食事には欠かせないナツメグ、生姜《しょうが》、辛子、シナモンはモルッカおよびスンダ諸島から来る。羊毛の染色に欠かせない明礬はトルコから来る。

だから東洋はヨーロッパにとってきわめて重要なのだ。あらゆる取引は東洋に至るルートを中心に展開される。

ところが十五世紀末に東洋とヨーロッパを結ぶこれらのルートが実際上断ち切られる。長い間それらのルートは、部分的に海路――地中海、次いでアジア経由――、それから全面的に陸路――中央ヨーロッパとアジア経由――、そのあと再び部分的に海――地中海、エジプト、紅海――を利用してきた。

エジプトは紀元前三〇〇〇年代からイランの金や瑠璃《るり》、ソマリアの香をアラビア経由で取り寄せている(47)。紀元前十世紀にフェニキアの船乗りたちは、エジプトおよびベルト(のちのベイルート)と、ブロンズの製造に必要な錫鉱山のある東スペインとをつなぎ、途中に航海の中継地カルタゴを建設している(47)。すこし遅れて、ギリシアの商人たちは黒海を駆け巡り、紀元前六〇〇年にマッシリア(マルセイユ)のような港を作っている。中央ヨーロッパから来た民族の侵略、次いでイスラム教徒の南ヨーロッパの征服によって、東洋と西洋の商人の結びつきが弱まる。カロリング朝時代に再び東洋の産物が支払い能力のある顧客によってヨーロッパで求められる。そのときアラビアの船乗りたちのおかげでヨーロッパと極東を結ぶ新しい海路と陸路が現れる。こうしてエジプトとギリシアの商人たちは西地中海にまで活動を広げ、イタリア経済の誕生を促す。

だから十一世紀まで東洋と西洋との関係は、少なくとも地中海隣接地域間では海上の結びつきである。そのあとその関係は再び陸上の結びつきに広がり、中央ヨーロッパ、中東、ペルシア経由となる。十字軍とともに最も高価な東方の産物——絹と香辛料——を目的としたもっぱら陸上輸送による商業ルートが確立される。[47] 海上はフランドル地方の産物——小麦、羊毛、木綿——の輸送に限られ、これらの産物はシンプロン、サンゴタールおよびブレンナーのアルプス・ルートを取ったあと、トルコ行きの船でヴェネツィアに運ばれる。やがて大きな変化が徐々に認められる。西洋に産物を運んで来るのはもはや東洋の商人ではなくイタリア商人で、彼らはまず陸路で、それから再び海路で東洋の産物を求めに行く。

十三世紀までは、ケルン、マインツ、ライン川、ドナウ川、それからアジアを経由するごくふつうの、かなり危険の多いルートが唯一可能な交通路である。イタリア、ドイツ、ハンガリー、ロシア、アルメニア、アラビア、イランの大勢の商人が、一二六七年までモンゴル帝国の首都であったカラコルム、それからのちに北京となるカンバルック〔カンの都〕で仕事を始める。旅は信じられないくらい長い。ジョヴァンニ・デ・ピアノ・カルピーニはキエフからカラコルムまで行くのに五カ月半を要しているし、ギヨーム・ド・リュブルックはコンスタンティノープルから七カ月半を要している。ヴェネツィアとジェノヴァの商人たちも、東ローマ帝国の中で《近東の停泊地》としてターナ、ペラ、カッファ、キオス、トレビゾンド、ベイルート、アレッポに商館を設けている[12]。

西洋は当時、西洋が東洋に売る以上に東洋から品物を買っている。だから取引のバランスをとるために、西洋は金や銀を産出しなければならない[12]。ところがヨーロッパには貴金属がほとんどない。ヨーロッパでは金貨や銀貨がきわめて貴重である（《白い貨幣が黒い貨幣となっている[46]〔闇取引が行われている〕》）。かろうじてエジプト経由でアフリカの金が少量届き、十三世紀中頃に最初の金貨が現れる。すなわち一二五二年に基準となるフィレンツェのフィオリーノ金貨、次いで一二八四年にジェノヴァのドゥカート、一二六六年にはヴェネツィアのドゥカートが現れる。そのあと聖ルイのドゥニエ、ハンガリーのドゥカート、ポルトガルのエスクード、《ハーフ・ノーブル金貨》、スペインのクルサード、フランスのエキュが現れる。しかしこの金はおおむね陸路で東洋に流れる。

十三世紀末になると、人々はこのルートのほかに再び海を利用しはじめる。たとえばヴェネツィアの商人ニコロおよびマッフェオ・ポーロ兄弟は、一二五〇年頃に陸路で中国に出発するが、四十年後の二度目の旅行のときは、甥のマルコと一緒に部分的に海路を利用して戻っている。彼らは一二九一年に中国を離れ、一二九五年にヴェネツィアに戻っている。

ヨーロッパが海に立ち向かっているときに、イスラム教徒は海を離れる。古代世界の七不思議のひとつ、夜にアレクサンドリア港の入り口まで船を誘導すると考えられたファロス島の大理石の灯台はすでに荒廃していたが、その頃地震によって消滅する。

陸路の破壊がつづく。一三五二年に中央アジアに向かうモンゴル道とペルシア湾が閉ざされる。一三九五年にターナがティムールによって破壊される。アラビアとメソポタミアを経由するルートが次第に安全でなくなる。エジプトとインド洋を経由しないかぎり地中海は次第に出口のない場所になる。こうしてインドから来る調味料、香辛料はまれで貴重なものとなる。同時にトルコのアジア征服によって明礬が自由に手に入らなくなる。ヨーロッパの経済全体が麻痺状態に陥りそうになる。

そこでヴェネツィア人はアレクサンドリアを占有し、地中海から紅海にまで主導権を広げる。一四二四年からジッダ――エジプト王はそこの安全を保障する――は東洋へ向かうヴェネツィアのこのルートの主要な中継地となる。もちろんジェノヴァの商人たちは、強大な会社の形で連合した同族グループがまだ支配しているコンスタンティノープル、ペラ、カッファ、フォカイア、キオスといった大貿易港によって、海上とのつながりを維持している。しかしこの東洋の組織網、そしてそれ以上に北の陸路にすべてをかけたジェノヴァは、トルコの野望によって弱体化する。

新たな海上ルートを拡大するために金《きん》がますます必要になる。十四世紀から――おそらくマリの皇帝マンサ・ムッサが一三二四年にメッカに巡礼したときからかもしれない――

キリスト教徒の商人たちは金を求めてスーダンに行く。ジェノヴァ人とヴェネツィア人はトリポリ、チュニス、ボーヌ、アルジェ、オラン、セウタ、タンジール、フェスで、スーダンから来た隊商から粉末にした金を買う(47)。彼らはそれを小麦や布地や塩と交換する。一四五五年には、シチリアの小麦一万五千キンタルと金五百キロとの交換が記録されるだろう。塩は金と同じ重さで取引されている。また十五世紀末には、アラビア人旅行者レオン・ラフリカン〔アル＝ハサン・イブン・ムハンマド・アル＝ファシ〕が、ヴェネツィアの織物はトンブクトゥで高く売れるので、アフリカのどの貴族もレヴァントやマグレブの商人たちに対して金で借金をしている、と言っている。さらに銀はインドや中国に比べてアフリカの方が高くないので、ヨーロッパはアフリカで買った銀を東洋諸国で金と交換し(47)、しかもその金で香辛料を手に入れている。つまりマージンで利潤が生み出される為替手形の再利用である。

しかしアフリカの金を輸入するだけでは商人たちの欲求は満たされず、人々は新しい金をあちこち探し求める。何とその頃、マリの君主が彼の馬に三十リーヴルの黄金石をくりつけているらしいという噂まで流れている(47)！　金がないので、中央ヨーロッパで銅鉱脈から銀の採掘が再開される。

一四五三年にコンスタンティノープルが陥落すると、ジェノヴァはその商業植民地を失う。ペラ、カッファが壊滅するのだ。フォカイアを奪取したあと、キオスからフランドル地方まで——行きは明礬、帰りはイギリスの羊毛を積んだ——大型船による直接輸送で抵抗するが、それも困難を何とかくぐり抜けてのことだ。[12] オスマン・トルコ人はこのルートを存続させ、西洋人の買い入れに条件をつけ、東洋のあらゆる産物の値段をつり上げる。

北の最後のルートに対するこの新たな脅威に直面して、フランドル地方とイタリアの商人たちはすぐに対抗する。彼らはまず代用の産物を開拓する。教皇領から採取したトファの明礬、ナポリのコチニール〔染料の一種〕、グラナダとカラブリアの砂糖をアジアの産物の代用品とするのだ。[12] それからアフリカのマラゲッタ胡椒がマラバル地方の胡椒の代用となる。結局、香辛料の価格は上がらない。ヴェネツィアの卸売市場では、胡椒の価格が一四二〇年から四〇年の間は半分に下がることさえあり、その後は世紀末まで安定する。[12]

それでもこの同じ時期に、東洋への陸路は実際には閉ざされている。ただし紅海を経由してインドの香辛料へと向かう主要な通過点のアレクサンドリアが存続しているので、船乗りや《たけり狂った海の獅子》[22] イブン・マージドのようなアラビアの商人たち、優れた航海者の息子や孫たちが、そこからインド、マレーシア、マレー諸島に行き着くことはまだ可能だ。[22] しかし察するところ、エジプトのその港もオスマン・トルコの野望によって脅かされそうなのだ。どうやらもうひとつ別のルートが必要だ。もし可能ならば、そのルートはアフリカを迂回すべきだ……でなければ、地球を一周したってかまわないではないか！

**支配する**

この商業組織《システム》は――フランドル地方およびトスカーナ地方の――いくつかの港と、それらをつなぐ――ドイツおよびフランスの――いくつかの市《いち》を中心に組織される。

十四世紀末まで、全体を支配しているのはブリュージュである[12]。そこの港が停滞して東方貿易が活発になると、ヴェネツィアが発展して経済世界の主要な市場となる。十五世紀末においても、主要な商品の価格が決められ、主要な造船所と印刷所が見いだされるのはそこである。この都市は、その建築の際立った独創性と商人たちの活力によって旅行者に強い印象を与える。そこでは宮殿や大邸宅が建てられ[12]、運河の清掃が行われる。通り――それまでは大抵ただ踏み固めた道であったが――は次第に舗装され、橋や埠頭《ふとう》――それまでは木製であったが――は石造りのものに替えられる[12]。

何よりもこの都市は、完全に海の方へ目を向けたひとつの強大な経済機構である。サン・マルコから東洋へ向かってフランドル地方の羊毛、ミラノとフィレンツェの毛織物、バルセロナの珊瑚が旅立つ。そこに着くのはヨーロッパが必要としている貴重な産物、タナの奴隷たち、コンスタンティノープルの絹と明礬、アナトリアの金属類、ペルシアの絹織物、マラバルの胡椒である[64]。ヴェネツィアはこうして東方貿易に関して市場を独占する[64]。一四六〇年のある書簡の中で、フィレンツェの大冒険家ベネデット・デイは、《ヴェネツィア人は今のイタリアのあくどい利得者で、汗水たらして稼ぐのではなく〈泡銭《あぶくぜに》〉を当てにしている》、と非難しているが、彼のそうした指摘は羨望のまじった不当なもので、時代遅れの中世商人のそれである。

ヴェネツィアは軍事および産業の強大なセンターとなった(12)。公立の海軍造船所が建造するガレー船は一年に五十隻にも及ぶ(12)。二千人の工員がそこで働く。総督《ドージェ》が商取引を管理運営する。総督は輸送のたびにガレー船をヴェネツィアの商人の中で最高入札者に請け負わせ、航路と寄港地まで決め、ヴェネツィアの金銀細工師がドイツで仕事をすることを禁じて、ドイツの商人がヴェネツィアで彼らの金をアレクサンドリアから来た東洋の産物と交換せざるをえないようにする。

商取引に取りつかれた都市のものすごい力の結集だ。工員が船を建造し、行政機関が輸送船団を管理し、商人が商品に出資し、船主が船旅を組織するのだ。ヴェネツィアには長期間つづく商会も資本の蓄積もない(12)。すべてが駆け足だ。総督の都市はこの無鉄砲な企ての中でしか存続できない。この都市を動かしているのは欠乏である。そしてこの都市を脅かすのは活動の停滞である。実際この都市はすべてをその地理的な位置に負っているのだから、トルコ人やポルトガル人がそれを利用しようとしたら、この都市は崩壊するだろう。

すでに東洋の中継地はばらばらになっている。一三八三年に市政庁はコルフ〔ケルキラ〕島の支配権を失う。次いで一四〇五年から二七年の間にアドリア海沿岸の支配権を失う。サロニカ〔テッサロニキ〕が一四三〇年に崩壊する。コンスタンティノープル――《まさしく我々の都市》と元老院のある文書は記している――の陥落後、ガレー船の航路を再編成する必要が出てくる。その世紀末になっても、依然として商人やガレー船がヴェネツィアとイスタンブールを往復するのが見られるが、以後は主としてイラクリオン、キプロス、アレクサンドリア経由となる。しかし今やトルコの脅威が差し迫っている。互いに監視し合い、小競り合いをつづけるが、致命的な戦争にはならない[12]。ヴェネツィアにとってきわめて重要な要衝となったマムルーク王朝下のエジプトのアレクサンドリアは、実際にはまだ脅威にさらされていない。ヴェネツィアにいるゴンザーガ家の家令は一四七二年六月に書いている。《当地では、人々がトルコ人のことはもう心配していないように思われること以外に何ら新しいことはない。トルコ人に対して何も行われていない[12]》。しかしトルコ皇帝はヴェネツィアから少しずつその活力を取り去る。《それほどの騒乱もなく[12]》、今やセレニッシマ〔ヴェネツィアの別名〕は富の航路の支配権を失いつつあるのだ。

ジェノヴァが地中海での主要な競争相手として名乗りをあげる。そこは宮殿も大聖堂もなく、大公も大司教もいない地味な都市である。しかしこの港はどんな積量の船も受け入れることができる、地中海では数少ない水深のある港のひとつなのだ。しかも後背地がないので、海がその唯一の救いである。そこでは商人や船主たちが莫大な取引を管理する。大勢の人たちがヨーロッパ全土からやって来て、そこに集まる。銀行家や〔私掠《しりゃく》船の〕船長、会計係や探検家、船主や織工である。税関であり銀行でもあるサン・ジョルジョ会社《カーサ》が全体を統括している。相当な数の造船所で、〈サンタ・マリア〉の名前をつけた巨大なカラク船が建造される。この都市はキリスト教徒による東方の〈奪回〉という思いによって活気づけられているからだ。それでもスピノラ家やチェントゥリオーニ家やグリマルディ家は、イスラム圏の東洋とフランドル地方との交易をジェノヴァを経由させて、しっかりと自分たちの財産を築き上げている。また彼らはイスラム圏のチュニジアやサルデーニャの、天然の、あるいは加工した珊瑚《さんご》の製品も管理している。ジェノヴァはリスボン、セビーリャ、キオス島、マグレブ、黒海に配下を置き、中国への航路の大きな港ごとに領事館と居住区を置いている。

十五世紀中頃からジェノヴァも、イスタンブールの中継地に集中させすぎて東洋との取引を失う。一四五八年にはただ一隻の商船がベイルートを発《た》って、香辛料、砂糖、織物繊維、染料、生糸を積んでそこに立ち寄っている(12)。

ジェノヴァはビザンティウム占領にうまく対応することができる。そして東洋での失敗が結局はジェノヴァを救うことになる。この都市は目を完全に西に転じ、まず最初に若干の香辛料と大量の染料をサウサンプトンまで運ぶ。そのあとジェノヴァ人はアントワープ、ブリュージュ、ロンドンに足場を築き、地中海のすべての商人に代わって国際的な金融活動を独占することに成功する。彼らは帳簿上の支払い方法をいくつか開発し、それとともに信用取引、利息付き貸し付け、貨幣の鋳造、複式簿記を開発する。ジェノヴァでは、両替商は契約書によって顧客に、他の通貨で、他の場所の、他の両替商のところへ預けた総額に見合う額を保証する(46)。そこではただ一通の《通知状》とか《支払い状》とか《為替手形》とかで十分である。また手形割引や手形に裏書きするやり方が生まれ、振替が現金支払いの代わりになる。重い商品の損害の穴埋めに考え出したこのような帳簿上の移動でもって、ジェノヴァはその強大な力を生み出すことになる。情報が香辛料の代わりをするのだ。

ジェノヴァから遠くないマルセイユならば、少なくとも一四八一年にプロヴァンス地方がヴァロワ朝王国に合併したあとには、ある程度の役割を果たすことができたかもしれない。しかし一万人ほどのマルセイユ人はジェノヴァ人のような野心は抱かず、小麦を売ったり、近くで珊瑚を取ったりすることで満足し[74]、自分たちの港を北ヨーロッパの航路でとくに重要でもない単なる中継地として他の人々に利用させている。

ナポリはヨーロッパの都市の中でおそらく最も人口が多く、葡萄《ぶどう》酒の一大港町であり、西地中海全体の産物——とりわけ毛織物の貿易港である。しかしこの都市は、アレクサンドリアからフランドル地方に至る航路で何ら目立った役割を果たしていない。

セビーリャは重宝な中継地で、そこから大きな商会が羊毛、皮革、塩、鉛、石鹼、干し魚、コチニール〔染料〕を輸出し、トルコの没食子《もっしょくし》、アナトリアの藍や青のコチニールを輸入している[12]。しかしこの都市も、全体の帰趨《きすう》には影響のない単なる地方の港にすぎない。

リスボンは東洋の香辛料や象牙を北ヨーロッパへ、アフリカの金粉を東洋へ再分配する主要なセンターのひとつのように思われる。一四七九年にカスティーリャと結ばれたアルコバサ協定により、北アフリカとの交易に関してポルトガルの独占権が認められると、この港の重要性は非常に大きくなる。しかしこの港はジェノヴァの商人たちに大きく依存しつづける。断固とした政治的意向——その当時の商戦に必要不可欠である——がなく、北の市場への航路がないため、リスボンは発見の重要な拠点とはなっても、交易の重要な拠点となることはできない。

ヨーロッパの大西洋側は、ある程度重要な他の市場が点在している。ブルゴスは羊毛、鉄、乾燥果実、オリーヴ油、葡萄酒を輸出し、毛織物、布地、金物、鉛、錫を輸入している。(74)ビルバオは商品取引所があり、造船の中心地でもある。もっと北のバイヨンヌ、ボルドー、ヴァンヌ、サン・マロ、ディエップ、ルアンはスペインとフランドル地方の間の単なる中継地となっている。そこで取引する卸売商は大抵ポルトガル人、イタリア人、フラマン人かドイツ人である。(74)フランス領となったナントにはまだ一万五千人の住民しかいないが、スペインの卸売商たちがそこで仕事を始め、ビルバオと組んで商人組合を作っている。(74)

北ヨーロッパでは、一世紀以上も前から経済＝世界の《中心》ではなくなったとはいえ、ブリュージュがやはり主要な都市である。依然として船が羊毛、葡萄酒、果物、東洋の産物をそこに運んで来て、毛織物を乗せてそこから再び出航している。一三一二年以来、カスティーリャ、カタルーニャ地方、アラゴン地方、ナバラ、ポルトガルの商人たちがそこに住んでいる。(12)そのあとジェノヴァ人が自分たちの情報《サヴォワル》・経験《フェール》をもたらす。

この港がたまたま砂で埋まると、南から来ていた商人たちはアントワープに移り住み、そこの人口は一三七四年の五千人が一四四〇年には二万になる。一四六〇年には、そこに商品取引所が開設される。ほかと同様にここでも外国人は職業組合を作って集まり、一四八〇年からは、フランドル地方の反乱に対して市を支援したことに感謝してマクシミリアンが与えた諸特権と課税などの免除の恩恵に浴している。一四九〇年にはアントワープの人口は五万に達する。イギリスの商人がまず加工していない毛織物をそこに送り、フランドル地方でいったん加工して、イタリアに送り出す。それからウールの衣服もアントワープから輸出している。しかしリスボンと同様、この港にはまだ国際的な商人たちもいないし商船団もない。その強大な力はのちになって、ポルトガルの探検家たちがアフリカを一周し終えた一四九二年以降に現れる。そのときアントワープはいつの間にか大西洋第一の港となるだろう。

ロンドンはまだこの大きな商業組織網の外にある。その発展はかなり緩慢で《一時の輝き》[12]のようなものは何もないが、それを支える一連の要因はある。ヘンリ七世は一貫した政策をとり、商人たちを招き、艤装《ぎそう》した大きな船を建造させ、ポーツマスに海軍造船所を作り、海上輸送に出資する。いくつかの団体（商船組合や毛織物輸出商人組合）が彼ら組合員の取引を管理するために作られる。[99]ロンドンは三世紀後にやって来るその栄光の時代を着実に準備しているのだ。

南ドイツとフランスでは、かろうじていくつかの内陸の商業都市が港湾都市と張り合い、陸路を使って北から南へ商品を免税で通過させる。しかし陸路による経済収益率は惨憺たるもので、しかも定期市では実際の商品ではなく見本だけが置かれるようになってゆく。[12]フランドル地方とイタリア、イギリスとロシアの間の中継地であるニュルンベルクは次第に金融取引に専念する。ドイツの定期市とイタリアの間の中継地であるリヨンはメディチ家を迎え入れ、メディチ家はジュネーヴの支店と、別にフィレンツェのおよそ四十余りの商会をそこに移す。

すべてが北と大西洋の方向に傾くのがすでに感じられる。一四九二年がその確証を与えるだろう。

## 5　法律の揺籃期

一四九二年を目前にして、地球の人口の四分の三は依然として軍人や聖職者、あるいは軍人＝聖職者に従っている。中国のような巨大な帝国あるいはアメリカとのちに名づけられるあの大陸であれ、インドやアフリカやヨーロッパにあるようなもっと小さな王国あるいは公国であれ、それは同じである。それ以外は、主として西ヨーロッパであるが、都市国家《シテ》もしくは国《ナシオン》としてまとまる。そこでは新しい指導者層《エリート》が「国家」「デモクラシー」「自由」「歴史」「進歩」といった今日の諸概念を整える。

**君臨する**

帝国《アンピール》においては、新しいことはせいぜい余談程度にしか受け取られず、最悪の場合は不穏なこととして受け取られる。君主は力によって安定を維持しようと努める。そこでこうした社会の多くは、その過去の紛争や浮き沈みを語ることは決してなく、それらの出来事はそれぞれの逸話物語群の中に記されるだけである。そうした社会の暦はたいていあまり知られていないことが多いので、一般にその年月日や場所や理由を知ることはできない。だから十五世紀末におけるそうした社会の正確な状況についてはほとんどわからない。

少なくとも十世紀から地球上で最も支配力があるのは中国である。この帝国がアジアを支配する。世界の他の地域はそれを知り、その力に感嘆する。[54] 一三六八年に、モンゴルに興り数千万の人々に死をもたらした元朝が滅亡すると、明朝が経済を立て直し、新しい体制を確立する。一世紀を費やして改めて灌漑し植林し直し、住民を移転させる。租税の支払い、商取引や官吏の給与の支払いをするために貨幣が登場する。[54] 造船では——当時世界で最も優れていた——火災や事故による浸水に備えて船倉の仕切りを考え出し、また数層からなる船にしなやかな頑丈さを与える。[47] 中国の船乗りは自分たちの沿岸地方の正確な地図を持ち、西洋の船乗りがまだ信用していない羅針盤を利用している。

皇帝は、たいてい北方の生まれで庶民階級出身の宦官《かんがん》に、行政、軍隊、政治警察、対外貿易、船舶の管理を任せる。[54] たとえば一四〇五年に明の第三代皇帝の永楽帝は、宦官の海軍大将の鄭和《ていわ》に、海軍の遠征準備の管理を任せ、中国周辺で人の住むあらゆる土地を視察させている。〈視察する《ヴィズィテ》〉ということは、征服することでも植民地化することでもない。鄭和は三百十七隻の巨大な船に分乗した二万七千人を率いて出発する。大将の船は九本マストで長さ百三十メートル、幅五十五メートル、一番小さな船は五本マストで長さ五十四メートル、幅二十メートルである。[47] この巨大な艦隊はジャワ、スマトラ、それからセイロン、カリカットを視察している。その後の六回の遠征の間に、鄭和は西に向かってさらに遠くまで行く。こうして彼はシャム、ベンガルに達し、インドを一周し、モルジヴに接岸し、ホルムズ海峡に達している。しかし彼は存在を確認するだけで住もうとも征服しようともしない[54]。一四二四年に永楽帝が死ぬと、鄭和は新しい遠征に乗り出し、二年間でボルネオからアフリカの南まで三十六の国家を視察する。一四三二年の七回目の航海のときに、彼はティモール島からザンジバルに至る約二十の国々と外交関係もしくは宗主権のようなものを打ち立てている[54]。

これらの航海は交易を発展させるものではない。中国はアフリカにもインド諸国の航路にも商人たちを住まわせていない。ヨーロッパでは、これらの遠征を知っている人はほとんどいないので、それを脅威とは感じない。しかも中国の衰退と閉鎖性の兆候はすでにはっきりと現れている。帝国の首都が南京から北京に移動し、南のまれに見る優秀な商人たちから遠く離れるからである[54]。驚くべき官僚制のこの帝国は、何よりもその広大な領土をモンゴルの再度の侵寇《しんこう》から守ろうとして自分の中に閉じこもる。一四三三年に皇帝は南の商人たちの商売意欲をすっかり潰し、彼らが外国へ赴くことさえ一切禁止し、違反した場合には死刑とする。こうして対外貿易は中止され、皇帝は東洋貿易を左右する一切の可能性を失う[54]。一四三八年から皇帝は新たな防壁を築くことを決め、一四八〇年にはその長さが五千キロにも及ぶ。中国は自ら閉じこもったのだ。十五世紀末にはマストが二本以上のジャンク〔帆船〕を建造することは極刑に相当する罪となる。陸軍大臣の劉徳〔得?〕夏は地図を破棄させる。奴隷の息子で皇帝となった朱祐堂は次第に力を失う。

中国――マルコ・ポーロのカタイ――は今や全くと言ってよいほどヨーロッパの有力な交渉相手ではなくなる。中国は、まだ欲望の対象ではないにしても脅威ではなくなる。それでも臆病で厚かましい西洋は自らの信仰を突きつけようとここにやって来るのだ。

一方、日本帝国――マルコ・ポーロのチパング〔日本〕――はもっと閉鎖的である(100)。天皇は京都で宗教的権力を行使している。摂政は一種の国務院《コンセイユ・デタ》に補佐されて世俗的な権限を受け持っている。〈将軍〉（総司令官）は鎌倉で行政面を統括し、対外貿易を管理している。次第に海上輸送は商人たちの独占となる(100)。商人だけの新しい都市が出現する。のちの大阪である。一四六七年から天皇の権力と幕府は諸国の守護大名のために崩壊する。日本が国際舞台に戻って来るのは一世紀後のことである。

西洋が欲しがる香辛料の大部分、とくに胡椒を産するインド亜大陸は、絶えず反目し合う王国に分割されている。一方はヒンズー教で他方はイスラム教であるが、最も強大なのはデリーのスルタンらしい。記録が残っていないために彼らの歴史や抗争についてはほとんど何もわからないが、たぶんヨーロッパのそれと同じくらい魅惑的で複雑きわまるものであろう。この時期に他の香辛料を産するアジア南東部一帯が仏教と接触を始める。パガン〔ミャンマー〕がモンゴル人に破壊され、アンコール――一二八九年、次いで一四三一年にタイ系諸族に襲撃される――は見捨てられる。新しい仏教国家が形成される。上海、プノンペンが建設され、〈仏舎利塔《ストゥーパ》〉が堂々たる寺院に取って代わる。それについても記録が残っていないため、今日の半数以上の人々の生活に大きな影響を与えている膨大な歴史の詳細を語ることはできない。

太平洋——ヨーロッパでは誰ひとりその存在を知らない大洋——のもう一方では、ひとつの大陸——ヨーロッパでは誰ひとりその存在を思い描かない——が注目に値する出来事の舞台となる。

北では、いろいろな先住民族がそれぞれ好きなように、それぞれの文化に従った生活をしている。これらの人々については、十六世紀の入植者と二十世紀の人類学者が彼らの神話や祭儀について理解していると思われること以外に、今日では実際に何もわからない。彼らもまた、今日我々が理解しているような意味で、「歴史」を残していない。

これらの人々は実にさまざまで、今日では百二十三語族にまとめられている何千という言語の中に示されている。[10] 農業に従事し、玉蜀黍《とうもろこし》や隠元豆を栽培する者もあれば、猟で暮らす者もある。オタワ族やチヌーク族のような遊牧民もある。コマンチ族のように戦争の大好きな部族もあれば、ピマ族のようにそれを嫌う部族もある。シャイアン族のように父系の親族関係で組織されている部族もあれば、ホピ族のように女性が村の生活を管理している部族もある。首長も神官もいない部族、あるいは説得できなければ首長の話は聞き入れられない部族もある。あるいはナチェス族のように尊い家柄の人が世襲によって人々を支配する部族もある。ときにはこのナチェス族のように性のしきたりが自由な部族もあれば、シャイアン族のようにそれと反対の部族もある。財産を蓄積するナチェス族のような部族もあれば、すべてのものを共有するイロクォイ族のような部族もある。

大陸の中央と南は比較的よく知られている。十世紀頃、ユカタン半島では数世紀前から強大であったマヤ帝国が十七の地方に分かれる。主要都市――パレンケ、ウシュマル、チチェン・イッツァ――が、まるで神官たる王たちが周期的に巡りくる運命を受け入れ、土地の疲弊に見切りをつけるかのように、突然見捨てられる。少しあとに北から来た遊牧民で好戦的なアステカ族が、千年以上も前からいた部族、すなわちオルメク族やチチメク族やメキシコ族の土地に住みつく。十四世紀はじめに彼らは強大な神権政治による残酷非道な帝国を築き上げる。それはまれに見る残虐な宗教に基づくもので、神々との特別な意思の疎通の方法として大量の人間の生け贄《にえ》に大きな意味を与えている。皇帝――神にして王――は強大な軍隊と見事に組織された社会に君臨する。アステカ族は軍隊の力によって次第にメキシコの千二百万の住民にその支配を広げる。まず一三二五年に彼らはひとつの都市、巨大な堤道によって必要なものを供給する海上都市テノチティトランを、別の部族の宗教の中心都市トラテロルコの近くに建設する。当時アステカ帝国は並はずれた知識を所有している。文字や暦、灌漑、貯蔵技術である。一四六九年から八一年にかけて皇帝アシャヤカトルは領土の征服をつづける。一四七三年に彼はまだ自治都市であったトラテロルコを併合する。一四八一年に彼のあとを引き継いだ弟ティソックは獲得した領土を強化する。彼が一四八六年に死ぬと――たぶん軍隊長たちに毒殺されたのだろう――、彼の後継者アウィツォトルは、いくつかの公国が独立を保っているユカタン半島を支配しようと何度か遠征をする。彼はテノチティトランに二つ目の堤道を建設し、一四八七年にはそこで幾多の儀式をあげ、神々の食物として何千人という捕虜の生け贄をし、ピラミッドの大神殿テオカリの落成式を行う。一四九一年にはテノチティトランは、切り石しか知らず、車輪の使用法もわからない三十万の住民が住む巨大な海上都市となっている。そこの王宮は《全く見事なもので、その美しさと壮大さを伝えることは到底できそうもない》、とのちにコルテスは書いている。皇帝は、まさしくその極端な中央集権化のために、若く未熟だが強大な、自信たっぷりだが脆《もろ》い、この国家の中心である。

同じ頃、もっと南では、全く同じように若く未熟な別の帝国がやはり全盛期を迎えている[90]。現在のペルー付近で、十五世紀はじめに多くの人々がそこでジャガイモを栽培し、輸送手段として、また食料および毛織物用にラマを利用していたが、そこにいくつかの部族が集まる。一四三八年にクスコ地方の伝説的英雄であるインカ皇帝パチャクテクは、他の地方の首長たちに対して自分の力を知らしめ、自らを神の子として認めさせ、官僚的な帝国を作り、それを現在のエクアドルにまで拡大する[90]。その際、土地は三つの部分に分けられる。三分の一はインカのもの、他の三分の一は太陽すなわち神官のもの、残りの三分の一が共同体、すなわち農民のものである。一四七一年に彼が死ぬと、息子のトゥパック・ユパンキが隣国であるチム族の王国を支配下に置く。彼はアマゾン川流域の方へ延びる渓谷にまで要塞や陸橋や石畳の道路を建設し、ガラパゴス諸島まで遠征に行かせている[90]。彼はアウラコ族戦士団の抵抗をものともせず現在のチリに侵入し、帝国の南の国境となるマウレ川に到達し、コキンボに駐屯部隊を置く。さらに一四八五年には彼の領土——十万平方キロ、沿岸四千キロ——を視察に出かけ、四年をかけて一周している。当時一千万の住民が、二十万の住民の暮らす巨大な都市クスコを都とするインカ皇帝に従っている(16)。

二つの大帝国が生まれ、当時としては途方もない数の人命を奪い、残忍さと壮麗さの中に安住している。間違いなく天賦の才能に優るとも劣らぬ才能によって築かれたこの二つの神秘的な帝国は、行き過ぎによって、また行き過ぎの中でしか存続できない。ちょうどヨーロッパでこの大陸を《アメリカ》と名づけるときに、これらの帝国は数カ月で崩壊するだろう。

その沿岸の沖合では、オリノコ川から来たインディオであるカリブ族がタイノ族を追い回し、ある諸島——伝説上の《アンティリア》に住みつく。

アフリカでは、十五世紀末は政治の転換期でもある。一四五〇年からポルトガルの商人が入って来て、多くの国家都市《エタ・シテ》、王国、帝国の崩壊を引き起こす。ときには非常に古いものが破壊され、そのために——歴史の皮肉だ！——北東から来たイスラム教の浸透が促進されることもある。マグレブでは、ポルトガルの進出によって全体が無政府状態となる(126)。もっと東のエジプトでは、軍人階級の支配するマムルーク帝国がエルサレムを通ってユーフラテス川およびアナトリアにまで広がる。そこはアフリカのイスラム化および極東との交易には欠かせない通過点である。しかしこの帝国は弱体で分裂し、今やオスマン・トルコのとどめの一撃を待っているような状態だ。さらに南の、漠然とキリスト教の影響が見られる曖昧な連邦のエチオピア帝国も、世界的な激変から孤立して、イスラム教徒の圧力を受けて徐々に消滅してゆく。東海岸ではソファラまでは、イスラム教徒の黒人の支配する《商館》が抵抗をつづけるが、最後にはオスマン・トルコの海外拡張政策によって脅かされる(126)。もっと南では、豊かで強大な王国に分かれたスワヒリ文化があり、インド洋で我が物顔にインドや中国と取引している。西アフリカでは、二つの帝国――マリとソンガイ――が同族の共同体を組織し、長老たちが主として宗教的な権力を握っている(126)。マリ帝国――地理的には現在のマリと何ら関係がない――は十三世紀前半に形成され、ほとんどイスラム化されていないが、セネガンビアやフータジャロンの強力なフルベ族と対決している。この帝国は、一四八一年からポルトガル人の進出とトゥアレグ族の侵入に脅かされ、外からの圧力に屈して消滅する。その隣のソンガイは、一四六九年に皇帝ソンニ・アリ・ベルによってマリの支配から解放され、トンブクトゥとガオの周辺に帝国が形成される。イスラム教徒の皇帝はトゥアレグ族、フルベ族、ドゴン族、モシ族およびニジェール周辺を支配する(126)。

アフリカのそれ以外のところは多種多様な王国や公国に分かれ、そこではまだ歴史がない、と言うか記録が何も残っていない。チャド地方では、数多くの氏族社会が隣り合って存在し、カネム＝ボルヌ王国やセフワ王国のような連邦社会もある。セフワ王国は当時十二の属国を支配し、一四六五年から九七年にかけて強大な都ガザルガモが建設される。東沿岸――カザマンス川からコートジボアールの潟湖《せきこ》に至る――は主に農業で生活する多数の民族が住んでいる。十五世紀には、そこに強力な政治経済構造を持った小さな王国――

アセブ、フェトゥ、アグアフォ、ファンティ、ベナン、イフェ、オヨ――が作られる(126)。大陸の南も同じように、入り込めない森林に覆い尽くされ、海にはほとんど関心のないごく小さな単位に分かれている。

最後の帝国が西ヨーロッパの状況に甚大な影響を与える。オスマン帝国である。一四五〇年には、この帝国はすでに現在のトルコ領土の大半とギリシア本土のほぼ全体に広がる。コンスタンティノープルのキリスト教徒が支配するところは、今やペロポネソス半島と、ローマ教会が解放したいと願いつづけるオスマン・トルコの領土の真ん中に孤立した都市コンスタンティノープルだけである。

一四五三年はじめに皇帝《スルタン》メフメト二世は、そうした象徴的な重要性を持つ飛び領土に決着をつけようと決心する。彼は大型臼砲《きゅうほう》十三門および小型大砲五十六門をその都市の周囲に配備する(85)。一カ月半にわたる砲撃ののち、五月二十九日にコンスタンティノープルは陥落する。東ローマ最後の皇帝コンスタンティヌス・パレオログスが退位させられる。メフメト二世はイスタンブールと改称されたその都市に再びその輝きと繁栄を取り戻す。教会《エグリーズ》はイスラム教寺院《モスク》となるが、すぐにトルコ人はヨーロッパ人を受け入れ、彼らに全面的に取引や信教の自由を与える。数多くの外国人がそこに来て住み(85)、その地のイスラム教徒はたちまち少数派になる。

ところが早くも一四五三年九月三十日に、教皇ニコラウス五世は異教徒からコンスタンティノープルを奪回しようとして、この目的のためにキリスト教君主たちを結集して新たに十字軍を結成したいと知らせる。教皇はヴェネツィアに当時交戦中のミラノと一四五四年四月九日にローディで平和条約を結ぶことを約束させる。

しかしトルコ人はそれだけでは終わらない。翌年夏にメフメト二世はそれまでジェノヴァの属州であった島々（新フォカイア、タソス、エノス、イムロズ、サモトラキ、リムノス）を支配する。一四五五年五月二日、脅威に直面したイタリア諸侯は《イタリアの平和と秩序、聖なるキリスト教信仰のためのイタリア同盟》を締結する。それは二十五年間継続するはずであった。しかし教皇は同盟軍にトルコに対する戦争を開始させることができない。またその年にニコラウス五世のあとを継いでサン・ピエトロの玉座〔教皇〕に選出されたボルジア家のカリストゥス三世にも、行動を起こすだけの時間がない。彼は三年後に死ぬからだ。一四五八年に教皇に選出されると、ピウス二世はただちに西洋の君主たちをマントヴァに集め、改めて彼らにコンスタンティノープルを奪回するために一致協力してほしいと依頼する。彼もまた挫折する。フィレンツェ人とヴェネツィア人は交易や政治の面で特別な計らいが期待できる皇帝《スルタン》を怒らせることは避けようとするのだ。[16] またドイツ＝ローマ皇帝は、そのような戦争は彼の敵であるハンガリー王マティヤス・コルヴィヌスの利益になるのではないかと懸念する。またアラゴン王とフランス王の方は、一方はフェルナンド、他方はルネ・ダンジューを立てて、もっぱらナポリ問題に心を奪われている。[16] ブルゴーニュ公フィリップだけがこのような十字軍の考えに魅せられ、《難局を切り抜け、ヨーロッパでのブルゴーニュ公国の将来を確保するのに欠かせない栄誉をそれから得る[16]》ことを期待する。

今やヨーロッパの君主は自分たちが東洋の歴史とつながりがあるとは感じていない。彼らは最終的にヨーロッパの生まれであろうとする。そして、そのためにビザンティウムとエルサレムを忘れようとする。

一四六四年にヴェネツィアはトルコの脅威が香辛料に及ぶのを感じ、きわめて無謀な戦争を単独で行うことを決める。しかし予想どおり、その行動はたちまち惨憺たる結果に終わる。五万人の騎兵隊と一万二千人の歩兵隊は、あっという間にヴェネツィア軍を粉砕してしまう。(85) 一四六八年にヴェネツィアのアルバニア同盟軍の長――スカンデルベクと呼ばれた――イスケンデル・ベイが殺される。ネグロポンテが陥落し、エウボイア島は見捨てられる。一四七五年六月にはトルコ艦隊がジェノヴァの最後の属州――クリミア半島のカッファ、アゾフ海のターリ――を奪取する。メフメト二世はスクタリを奪い、クリミア半島の支配権を宣言する。(85) 力尽きたヴェネツィアは和平を申し入れ、一四七九年一月二十五日――聖《サン》マルコの日、この上ない屈辱――、総督はトルコ人にスクタリ、クロジャ、リムノス、ネグロポンテの所有権を認めるという文面の条約に調印する。さらに総督は彼らに十万ドゥカート、およびオスマン・トルコ帝国内で取引するのに毎年一万ドゥカートの税金を支払うことを約束する。(85)

近代性に魅せられた皇帝《スルタン》はこの勝利だけで満足しない。彼はイタリアそのものに乗り込もうとする。一四八〇年七月に彼の軍隊はナポリ王国のオトラントに上陸し、何千人というナポリの臣民を虐殺するが、ヴェネツィア人は反応を示さない。ロレンツォ・デ・メディチも干渉しない。教皇とパッツィー家に脅かされていた彼は、ローマとナポリに対して皇帝の支持を取りつけようとし、──その承諾を得る。彼のお抱え彫刻家ベルトルドはメフメト二世をたたえてメダルさえ彫っている。同じ年にトルコ軍はエルサレムのヨハネ騎士団の本拠地であるロードス島を前にしてつまずく(85)。

しかも一四八一年五月四日にメフメト二世がアナトリアに向かう途中で死ぬ。彼の死は西洋に対するトルコ軍の野望に終止符を打つ(85)。彼の後継者はなかなか決まらない。二人の息子バヤズィトとジェム──父が権力を譲ろうとしていた次男──とが帝位を奪い合う。父が死んで十五日後に兄がイスタンブールに入城すると、弟はカイロに逃げる。そこでバヤズィトはロードス島のキリスト教徒たちにお金を払い、ジェムを途中で取り押さえて囚人として拘禁する。その代わりに彼は彼らを攻撃しないと約束する。バヤズィトはナポリのフェランテ〔フェルディナンド一世〕にオトラントを返還し、ヴェネツィアと新たな和平条約を締結する(85)。一四八三年に彼はマムルーク人とバルカン人を裏切る。彼はヘルツェゴヴィナおよび黒海沿岸の二つのモルダヴィア公国のキリアとアッケルマンを奪取する。以後この海はトルコの支配となる(85)。

当時ヴェネツィアが地中海のあらゆる小君主──たとえばキプロス王妃カテリーナ・コルナロ──を庇護しうる唯一の都市であるため、彼らはその庇護の下に身を置いている。教皇インノケンティウス八世はマティヤス・コルヴィヌス〔ハンガリー王・マーチャーシュ一世」の協力を得て、トルコ人に対する十字軍派遣の考えを再び抱く。戦争の場合に取引の材料とするために、ジェムがローマに移送される。しかし一四九〇年の春にマティヤス・コルヴィヌスが死ぬ。今や十字軍に関心を抱く者は誰もいなくなる。一四九〇年十一月三十日にトルコ帝国はローマとヴェネツィアを攻撃しないと再び約束し、ジェムの《賠償金》を教皇に支払う用意のあることを表明する。ひと安心だ。トルコ帝国はヨーロッパに受け入れられる。

　一四九二年はじめには、その三分の二がブルガリア人、セルビア人、アルバニア人、ワラキア人、スラヴ人、ギリシア人、アルメニア人、ユダヤ人である七百万の住民を擁するトルコ帝国は憧憬の的になる。《東洋趣味《オリヤンタリスム》》がイタリアに広がり、カルパッチョがエルサレムをヨーロッパのはるか遠くにある《東洋風の《オリヤンタル》》(16)都市として描く。今度は逆にイタリアの技師たちがイスタンブールに行って仕事をし、イタリア語を理解し、トスカーナを高く評価するバヤズィトがレオナルド・ダ・ヴィンチと文通する。まさにこのような動きが支配的になってゆく。

　西ヨーロッパはその公然たる敵までも虜にするのだ。

### 統治する

　それでもこのヨーロッパは、まだごく小さな政治的共同体である。ある人たちの説によると、ヨーロッパという語自体が《西洋《オクシダン》》を意味するアッカド語〈エレプ(erepu)〉から派生したらしい[137]。また別の人たちの説によると、それはギリシア神話に由来し、東地中海のアジア側に生まれたある王女を意味するという。ローマ人によってガリアやイギリス諸島に広げられたヨーロッパという概念は、さらに中世期にはゲルマニアやハンガリーにまで及ぶ[137]。《西洋》という同義の概念は九世紀に現れる。八三八年に歴史家ニータルトはカロリング帝国を《西ヨーロッパ全体《トタ・オッキデンタリス・エウロパ》》[137]と述べている。そのあともうひとつの同義概念《キリスト教国《クレティヤンテ》》が加わる。当時〈オッキデンス〔西洋〕〉や〈エウロパ〔ヨーロッパ〕〉という語は次第に〈クリスティアニタス〔キリスト教国・世界〕〉という語に代えられ、それの支配をめぐって教皇と皇帝が争う。たぶんこの語義は、当時その敵である人々、すなわちスペインやシチリアやトルコのイスラム教徒、ポーランドやスカンディナヴィアの異教徒によって明確にされるだろう[47]。

ヨーロッパは《西洋》や《キリスト教国》を我が物とし、ひたすら自分自身の中にそのルーツを求めつづけるだろう。

少しずつ《ヨーロッパ》という語が広まる。この語はダンテの作品に十二回ほど出てくる。また十四世紀にジョルダン・ド・セヴラックは、インドの住民から《いつかヨーロッパ人が世界を征服する日が来るだろう[137]》と言われたと書いている。当時のある寓意画の中で、ヨーロッパは《王冠を戴いた乙女の顔で、頭はスペイン、胸はフランス、腹はドイツ、両腕はイタリアとイギリスとなっていて、さらにプリーツのようなものが付いたゆったりとしたドレスの中にロシア平原の雑然とした眺望がある[127]》姿で表現されている。ルイ十一世の時代にフィリップ・ド・コミーヌは次のように書いている。《神はそれぞれの国がその出入り口に古くからの敵がいるようにヨーロッパを作られた(33)》

だからヨーロッパは驚くほど複雑な政治的集合体であり、矛盾した二つの夢、すなわち〈大陸としての統一性〉(宗教的、政治的)の夢と〈国としての多様性〉(民族的、文化的)の夢に引き裂かれているのだ。

一四九二年には、以後五世紀にわたって多様性が優位を占めるだろう。

けれどもこれは明々白々たる予測というわけではない。ラテン語は依然として法律の公用語であるし、また教皇と皇帝は、直接・間接に彼らを選出する君主の代表団からは一体と見なされている大陸の支配権を争っているからだ。

学校の教師たちの愛すべき作りごと《フィクスィヨン》だ。実際には、すでに西ヨーロッパは絶えず互いに戦争を繰り返す都市国家《シテ》や国民《ナスイヨン》の雑多な寄せ集めになっている。フランスとイギリス、ドイツとスラヴ、フランスとブルゴーニュ……の戦争。彼らはひとつの村、ちょっとした侮辱、相続財産、結婚、そうでなければ気晴らしのために戦う。こうした争いの費用を減らすために、不安定で不確かではあるが、〈外交術《ディプロマスィー》〉がその第一歩を踏みだす。そして、それとともに語の近代的意味での〈政治《ポリティック》〉も。

だから一四九二年のヨーロッパを理解するためには、それ以前の五十年間の歴史の細かな点、その王位をめぐる複雑さや殺戮の無意味さに立ち入って話すことが必要となる。そうした出来事が今日の地政学を作り上げたのであるから、その努力は無益ではないのだ。

地理的および人口統計的なことから言えば、最も強大なのは断然フランスである。しかしフランスは経済の主導者――それはもっと北のフランドル地方にある――でもないし、政治の主導者――それはもっと南のイタリアにある――でもない。とはいえ、ちょうどその頃に〈領土の〉《テリトリヤル》モデルを押しつけるのはフランスであり、それに対してイタリアは〈国家の〉《エタティック》モデルを考え出す。

わずか一千万の住民だけのイタリア半島が政治の中心地である。そこでは――他のどこでもない――経済力が政治力のためにある。そこには――他のどこでもない――富を探し求める野心的な君主たちが押し寄せる。権力へのあらゆる道はそこを――他のどこでもない――経由する。そこでは――他のどこでもない――近代戦争や国家や国際関係のルールが作り出される。《イタリアの同一性》《イダンテイテ》はないに等しい。多くの場合、敵対する都市国家がそれぞれ同盟を結び、ときにはキリスト教徒でなくとも外国人と同盟を結び、隣国の野望を妨げようとしているのだ。

同時代の二人の観察者がそうした都市国家を批評している。一五一三年にマキャヴェリは『君主論』の中で次のように書くだろう。《アルプスのかなたの戦争の試練を蒙る以前は、わがイタリア君主たちはこう考えていた。君主は私室で辛辣な返答を入念に準備し、見事な手紙を書き、会話の中では当意即妙を示し、陰謀を企み、金や装身具で身を飾り、眠り、並びなき豪華さの中でご馳走を食べるだけでよいのだと。放蕩者たちに取り巻かれ、懶惰《らんだ》から抜け出せない君主たちは、貪欲かつ傲慢なやり方で臣下たちを支配し、依怙《えこ》贔屓《ひいき》を唯一の基準として彼らに軍隊の階級を分け与え、自分たちに正しい道を教えようとする者は誰でも扱《こ》きおろし、自分たちの言葉はひとつ残らず神託として受け入れられることを求めていたのだった。全く不幸なことに、君主たちは自分たちに襲いかかる敵の餌食となろうとしていることに気づかなかったのだ[79]》

当時のもうひとりの観察者フランチェスコ・グイッチャルディーニはその『イタリア史』の中で次のように記すだろう。《……キリスト紀元一四九〇年およびその前後ほど、イタリアが繁栄し好ましい状況にあったときはなかった。イタリアは平和と安定を享受していた。(……)イタリアはいかなる帝国にも従属することなく自立し、たくさんの住民を有し、実に豊富な商品と富に溢れていた。しかも多くの君主たちの豪華さ、多数の貴族たちの壮麗さや美しい都市、玉座および宗教の荘厳さで飾られていた。イタリアは国事にすぐれた行政官やあらゆる分野できわめて有能な人たちで溢れ、またあらゆる芸術に熱心で、それで名を高めていた[60]》

両者の記述は相反しているが、どちらも間違っていない。マキャヴェリはイタリア君主たちの浅薄さを述べているが、それでもやはりグイッチャルディーニが指摘するように、イタリア半島があらゆる欲望をかき立てることに変わりはない。

当時市場を支配しているヴェネツィア共和国は、トルコ人との関係で頭がいっぱいで、この半島およびその他のヨーロッパ大陸にはほとんど関心を示さない。ミラノ、フィレンツェ、マントヴァ、ルッカ、シエナの独立都市国家はいずれも大公と反対派がいて、それぞれに野心を抱いて同盟を結んでいる。ナポリ王国と教皇国家もそれぞれ権力と夢を持っている。

二つのグループ、二つの連合が形成される。ナポリと手を結んだヴェネツィアを中心とするグループと、ミラノおよびシエナと手を結んだフィレンツェを中心とするグループである。

これらの君主たちの動きの中に近代国家が誕生するのだ。宣伝機関、外交団、行政機関が考え出される。それぞれが何百人、ときには何千人という数になる。行政官、参議、芸術家、作家、聖職者がいる。世俗の力が聖職者の力よりも優位に立つ。租税負担率が増大し、また商取引や公会計に対して税金が考え出される[131]。君主たちは戦争を指揮するために〈外国人傭兵《メルチェナリアト》〉を利用し、〈傭兵隊長《コンドッティエリ》〉と契約を結ぶ。マキャヴェリは書いている。《〈傭兵隊長〉は実にすぐれた軍人である。もし彼らがそうであれば、君主は彼らを信用すべきではない。というのは彼らは自らの雇い主である君主に大きな損害を与えたり、君主の意図に反して他の者を滅ぼしたりして、自らが強大になろうと努めるからである。ただし隊長が有能でないと、それも君主の身の破滅の原因となろう[79]》。ローディの和約のあとイタリア国内は平和な時期に入り、バルカン半島でトルコ人と戦おうとする君主はほとんどいなくなり、むしろ自分の領地に落ち着くほうを好む[131]。

それぞれの都市が特性を持っている。下り坂とはいえ商業経済の中心であるヴェネツィアは、イタリア半島にはほとんど関心を示さないが、半島では最も強大である。その組織はきわめて特殊である。完全に世俗的な国家で、いかなる聖職者も、総督《ドージェ》や元老院議員の息子でさえも、国家の職務に立ち入ることはできないのだ。理論上は権力は人民議会にあるのだが[71]、実際には少数の権力者が四百人の委員（一三二三年から世襲であった）からなる大委員会を独占し、まさに政治権力の中枢として行政官を任命し、法律を発布し、懲罰を決め、使節の職務に至るまであらゆる規則を定める[6]。だから百ほどの名門が政治権力と行政のあらゆる組織を支配しているのだ。さらにその上に四十人委員会と元老院があり、順番に采配を振るう。さらに一年任期で二度再選できる六人の当選委員からなる総督委員会があり、委員会の選ぶ総督が大委員会の決定に従うように注意を払う。大委員会は総督および四十人委員会の三人の代表の出席のもとに招集され、全体で〈市政庁《シニョリイア》〉を構成する[71]。総督の職はヴェネツィアがビザンティン帝国に属していた時期に遡るが、終身であり絶対的権力を行使する[71]。一四五四年のローディの和約以後ヴェネツィアは、新たな戦争でフェラーラ支配をめぐって教皇と対立する一四八二年まで、全面的に東洋の組織網の維持に向かう。一四九一年に兄マルコのあとを継いだ総督アゴスティーノ・バルバリゴは、あらゆる隣国、すなわちフェラーラおよびナポリ、ミラノおよびトルコ人と講和を結んだことを誇示するだろう。

ヴェネツィアが経済力を有するのに対して、フィレンツェは栄光と政治的威信に恵まれる。一四六九年十二月二日夜から三日にかけて、痛風病みと呼ばれたピエーロ・デ・メディチが死ぬと、彼の二十歳の息子ロレンツォが弟ジュリアーノに補佐されて父のあとを継ぐ。グイッチャルディーニによると、彼は次第に《イタリア政治の秤《はかり》の針(60)》となる。グイッチャルディーニは書いている。《彼の名声はイタリア全土に広がり、その権威はあらゆる国事に関して強く示されていた。イタリアの列強のひとつが権力を持ちすぎるのはフィレンツェ共和国にとっても自分自身にとっても危険なことになると意識していた彼は、積極的に現在の均衡を維持しようと努めていた(60)》

彼はそれに成功する。二十年後にロレンツォはプラートおよびヴォルテッラでの反乱を制圧し、百人委員会を粛清し、大委員会を設置し、ナポリ、シエナ、ミラノ、ヴェネツィアと交互に対立し、一四七八年四月にはパッツィー家の謀反を鎮圧するが、教皇の扇動によるこの謀反でジュリアーノが死ぬ。一四八一年のトルコ軍によるオトラント襲撃によって彼の敵たちが遠ざかったために、彼は十年間この都市の安定を維持する。そして一四九一年の四旬節に、ひとりのドミニコ会士がサン・マルコ教会の聖具室で、ロレンツォと教皇とナポリ王の死が目前に迫っていると予言する。一四九一年夏に、この修道士サヴォナローラはサン・マルコ修道院院長に任命される。ロレンツォの体は衰弱し、それと全く同じように権力の財政基盤であった彼の商会も衰え、今や破産寸前の状態となる。

しかしフィレンツェの栄光とヴェネツィアの力は揺るぎない。現実にはイタリアの政治は、裕福ではあるが脆弱な他の二つの国家、ミラノとナポリを狙う飽くなき欲望をめぐって展開する。

それぞれが相手に狙われている。そしてその両者がフランス王に狙われている。ミラノは当時ロンバルディア一帯、さらにジェノヴァまで支配している。一二七七年以来ヴィスコンティ家に統治されてきたこの都市は、一四五〇年にフランスとフィレンツァが援護する傭兵隊長フランチェスコ・マリア・スフォルツァに奪取される。彼の息子ガレアッツォ・マリアが一四七六年十二月二十六日に暗殺されたため、四年の間混乱がつづく。《イル・モーロ》と呼ばれた彼の弟ルドヴィコは、ナポリ王フェランテの援助で仮の独裁者を倒す。ガレアッツォ・マリアの寡婦――《いささか思慮分別に欠ける女性》とコミーヌは言っている――は彼から政権を、嫡出相続人である彼女の息子ジャン・ガレアッツォに返してもらえない。イル・モーロは自ら甥の後見人と称し、甥をナポリ王の孫娘イザベラと結婚させ、そのあと彼を追い払う。イル・モーロはシャルル八世の助けを借りてミラノの支配者となる。しかしジャン・ガレアッツォとイザベラは、敵方に寝返ったナポリから権力の座を取り戻そうと試みる。イル・モーロはナポリ諸侯と結託し、フェランテに対して数々の陰謀を企てる。彼らはそれに失敗し、フェランテは首謀者たちを処刑する。一方はフランスとフィレンツェ、もう一方は教皇とスペインと結びついた、イタリア半島の両極にある二つの国家間の激しい敵対関係は、その時期のヨーロッパにおける政治の歴史の大半を決定する。ナポリも、ミラノと全く同じように、あらゆる征服欲の標的であるからだ。

その頃おそらくヨーロッパ最大の都市ナポリは、それまでアンジュー家に属していたが、一四四二年に相続によりアラゴン王アルフォンソ五世のものになる。この都市は裕福であり、イタリア南部一帯、ティレニア海の二つの大きな島サルデーニャとシチリアを支配している。そこは東洋へ向かう航路の戦略上の拠点である。スペインの支配はまず占領である。一四五八年にアルフォンソ五世が死ぬと、ナポリ王位は彼の私生児のひとりフェランテに行くが、アラゴン王位は彼の弟ファン二世に戻る。フェランテを王として認めることを拒否するナポリの貴族たちは、ルネ・ダンジュー王の息子ジャンを王位につかせようとする。失脚したこの王子は、その頃ジェノヴァに追放されていたが、一四五九年にナポリに上陸する。しかしフェランテはミラノとローマの助力を得て一四六四年に彼を打ち負かす。フェランテを倒すためにミラノの企んだ数々の陰謀もあったが、比較的平和な二十年が過ぎると、彼は一四八二年にわけのわからぬ領土戦争に直面し、ローマと対立するはめになる。一四八二年に傭兵隊長オルシニは教皇に代わってナポリ軍をカンポ・ノルテで打ち破る。一四八五年にはナポリの貴族たちがジェノヴァ人の新教皇、ミラノ、フランス王に助けられ[16]、今回はロレンツォ・イル・マニフィコの支援するフェランテを再び倒そうとする。この戦争はすぐに終わり、アラゴンのフェルナンドの仲裁で一四八六年八月十一日に平和条約が締結され、フェランテは教皇に年貢を払うことになる。フェランテがそれを拒否し、再び戦争が始まる。今度は威信のあるロレンツォ・イル・マニフィコが仲裁役として仲に入るよう求められる。彼の仲裁は一四九二年に実を結ぶ。しかしナポリは、その領土と軍事力ではヨーロッパ最大の強国に脅かされつづける。王位を要求するフランスである。

フランスの領土はローマ帝国以後ヨーロッパでは最大で、ヴェルダン条約で決められたままの状態である。一四六一年にシャルル七世が死んでルイ十一世が受け継いだ領土はおよそ四二万五千平方キロである。その言語〔フランス語〕――尚書局の文書も次第にラテン語に取って代わる――が国の統一性を作り始める。(74) ローヌ川、ソーヌ川、ムーズ川およびエスコー川がその国境を示す。ブルターニュ、プロヴァンス、ロレーヌは独立しており、カレーはイギリス領である。

王位につくとルイ十一世は、すぐにベリー地方を手に入れ、アラゴンのフアンからルシヨン地方とマルセイユを奪い取り、ナポリとエルサレムを要求し、この二つはアンジュー家の全所有地とともにルネ王の遺言によりフランスが相続していると主張する。

フランスの歴史はこの数十年の間、商業経済の二つの《中心》、すなわちフランドル地方とイタリアとの、こうした侵略的で結局は失敗に終わる関係の中で展開されるだろう。ルイ十一世はフランドル地方でしくじり、息子のシャルル八世はイタリアで失敗するだろう。当時、国の北東部にもうひとつ並はずれて強大なブルゴーニュ公国が存在しているかとである。この重なる失敗にもかかわらず、フランスは今後ヨーロッパが、もはや公国《プランスイポテ》や国家《エタ》でも都市国家《シテ》でもなく、国民《ナスイヨン》という発想でものを考えざるをえないようにするだろう。フランスはひとつの言語を中心にして、共通の領土内で複数の民族が交じり合う国民の最初のるつぼとなるだろう。

ブルゴーニュは当時フランス王の悩みの種である。実際、この公国は君主に従属した都市国家の連合という連邦ヨーロッパのひとつの理想を具現しており、その存在はフランス王の野望を無にするおそれがあるのだ。ディジョンの諸侯は、イギリス、サヴォア、ブルターニュ、ヴェネツィア、ミラノを後ろ盾にして、スペインのイサベルやフランスのルイが抱いているような国民の国家《エタ・ナスイヨナル》という考えに反対する。新しく出現したこの公国は、一三六一年〔一三六三年〕にジャン善王《ル・ボン》から息子のフィリップ剛勇公《ル・アルディ》に与えられ、そのあと孫のジャン無畏公《サン・プール》により強化され、巧みな婚姻によって今やリエージュにまで広がる。一四六〇年頃にフィリップ善公《ル・ボン》はアムステルダムからヌヴェールまで広がる分割された領土を統治し、征服と十字軍を夢見る。一四六五年から、フィリップ善公とポルトガルのイサベルとの結婚により生まれた息子シャルル勇胆公《ル・テレメール》は、ブルゴーニュ公国とフランドルを結合してひと続きの王国にし、さらにヨーロッパの皇帝となり、彼が《西洋とコンスタンティノープルの皇帝冠》と呼ぶものを戴くことを夢見る。ただちにシャルルは隣国の攻撃に取りかかる。一四六七年に彼は反抗的なリエージュとの同盟を破棄するようルイ十一世を説得し、彼らを制圧する。彼がフランス王と会談したペロンヌでは、そのとき王は彼の意のままであったのだが、王が示した敬虔でもの柔らかな態度に心を打たれて、王に逃げられてしまう。《泥まみれの狐が狼の隠れ場から逃げた》[33]、とコミーヌはのちに書いている。大失策だ。ルイ十一世はそのことを忘れず、賢明にも、それを契機として兵力を立て直し、報復の準備をするだろう。

シャルル勇胆公はブルゴーニュ公国を恒久的にヨーロッパの中心に据えるための持ち駒はこれで全部揃ったと考える。しかし彼は失敗するだろう。いかなる征服者といえども、何とも御《ぎょ》しがたいヨーロッパを統合することなどできないのだ。しかし彼は正々堂々とふるまう。一四七三年九月二十日に彼はトレーヴで皇帝フリードリレ三世に、いずれ時が来れば自分が後継の皇帝候補者となるであろうし、また同盟しているイギリスのエドワード四世がちょうどカレーに駐屯している二万三千人の軍隊をもって自分を援助してくれるであろう、と告げる。恐れをなした皇帝はドイツの諸侯、アルザスの諸都市、スイスの諸州——すでに連邦に統合されている——およびロレーヌ公を押さえる。彼らはこの野心家に対抗するために手を結ぶ。一四七五年七月にフランス王——四月三十日にアヴィニョンともとの教皇庁宮殿を占拠している——はブルターニュ公がブルゴーニュ公に味方していることを知り、この同盟に加わる(33)。

シャルルはナンシーを攻略し、ロレーヌ公はそれを放棄せざるをえなくなる。しかしラインラントにおけるノイスの攻囲戦では、シャルルにとってあまりに強力な皇帝軍に直面し、彼は身動きがとれなくなる(33)。そこでルイ十一世はブルゴーニュに侵入し、次いでピカルディー地方、フランシュ＝コンテ地方に侵入する。とどめの一撃だ。一四七五年八月二十九日に彼はイギリス軍と単独講和を結ぶ。戦争費用の払い戻しと年賦金の支払いと引き換えに、イギリス軍はブルゴーニュとの同盟およびフランス王位に対するいかなる野望も断念する。同じ年にフランス王はサンリスでブルターニュ公と和平を結ぶ。シャルルは孤立する。

それでも翌年の一四七六年にはシャルルの企てが見事に成功する。当時十九歳であった娘のマリーは、アラブンのフェルナンドおよびルネ王の孫ニコラ・デ・カラーブリアから口説かれていたが、彼女と皇帝の息子であるハプスブルク家のマクシミリアンとの結婚の約束がなされる。この婚姻によって、シャルルはいつの日かローマ王の称号、しかものちには皇帝の称号を手にするだろうと考える。しかし時すでに遅し。ロレーヌ公はルイ十一世とスイス軍に助けられ、再びシャルルの公国の再征服に取りかかり、彼のいるナンシーを攻囲する。シャルルは一四七七年一月五日に殺され、彼の軍隊は敗北する。ロタリンギア王国の夢は潰《つい》えたように思われる。実際には、消滅寸前のその夢は一四九二年まで十五年間つづくだろう。

というのは勇胆公の死後もブルゴーニュの《怪獣《シメール》》は、イタリアの諸都市およびヨーロッパのその他の都市にかなりの影響を与えるからである。つまり優雅さ、家具、器、タピスリー、ヨーロッパの祝宴はシャルルのブルゴーニュ公国に負うところが大きいのだ(16)。

不思議なことに、公が死ぬとルイ十一世は、かつて公が敗北した競争相手を軽く考えたときに犯した誤りと同じ誤りをする。ルイ十一世の方は、公の死の六カ月後にブルゴーニュのマリーと結婚したオーストリア大公マクシミリアンの力を過小評価し、フランドル地方を攻撃する。フィリップ・ド・コミーヌは、マクシミリアンがフランスの野望に対して妻の遺産を必死に守った様子をよく描き出している。最初、彼はブルゴーニュの臣下たちには受け入れてもらえない。たとえばヘントは皇帝の保護下にあることを拒否して反乱を起こし、一四七七年にはマリーから彼女の持っている《こちら側の大きな特権》を取り上げ、彼女からあらゆる権限を剝奪している[74]。その頃ルイ十一世はアルトワ地方とエノーを襲撃する。すべてが終わったように思われる。しかしそのとき大逆転が起きる。一四七九年にヘントの人々がフランスの支配に反逆し、自分たちはマリーとマクシミリアンおよび彼らの二人の子供マルグリットとフィリップ端麗公《ル・ボー》を支持すると宣言するのだ。フランスのフランドル侵攻は阻止される。

それでもルイ十一世は彼の王国を拡大しつづける。一四八一年にアルマニャックを、その翌年にはプロヴァンスおよびアンジューを相続する。一四八二年十二月に彼はアラスでマクシミリアンと和平を結ぶが、マクシミリアンはまだ三歳の娘マルグリットを、まだ十一歳にしかならないフランスの王太子、のちのシャルル八世と結婚させることを約束する。マクシミリアンは持参金として彼にピカルディー、ブーロネ、フランシュ＝コンテ、アルトワ、マコネ、シャロレーの各地方を譲渡する。ブルゴーニュの人々はオランダを保持し、そこに居住する。そこでフランスはフランドル地方を併合しようと考える。三カ月後の一四八二年三月にマリー・ド・ブルゴーニュが落馬事故で死に、二十五歳で妻をなくしたマクシミリアンは息子フィリップ端麗公の摂政および後見人となる。彼は王太子の婚約者となった三歳の娘マルグリットをルイ十一世の宮廷に行かせる。彼女は八年間そこで暮らすことになる。

ブルゴーニュは廃れたように思われる。またフランドル地方はカペー家の傘下にある。一四八三年四月にブルゴーニュの元総督ジャン・ド・ボードリクールはルイ十一世からエクスに急遽派遣され、プロヴァンス地方を監督する役人全員を罷免し、別の地方の役人に代える。フランスは今やブーローニュからマルセイユまで広がる。

ルイ十一世が一四八三年八月にプレシ・レ・トゥール城で息を引き取るとき、フランスが出来上がる。あとはブルターニュ併合と、ほとんど決まったも同然のフランドル併合だけである。しかし王太子はわずか十三歳、コミーヌは王が死に際して王国の諸問題をボージュー夫人で娘のアンヌ・ド・フランス——彼は《この王国で最も無分別でない女性であり、これ以上賢明な女性はいないと考えていた[33]》——に託す様子を語っている。一方、いとこのオルレアン公ルイは摂政職になることを期待していた。大諸侯に対して自分たちの権威を確立するために、アンヌと夫のブルボン公はただちに《全国三部会《エタ・ジェネロー》》——《全国《ジェネロー》》という言葉がはじめて使われる——を召集する。商人の都市ということで選ばれたトゥールの大司教館の大広間に、バイイ区〔国王代官区〕および各都市から選出された三つの階級の代表者二百五十人が一四八四年一月十五日に集まる。まだ独立しているブルターニュはオブザーヴァーを派遣する。フランドルは参加しない[74]。六つの地方部局が共通の訴えを、教会、貴族、庶民、裁判、商業、参事会の六大項目に分けて、ひとつの陳情書にまとめる。アンヌ・ド・ボージューは、若年の王太子臨席のもと、彼ら代表者をそこに迎える。慣例集の作成や国内取引の自由や租税の削減が議論される。ブルゴーニュの元大法官で、その地方の征服後はフランスの協力者となったフィリップ・ポは臣下による王の選出の原則を立て、その中で〈《人民《プープル》》の主権〉を主張する。《国家は人民のものである。よって主権は諸侯に属するのではなく、人民によってしか存在しない……〈私は人民を王国の住民全体と名づける〉[74]》、と彼は言う。民族《ラース》ではなく国土からなる国籍に関するフランスの考え方を予告するすばらしい表現だ。

ルイ・ドルレアンには大打撃となるが、全国三部会はブルボン家の権威を強化する結果となる。この三部会では《人民》と諸侯がぶつかり、人頭税《タイユ》を三分の二に減らすことが受け入れられ、総会の定期的な会合の要請は巧みに退けられ、国王諮問会議が好きなように構成され、代表者たちの手当のことは見送られる。しかしブルボン家もシャルル八世も、自分たちが約束したにもかかわらず、二度と全国三部会を召集することはない。

敗北に憤懣《ふんまん》やるかたない王族たちは再び陰謀を企てる。一四八四年十一月二十三日にジャン・ド・デュノアとルイ・ドルレアンとブルターニュ公は、ブルボン家の後見人から若年の王をだまし取ろうとする。しかしどうにもならない。しかも一四八五年三月十二日にルイ・ドルレアンはエヴルーで摂政との平和条約を締結せざるをえなくなる。八月九日にはブルターニュの領主たちも同じことをさせられる。しかし彼らの敵対心はなくならない。パリでは一四八七年一月十四日に、シャルル八世を誘拐しようとする陰謀が漏れる。扇動者の中の二人、ルアン大司教ジョルジュ・ダンボアーズとフィリップ・ド・コミーヌが逮捕される。ルイ・ドルレアンはナントに逃亡する。人々に《気違いじみた戦争《ゲール・フォル》[74]》と呼ばれたものがそのとき始まる。

一四八六年二月にフランクフルトの議会からローマ王に選ばれたマクシミリアンは、自分の娘の婚約者ではあるが、フランス王に対抗して、ブルターニュのフランソワ二世およびフランスの他の大貴族たち（アルブレ卿、シャルル・ドルレアン、アングーレーム伯）と同盟を結ぶ。アンヌとシャルルの率いるフランス軍は数カ月でバイヨンヌからパルトゥネまで西部一帯を従属させる。一四八七年三月九日にギュイエンヌを再征服したあと、シャルル八世はボルドーに入城する。(74) 彼はアングーレーム伯をルイーズ・ド・サヴォワと結婚させるが、この結婚によりやがてフランソワ一世が誕生する。四月六日に王は降伏を拒否するナントを前にして包囲陣を解かねばならないことも起こるが、ブルターニュ公とその同盟者マクシミリアンの軍隊は王の砲兵隊と外国人傭兵に粉砕される。一四八八年にマクシミリアンはラ・パリス殿の指揮するフランスの軍隊によってブリュージュで捕虜にまでなるが、すぐに釈放される。何と言っても公爵はフランス王と婚約した娘の父なのだから！一四八八年七月二十七日、サン゠トーバン゠デュ゠コルミエの戦いのあと、この《気違いじみた戦争》〔シャルル八世の摂政アンヌ・ド・フランスの統治に対する王族の反乱（一四八五～八八年）〕はブルターニュ軍および反乱王族たちの大敗で終わる。一四八八年九月にルイ・ドルレアンが捕虜となる。ちょうどそのときブルターニュのフランソワ二世が死ぬ。八月二十一日には、フランソワ二世の娘はフランス王の同意なしに結婚することができないと規定した、いわゆる《ヴェルジェの》条約が締結されている。ブルターニュ公爵夫人の夫がフランスの敵となることはないだろうし、またそれ以降絶大な権力を持ったシャルル八世にはそれを阻止するだけの財力がある。一四九〇年一月に教皇インノケンティウス八世は、四年前から借りている年貢を支払うようナポリのフェランテに約束させてほしいとシャルルに依頼さえしている。その褒賞としてシャルル八世は、教皇がローマによく貢献した君主に与える剣と名誉ある帽子を受け取っている。

その頃多くの王子がアンヌ・ド・ブルターニュとの結婚を望んでいる。しかし教養があり、しっかりした彼女はフランスに対して公国の独立を何とか守ろうと頑張る。(74) そのために彼女は、ヴェルジュの条約に違反して、かつて父が考えていたことを実行に移し、死んだマリー・ド・ブルゴーニュの夫でフランス王と婚約した娘の父オーストリア公マクシミリアンとの結婚を決める。シャルル八世は怒るがどうすることもできない。一四九〇年十二月十九日、《国を離れられない》ローマ王〔マクシミリアン〕は使者を送り、アンヌ・ド・ブルターニュの寝台に片足を入れる(74)〔形ばかりの結びつきをする〕。今や結婚は確実なものとなった。ブルターニュがオーストリア家の支配下に入るのだ。激怒したフランス側はレンヌを攻囲し、夫の不在から言ってもヴェルジュの条約から言ってもこの結婚の有効性は疑わしいとして、アンヌにこれを破棄するように迫る。

一四九一年五月にブルボン公夫人アンヌ・ド・ボージューが女の子を出産し、政治から遠ざかる。そのときシャルル八世は完全に権力を握る。小柄で醜男、口が堅く、夢見がちで神秘的傾向があり、歴史や聖人伝に熱中し、自分が先頭に立つであろうトルコ人に対する十字軍の前段と見なしているナポリ再征服の考えに取りつかれた彼は、ルイ・ドルレアンと和解し、アンヌ・ド・ボージューが三年前から閉じこめていたブールジュの塔から一四九一年六月二十八日にルイを解放してやる。また彼はルションン地方をスペインに、フランシュ＝コンテ地方を神聖ローマ帝国に返却する。そして人をあっと言わせるような行動に出る。アンヌ・ド・ブルターニュとマクシミリアンとの結婚を破棄させるために、彼は――イギリスとスペインに対するブルターニュの借金を自分の方が負担して――自分自身が彼女と結婚しよう、だからオーストリアのマクシミリアンの娘マルグリット王女との婚約は破棄して彼女を父のところに戻そう、と実に簡単に決めるのだ。アンヌ・ド・ブルターニュは相手の力に屈服せざるをえない。一四九一年十二月六日に彼女はランジェでフランス王と結婚する。(70) 彼は二十歳、彼女は十五歳である。マクシミリアン――婚約を破棄された娘の父であり、同時に彼の妻の《夫》でもある――がアンヌ・ド・ブルターニュを奪い取り、凌辱した王を告発するのではないかと恐れたシャルルの姉アンヌ・ド・ボージューは、彼女の最後の政治行動として、まさかの時を考えて、公爵夫人が自発的にフランス王妃となったことを証明するために初夜の床の帳《とばり》の後ろに六人の市民を忍ばせる。(31) これらの誓約を解消するのに必要な教皇の許可証もなく、一方の女性がもう一方の婚約した娘の父と結婚するという、四親等の親同士の何とも奇妙な結婚だ！　許可証が届くのは一四九二年はじめになるだろう……

この新しい局面は、主要な競争相手である大公君主に対するヨーロッパの主要な王国君主の勝利を確実なものにする。このときからフランスは形成の途中にある国々にとって模範となるだろう。

まず当時のイベリア半島は、大体（その頃フォワ伯爵のあとを継いだアルブレ家に統治されていたナバラ小王国を無視すれば）三つの自治独立王国に分かれていた。

ポルトガル——イギリスの援助によって独立を保てるだろう——は、ペドロ一世の私生児でアヴィシュ騎士団長ジョアンの後裔《こうえい》からなるアヴィス朝によって統治されている。ジョアン一世のあと、アフォンソ五世が一四三八年から八一年まで支配し、次いでジョアン二世が十五年近く支配することになる。彼も父と同じく、発見することにあらゆる努力を傾けるだろう。

アラゴンは一四一二年以来トラスタマラ家の第二子の家系アンテケーラ家によって統治されている。まずフェルナンド一世、次に一四一六年に息子のアルフォンソ五世、そのあと一四五八年に彼の弟フアン二世が王位につく。フアン二世は、一四七九年に王国がフランスの脅威にさらされると、父方の叔母の娘でカスティーリャ女王となった本いとこのイサベルと十年前に結婚した息子フェルナンド二世のために王位を退く。フアン二世はシチリアに引退し、ほどなくそこで死ぬ。

カスティーリャでは、王である兄のエンリケ四世の意見に従わずにアラゴンのいとこと結婚したイサベルが、兄が死ぬと一四七五年に権力の座につく。彼女は《ラ・ベルトラネーハ》と呼ばれた姪のフアナの支持者たちと戦わなければならない。一四七六年に彼女は聴罪司祭エルナンド・デ・タラベーラに助けられて、自警団を備えた一種の都市連絡同盟、十四世紀はじめに創設された諸都市の《友愛組合》を手本にして罰金と地方税で賄われる

〈サンタ・エルマンダー〉と呼ばれる市民警察組織を設置する。彼女は夫とともに、ファナを支持するポルトガルとの長期にわたる戦争を指揮する。一四七九年にフェルナンドがカスティーリャよりもはるかに貧しい王国アラゴンの王になると、二つの王国は連合ではなく統合する。意気揚々たる夫婦はポルトガルと平和条約を締結する。イサベルとフェルナンドは《体は二つで意思はひとつ》となる、と年代記作者のエルナンド・デル・プルガールは言うだろう[97]。継承戦争は終わる。諸都市を王権に従属させるために、両王国はフランスの例にならう。すなわち各都市の長に役人〈コッレギドーレス〉を任命し、貴族から騎士修道会の指揮権を取り上げ、内乱を禁止し、城塞を取り壊す[97]。一四八二年からカトリック両王は教会の十分の一税のうち三分の一を占有する。彼らは司教を任命し、トレド大司教でカスティーリャ首座司教のヒメネス・デ・シスネーロスに司教たちの品行の監督を依頼する。一四八八年には〈市民警察組織《サンタ・エルマンダー》〉の指揮権がフェルナンドの弟ビリャエルモーサ公アルフォンソ・デ・アラゴンに委ねられる。スペインはフランスにならって、徐々に中央集権化された王国に発展する。

この間、大変な激動のあと、かのイギリスもフランスと同じく中央集権化された王国を形成し、平和と権威の中にあって万事控えめにしている。十五世紀はじめにヘンリ四世となったヘンリ・オヴ・ランカスターが息子のヘンリ五世に王位を譲ると、ヘンリ五世はイギリスに居ることがほとんどなく、とくにフランスにある自分の領土に関心を示す。彼の後継者ヘンリ六世もまた自分の役割に無関心である。一四六一年にプランタジネット家から出たヨーク家の家長エドワードが彼を罷免し、エドワード四世の名で王位につくと、「ばら戦争」が始まる。ヨーク家とランカスター家、白ばらと紅ばらの争いだ。一四七一年にはヘンリ六世と彼の息子が暗殺され、エドワード四世は一四八三年まで妨害されずに君臨することができるが、彼もその年にリチャード三世となった実弟に——たぶん彼の息子エドワード五世とヨーク公リチャードも一緒に——暗殺される。一四八五年、フランスに隠れていたリチモンド公、ランカスター家最後の当主ヘンリ・チューダーがイギリスに上陸し、ボズワースでヨーク家の軍隊を打ち破る。リチャード三世が殺される。ヨーク家およびプランタジネット朝の最期である。それは内乱の終わりでもある。ランカスター公ヘンリ・チューダーがエドワード四世の娘でヨーク家のエリザベスと結婚し、一四八五年にヘンリ七世となる。彼は二十四年間統治し、ヨーク家とランカスター家をひとつにまとめ、教養ある中産階級と商人とで構成される評議会に支えられる。「ばら戦争」は貴族を疲弊させ、王権を高めた。スコットランドとウェールズはイギリスの支配を受け入れるようだ。アイルランドは抵抗する。

もっと北では、ヴァルデマル朝末期の一四九八年に、スウェーデンがデンマークおよびノルウェーと分かれる。コハン、次いでクリスチャン二世がそれを取り戻そうとするが、徒労に終わるだろう。

もうひとつの王国——キリスト教国で最も権威のある——カール〔シャルルマーニュ〕大帝の冠のあるゲルマニア王国は、東側の境界を防衛するのに大変な苦労をする。ゲルマニア王である皇帝は、一三五六年以降、四名の世俗君主（ベーメン王、ブランデンブルク辺境伯、ザクセン＝ヴィッテンベルク公、ライン宮中伯）と三名の諸侯＝大司教（ケルン、マインツ、トリアー）によって選出される。[8]　一四二〇年にハプスブルク家が皇帝冠を戴く。この王家は以後四世紀の間ほとんど途絶えることなく帝冠を持ちつづけるだろう。まずアルブレヒト・フォン・ハプスブルク五世（アルブレヒト二世）、一四四〇年にそのあとを継いだ彼の従弟フリードリヒ三世は、一四五二年にエンリケ航海王子の姪レオノールと結婚し、またローマのサン・ピエトロで教皇ニコラウス五世から皇帝、ローマ王の冠を授けてもらう。フリードリヒ三世は猛将ではない。少しのちにピウス二世の名で教皇となるピッコローミニ枢機卿はこう言っている。《彼は座ったままで世界を征服しようとしている》[16]。一四五六年に摂政ヨハネス・フニャディ率いるハンガリーが彼を脅かす。そのあとフニャディの息子マティヤス・コルヴィヌス（＝マーチャーシュ一世）が一四八五年にウィーンを占領し、低地オーストリア、シュタイアーマルク、ケルンテンを奪い取る。フリードリヒ三世の息子マクシミリアンは、ブルゴーニュの女子相続人との結婚によりネーデルラントを与えられ、一四八六年にローマ王に選ばれる。一四八七年にフリードリヒ三世は低地オーストリアをマティヤス・コルヴィヌスに譲るのを拒否してリンツへ逃避する。ハンガリー王が死ぬと、父を助けに来たマクシミリアンはウィーンに戻り、チロルに父祖の諸権利を取り戻す。彼の父はその首都を再び手にすることができる。[8]　マティヤス・コルヴィヌスの死は大陸の東西間の安定した関係の終わりを示す。まさしく東西間に経済的・文化的な障壁が生じる。その時ヤギェウォ家のラディスラフ六世がハンガリー王〔ウラースロー二世〕となり、他方で〔ヴラディスラフ二世として〕ボヘミアに君臨している。またカジミェシュ四世は当時ロシアを支配していた強大な国ポーランドに君臨している。ヤギェウォ家はプロシア、リトアニア、ボヘミア、ハンガリー、クロアチア、ボスニア、モルダヴィアおよび白ロシアとウクライナの大部分を支配するのだ。

ロシア王国はほとんど形成されていない。モスクワ公、イヴァン一世カリター〔かね袋〕はモンゴル軍と同盟し、一三二八年にロシア大公となり、領土を倍増している。一世紀半後の一四八〇年には、イヴァン三世が以後モンゴル人に年貢を支払うことを拒否し、自らツァーリ〔皇帝〕と名乗り、ノヴゴロド――おそらくモスクワの支配的地位に異議を唱えることのできた唯一の都市――を征服し、イタリア人建築家たちにクレムリンと城壁塔を完成させる。モスクワは《第三のローマ》、ビザンティウムを継ぐ正統的キリスト教国の中心、バルト海沿岸とバルカンとアジア世界の十字路と自称する。ロシアはポーランドと戦う準備をし、東洋に関心を抱く。ロシアはヨーロッパの一員でありたいとは思わない。そしてカトリックのヨーロッパはロシアを締め出す。

当時ヨーロッパはほとんど二つに分けられている。西側は海に関心を示す。東側の関心は自らのことである。一四九二年はこうした亀裂を確認することになろう。それを小さくし始めるには五世紀を要するだろう。

## 6 ルネサンスの誕生

### 創造する

この世紀末に五つの顔《フィギュール》がヨーロッパを支配し、その未来像を形成する。五つの冒険家の顔とは、〈商人〉〈数学者〉〈外交官〉〈芸術家〉〈探検家〉である。最初の三つについてはすでに語った。これから他の二つを取り上げなければならない。

十五世紀末は何よりもまず、近代人にとって《ルネサンスの芸術家》の時代である。けれども当時は、この二つの言葉のどちらも存在しない。

人々は《ルネサンス》という言葉を使っていない。この言葉が考え出されるのは十九世紀末のことで、そのとき歴史家は十五世紀が《未開《バルバール》》で《暗い《オプスキュール》》中世との断絶を示していることを知らせようとする。

《芸術家《アルティスト》》という単語に至っては当時の語彙にはない。どの言語でもそれに近い単語、たとえばラテン語の〈アルティフェクス〉とかフランス語の《アルティザン》といった単語を用いる場合、それは単に手仕事で傑出した作品を作り出す人の意味である。フィチーノが《アルティスト》と語る場合、それは哲学者を指している。またフランスの宮廷でバルトロメウ・コロンブスが兄の計画に関する趣意書を作成するときに、そのように言われるだろう。

画家、音楽家、金銀細工師、彫刻家、建築家、家具職人は、集団の工房で仕事をする匿名の職人か、それらの工房の主人か、宮廷の雇い人かである。

それまでは美術品は、教会とか城館、墓碑とか凱旋門といった、神あるいは君主をたたえる建造物全体の構成要素である。君主たちは、――とロレンツォ・デ・メディチは一四七六年にアラゴンのフェルナンドに書いている――《自らの名声のために》《彫像、棕梠《しゅろ》の葉模様の勲章、冠、追悼演説、その他数多くの立派な勲章》[131]を注文する。彫刻作品――一四九一年に父に似せて騎馬像を作ってもらいたいとダ・ヴィンチに依頼するルドヴィコ・イル・モーロのように――あるいはミサ曲――ジョスカン・デ・プレに依頼する教皇インノケンティウス八世のように――を注文する人たちもいる。商人たちは以前の作品の大きさに驚き、あるいはうんざりして、取引のできるような品物、輸送可能なもっと小さな品物を強く求める。[119]彼らはまた、それらの品物が商品価値を持つことを願う。こうして巨大な建造物のそれぞれの要素が独立した芸術作品となってゆく。また金持ちはタピスリーや肖像画を注文し、そこに自分のあるがままの姿を見せることをすすんで受け入れ、もはや大きな宗教画の目立たない人物として姿を見せるだけでは満足しなくなる。サンドロ・ボッティチェリがヴェスプッチ家を――アメリゴも含めて――描くとき、まだ彼はシモネッタを「春」の人物像の中に、その他の家族をオンニサンティ教会のフレスコ画の聖人たちの間に覆い隠している。[119] ブリュージュでは、教会の主要人物や商人たちは、メムリンクの工房に注文された絵、たとえば「最後の審判」や「キリストの受難」の中ではまだ覆い隠されている。一四八〇年にフィレンツェの商人フランチェスコ・サッセッティが自分の家族の礼拝堂のために、聖フランチェスコの伝説を六つの壁画に描く仕事をギルランダイヨとその工房に依頼するとき、まだ彼の姿は別人のごとく変えられている。[119] 一四七六年頃にアントワープのメディチ家の代理人ポルティナリは、まだ直接にフーゴー・ファン・デル・グースから三連祭壇画「牧者の礼拝」を買い、それをフィレンツェのサン・エディジオ教会に発送している。[21] しかし、やがて商人たちは取次業者をそこに行かせてタピスリーや油絵を買うようになる。

　この人たちが思い切って自分の肖像画を依頼すれば、彼らに長い生命が保証される。早くも一四三四年に、ブリュージュに定住していたルッカの商人アルノルフィニは、彼の結婚の絵をヤン・ファン・アイクに依頼しているが、彼はその不思議な絵によって彼自身の商売よりも後々まで有名になるだろう。

　当時の芸術家たちは、彼ら自身の評判あるいは彼らの工房の評判に応じて報酬が支払われている。よくある巨大な作品の場合、彼らは共同で仕事をする。彫像、凱旋門、大壁画《フレスコ》、祭壇画、さらには画架判大の絵とかミサ曲までも、幾人もの人たちの協力が求められる。[131] 彼らの誰も専門化されていない。大部分の人たちは、同時に技師、建築家、画家、彫刻家、音楽家、機械工、家具職人……でもあるのだ。[21] 専門化は名声とともにやってくるだろう。

仕事においては全員が何よりもまず職人《アルティザン》である。道化師や理髪師、医師や〈傭兵隊長《コンドツツイエリ》〉と同じく、君主に雇われる人たちがいる。また指物師や鍛冶屋や時計職人と同じく、同業組合として組織された階層制の工房で雇われる人たちもいる。そこでは親方がその人たちを訓練し、新参者が自分で仕事を始められるか、どこかの宮廷に雇ってもらえるまで彼らを働かせる。フィレンツェでは、ある学校が若い職人を養成している。そこの校長はドナテッロの弟子で彫刻家のバルトルド・デ・ジョヴァンニであるが、彼は生徒たちにメディチ家が収集したギリシアの宝物を説明している。[119]

最初のうち、これらの職人は庶民出身である。十五世紀では、ピエーロ・デラ・フランチェスカは靴職人の息子、アントネッロ・ダ・メッシーナは石工の息子、ボッティチェリはなめし職人の息子である。ラファエロの父は画家であるが、ピエーロ・デル・ポライウォーロの父は若鶏を売っている。当時の有名な創作家《クレアトゥール》の中では、わずかにレオナルドがフィレンツェの公証人の息子――私生児――で、ミケランジェロが貴族の出身である。

すぐれた腕の持ち主《アルテイスト》が宮廷の常勤で雇われる場合、ふつうは現金で報酬を支払われる。有名であれば金貨払いの年金を受け取る。この場合、彼はいわば《芸術家《アルティスト》》と見なされ始めるが、君主たちの気紛れに支配され、特有のしきたりと敵対関係を持った社会の中で仲間とグループを作る。[131]

中でもとくに富裕な王侯たちは最も有名な人たちにしか仕事を頼まず、彼らの作品しか買わない。人々はあちらこちらの画家の絵に手を出し、うわさが評判を生み、かつ台なしにする。《時代がその作品について行うことを、フィレンツェはその芸術家たちについて行う。作品はいったん作られると、少しずつ壊され滅ぼされる》[21]、とメディチ家のロレンツォは書いている。昔も今も、芸術家についてこれ以上の言葉はあるまい。

その結果、今度は商人たちが芸術家を指名するが、ともかくこの段階でこのようなことを行なった社会はそれまで全くない。芸術家は商業社会で著名人となるが、それはこの社会が自らをそのように見てほしいということだ。富の生産は、もはや以前の社会のように神に服従を表すのに役立つのではなく、世界の美に奉仕する。芸術家を介して、商人は自分が美しい王子様となるおとぎ話を自分自身に語る。

## 祝う

音楽家、画家、詩人という、この時代の三つの主要な芸術家が、ひとつの企画、それによって生活が芸術となる企画の中に組み入れられる。祝祭の企画である。《文明の高次の段階にある〈イタリアの祝祭〉はまさしく生活を芸術へ移行させている》、とヤーコプ・ブルクハルトは書いている[119]。だからこの時代の最も偉大な芸術家は、まずもって宗教的儀式を市民の祝祭に移行させ、それを芸術作品に変える人たちなのだ。

この儀式の世俗化はその主要な三つの側面に現れる。音楽と舞台装置と台本である。

音楽は修道院の中でグレゴリオ聖歌から生まれた。それは教会の中や都市の広場で、殉教者や預言者たちの生涯を語る聖史劇の上演によって表現される(10)。声がまだ重要な役割を果たすこれら匿名の共同作品の中に、楽器〔ポジティフ〔小型パイプオルガン〕、ポルタティフ〔小型の持ち運びできるオルガン〕、リュート、ハープ〕が現れる(3)。

しかし最初から、音楽は単に宗教的儀式の要素だけではなく、教会の支配を快く受け入れさせる世俗的な方法でもある。四旬節を快く受け入れさせるための謝肉祭。しかし南フランスでは、十三世紀にトルバドゥール〔吟遊詩人〕がすでに楽譜を書き演奏しているし、またその一世紀後にはマインツとニュルンベルクで、厳格な協同組合の規則に従って声楽学校として設立された音楽養成所《アトリエ》が発展している(3)。

宮廷が豊かになると、君主たちは祝祭を催し、お抱えの専門の楽士を持ちたいと思う。この楽士たちは注文や年金で生活できる最初の個人芸術家である。礼拝堂や宮殿の楽長である彼らは、結婚式、大使の入市式、建物の落成式、舞踏会、葬儀のために作曲する。十五世紀には宮廷同士が競って、多くはフランドル人であるこれら芸術家たちの仕事を奪い合う。ギヨーム・デュファイはサヴォアのマラテスタ家の諸侯のために作曲し、フィレンツェではブルネレスキによる〔サンタ・マリア・デル・フィオーレ大聖堂の〕クーポラの落成式を祝っている。ヨハネス・オーケヘムはブルボン公やシャルル七世、ルイ十一世、シャルル八世のために作曲している。ジョスカン・デ・プレはスフォルツァ家に仕え、そのあと教皇インノケンティウス八世に仕えている。ハインリヒ・イザークはメディチ家のロレンツォ、次いでインスブルックのジギスムント大公、さらにアウクスブルクのマクシミリアン一世のオルガン奏者となる。これらの音楽家は可能性の領域を開拓する。彼らは三十六声部まで加えた楽譜を書いて多声音楽《ポリフォニー》をその頂点に持っていくのだ。

中にはメディチ家のロレンツォのように自分自身で謝肉祭の歌を書く君主もいる。商人たちは彼らをまねて楽器を演奏し、専門の音楽家が書く楽譜を利用し、ドイツあるいは一四七三年以降はヴェネツィアで印刷させる。

音楽の表現方法《メタフォール》は社会の変化を雄弁に物語る。声から楽器への移行は手仕事から〈機械化〉への移行を予告し、また記譜法および数と比例との調和の探求は〈数学〉の勝利を予告しているのだ。(3) 時代はそれを歓迎し、そのための準備をする。

祝祭は〈生き生きした見世物《スペクタクル》〉にも現れる。人々はギリシア劇を再発見し始め、観客の前でそれを上演しようと考える。一四七二年にマントヴァで、近代演劇を予告する《芸術的主題(119)》の最初の演劇化であるポリツィアーノの『オルフェオ物語』がパントマイムとダンスで演じられる。一四八六年にはスルピチョ・ダ・ヴェローリがそのヴィトルヴェ版の中で、当時ローマで上演されたギリシアの芝居の上演に言及する。一四九一年にはフェラーラにあるエステ公の宮廷の宮殿中庭で、プラウトゥスの芝居の近代最初の上演が行われる。

この場合でも、表現すること、上演することとは、誰もが等しく《演じて》もらい、お金を払ってサーヴィスを得ることのできる商業社会を予告している。

演劇の舞台装置について言えば、それは劇作家と同じく、古代ギリシア・ローマが行なった人物描写を自分なりに捉えなおして人物描写についてあれこれ考える〈画家〉を予告している。[119] 祝祭は動きをもたらし、演出は状況設定とイメージをもたらす。絵画はその下絵、模型、瞬時の観察となる。[119]

当時の驚くべき絵画ブームの中で、一四九〇年頃に二つの傾向が対立する。ひとつは《合理的で科学的な[119]》傾向であり、もうひとつは《非合理的で直観的な[119]》傾向である。そこには《遠近法、比例論、生命を描く表現方法の認識[119]》という、アビ・ヴァールブルクが誰よりもよく説明している三つの決定的な進歩が表現されている。

だから他の芸術と同じく、絵画の製作も社会の変化を予告している。イタリア絵画は、当時まるで自ら旅の欲求を感じているかのように、東方と北方の広大な地域に広がる。まるで個人が確立の最中にあるかのように肖像画をすすんで受け入れる。まるで数学がすでに世界を支配しているかのように遠近法を使って遊ぶ。イタリア絵画はヨーロッパについて、あるがままの——またそうあってほしい——世界を描き、聖書のあらゆる主題を西欧化する。

当時の偉大な画家たちはいずれもこうした冒険にかかわっている。ピエーロ・デラ・フランチェスカは『絵画の遠近法について』を著したが、その論は美に関する幾何学の法則を定めるだろう。アンドレア・マンテーニャとギルランダイヨは遠近法の規則を極端にまで推し進める。ミラノではレオナルドが「最後の晩餐」と「大騎馬像」に取り組んでいる。フィレンツェではフィリッポ・リッピが自画像を思いつく。イタリアとフランドル地方がそれぞれの技法と作品を交換する。アントネッロ・ダ・メッシーナはフランドル地方の油絵の技法を利用し、メムリンクの肖像画はヨーロッパの他の地域を魅了する。ニュルンベルクでは、マンテーニャとポライウォーロのアトリエであらゆることを学んだデューラーが、ちょうどその都市がフランドル地方とフィレンツェとの中間に位置しているように、科学とも魔術ともつかない彼の肖像画法を編み出し始める。

イタリアおよびフランドル地方の諸都市の富がなければありえなかったイタリアの祝祭は、要するに夢、呼びかけ、逃避のひとつの形なのだ。すべてが互いにつながっている。旅を挙行するときもやって来たのだ。それもまた主としてイタリア出身の社会の周縁《マルジノー》に生きる者たちの仕事となるだろう。

## 7　偶然のアメリカ、必然の東洋

**敢行する**

〈大陸《コンティナン》＝歴史《イストワール》〉となったヨーロッパがずっとのちになってまとめる共同の報告書の中では、一四九二年は新大陸発見というひとつの偶然の出来事だけになってしまうだろう。

実際には、そこで問題なのは単なる〈発見《デクヴェルト》〉ではなく、ヨーロッパ社会全体の発展から必然的に生まれたひとつの〈出会い《ランコーントル》〉なのだ。この大陸は地理的にも歴史的にも何ら新しいものはなかった。しかもインドへの航路に関しては、アメリカはむしろすぐにヨーロッパの邪魔になる。要するに、この発見はずっと早く――でなければもう少しあとに――なされたのかもしれない。

事実、ヨーロッパ〈大陸＝歴史〉による世界の専有は、ずっと以前にもすぐあとにも行われている。

十五世紀はじめには、世界はまだ閉ざされた大陸に仕切られ、渡れない海や恐るべき砂漠によって互いに隔てられていたようだ。《いかなる文明も地球の三分の一以上に関心の及ぶことはない》、とピエール・ショニュは書いている。[22] 実際は、一方の人々は他方の人々についてすでに多くのことを知っている。たくさんの組織網が一見未知の人々を結びつけている。あちらこちらで人々はいろいろ断片的で不可思議な情報を持っている。数年の間にヨーロッパでは、こうした情報が全体としてまとまった、客観的で確実な、決定的なひとつの予見《ヴィズィヨン》にまとまるだろう。一四八〇年から一五一〇年の三十年間に、ヨーロッパ人にとって世界はひとつになり、地球はひとつの球体として認められる。また人々は自らを放浪者《ノマド》として受け入れる。

だからこの短い期間は、他の多くの分野と同じくこの分野においても、ものすごい激変を示すのだ。ヨーロッパの人々から見れば、世界がこれほど広大であったことは——後にも先にも——決してなかっただろう。以前には彼らはこんなに遠くへ行くことなどありえなかった。このあとはいつでも、彼らはより速くそこに行くことができた。

だから一四九二年は、ある意味では、ヨーロッパの空間と時間がその最大値にあるとき、〈大陸＝歴史〉の空間＝時間が最大値にあるときなのだ。

この三十年間に、そのほとんど全員が紛れもなくラテン系ヨーロッパの地域出身であるが、何百人という人が赤道を越え、アフリカを一周し、そのあと別の方向に出かけ、地球を一周し、途中で新大陸だと思わずにそれを発見する。

人類の歴史の中で後にも先にもこれに類するものが全くないこの驚くべき冒険は、偶然の産物ではなく、ひとつの予見、ひとつの企て、ひとつの状況の結果である。

その〈予見《ヴィズイヨン》〉とは新しい東洋への航路を見つけることであり、その〈企て《プロジェ》〉とはイベリア半島から出発してアフリカを一周することであり、その〈状況《シテュアシオン》〉とは東洋によって窒息しつつある強大なヨーロッパである。

人々はこぞって——君主から地理学者まで、金融資本家から船乗りまで——香辛料を求めて東洋への新しいルートを探し求める。西に新大陸を見つけることになるが、そこには香辛料はない。

一四九二年のこれらの出来事を理解するためには、おそらくずっと昔に遡らなければなるまい。というのは十五世紀になっても、ヨーロッパの最も優れた人々が十五世紀前のギリシアの学者たちよりも、世界についてそれほど詳しく知っているわけではないからである。

ギリシアの学者たちはすでに地中海全体を知っていた。紀元前五世紀はじめに、エウテュメネスというマッサリア〔現マルセイユ〕のギリシア人船乗りがジブラルタルを通ってアフリカの大西洋沿岸の突端を確認さえしているし、ヒミルコンというカルタゴ人はスペイン沿岸に沿って北上している。(47) ミレトスのヘカタイオスは既知の世界全体を対象とした最初の地図帳『世界周遊記』を作成している。(47) 太陽がもたらす影を観察したギリシア人は、地球が丸いことをすでに理解していたが、星々が地球のまわりを回っているのだと考える。数学者クニドスのエウドクソスは一年の長さが三百六十五日と六時間と考えているが、これはそれほど間違っていない！　紀元前四世紀末にマッサリアの別のギリシア人船乗りピュテアスは大西洋を北上してスコットランドに、さらにおそらくヴィスワ川〔バルト海に注ぐポーランドの大河〕の河口にまで到達している。[47]しかし人々はすでに地球がはるかに広大であることを知っている。三世紀末にキュレネのエラトステネスは、夏至日にアレクサンドリアとアスワンとの太陽の高さを観察して、地球子午線の長さを三万九六九〇キロと考えているが、これは間違った計算ではない。地中海を縦横に行き来していたギリシア人は、数千年前から紅海〈経由で〉エジプトを通って東方の産物をもたらしていたアラビア人によってインドを知っている。だから人々はアレクサンドロスが征服しようとしたあのインドをすでに知っており、アリストテレスは——同時代のすべての地理学者と同じく——大洋がインドとヨーロッパを切り離していると考えている。一部の人たちが小さな面積だと考えるアフリカを一周すれば、きっとその大洋も越えることができるはずだ。それでもヨーロッパの北の沿岸に沿って西から東洋にたどりつくことをすでに夢見ている人たちがいる。しかしそのどちらのコースについても、アフリカを一周できないかぎり実現不可能だろうし、海路ではインドに到達できないだろうと考える人たちもいる。

世界像が徐々に定着してくる。紀元前二世紀にはマロスの文法学者クラテスが四つの大陸——各半球に二つ——を描き出しているが、彼の推測を裏づける詳しい説明は何もない。近寄り難い領域である果てしない大洋は、依然として神話と夢の場所である。地上の征服者であるローマ人は海上の知識を何も増やしてくれないだろう。

たぶん最初であろうが、紀元六世紀にアイルランドの隠者たちが海を渡って西に向かう。

彼らはフェール諸島、シェトランド諸島、オークニー諸島に住みつく。やがて海の知識以外には何も知らないが、外海で濃霧の中を航海できるヴァイキングの海賊[47]が彼らを島から島へ、西へ北へと追い立てる。そこでアイルランド人はアイスランドまで逃れる。彼らのひとりが《はるか西の方に強い海風が吹きつける島[63]》を発見したと記し、その島を聖ブランドン島と名づけるが、それがのちにポルトガル人には《七つの都市の島》——言い伝えによると、その島は一世紀後に七人のポルトガル人司教によって再び発見されたらしい——となる。これはカナリア諸島のひとつかもしれないが、その頃はそれが単なる伝説以上のものかどうか誰も知る由もない。

七世紀に他のヴァイキングがフェール諸島を侵略し、そこからアイルランド人を完全に追い出す。たぶん彼らはさらに遠くに足を延ばしている。八八六年に彼らはグリーンランドに達するが、そこに住みつくことはない。少しのちに彼らのうち一万人がアイスランドに住みついたらしい。九八二年には、他のヴァイキングの船乗りたちが一世紀前から忘れ去られていたグリーンランドに戻り、今度はそこに上陸して冬を越している。翌年の春にアイスランドに戻った彼らはグリーンランドにまた戻り、そこを植民地化することになる。

いくつかの確かな資料によると、二年後の九八六年にこれらの船の一隻が北極海の霧の中を航行中にグリーンランドの西で方向に迷い、七千キロという驚くべき航海の果てにある海岸を見つける。どうやらそれはアメリカの海岸らしい。同じ資料によると、その翌年に赤毛のエリクの息子レイフが三十五人の乗組員とラブラドルの海岸に沿って進み、ニューファンドランドで越冬し、春になってそこで野生の葡萄《ぶどう》を発見したらしい――彼がこの土地につけたヴィンランド〔葡萄の実る土地〕という名前はそれに由来する。彼の兄弟のひとりビョルンは、そのときセント＝ローレンス川を遡ることまでしたようだ。また別の資料によると、[47]ヴァイキングはグリーンランドからまっすぐに漕ぎ進んだのではなく、慎重な船乗りたちは氷原に沿って進み、大陸に到達したらしい。

　いずれにせよ紀元一〇〇〇年頃に他のヨーロッパ人旅行家がこの大陸に到達しているが、そこには当時ヨーロッパとほぼ同数の住民が暮らしており、さらに南の方では、強大かつ残忍な文明がすでに栄えている。アイスランドの船長カール・セフニは三隻の船と百六十人の乗組員と一緒に出発し、セント＝ローレンス川の河口近くで越冬している。九人の乗組員は一気にアイルランドまで戻ることにするが、残りの人たちはそこに残り、しばらくの間先住民――イロクォイ族――と物々交換をして生活し、それから再びグリーンランドに戻っている。[47]一〇〇一年にレイフは、十五年前に兄弟のビョルンが見かけた土地を調査するために新たな遠征隊を指揮したらしい。彼は最初にニューファンドランドを再び発見し、そこをヘローランド――今日のノヴァスコシア――と名づける。そのあと現在のナンタケット島までたどり着き、そこで越冬したらしい。彼は翌年の春にグリーンランドに戻ったようだ。[47]

　これらの遠征については、アイスランドの居酒屋で赤毛のエリクとか幸運児レイフとか懐に短刀を持った女性フレイディスとかの冒険を物語る不思議な《北欧伝説《サガ》》を除いて、ほとんど足跡が残っていない。そのあと十一世紀末に、歴史家でハンブルク大司教の年代記作者アダム・フォン・ブレーメンがアメリカに言及した最初の文献『ハンブルク教会史』の中でこれら《北の島々》について述べている。[47] 十二世紀のウェールズの物語はヴィンランド近くで挫折した三つの遠征の話をしている。《最初はガブラン・アブ・アェッダンで、彼はグエルドノー・ルリオン（緑の島）を探しに部下の者たちと海に出たが、その後の消息を聞くことはない。二番目はアンブロシウス王の吟唱詩人メルディンで、彼は九人の学識ある吟唱詩人と一緒に「ガラスの家」で海に出て、どこか知らない場所に着いた。三番目はマダウグ・アブ・オーエン・グイネドで、彼は十隻の船に乗り込んだ三百人と一緒に海に出て、どこか知らない場所に着いている》[140]

その頃グリーンランドとヨーロッパとの海上関係は間遠になり、そのあと途絶える。北極の氷塊が植物を南の方に押しやり、この大きな島には人が住まなくなる。西へ向かう旅行はまれになる。寒気に直面して、ヴァイキングの探検家たちはもはや未知の大陸へ南下することは考えず、ヨーロッパの自分たちの拠点に後退する。北大西洋は再び無人の神秘的な海となる。人々はかつてそこで見たものを忘れてしまう。ヴァイキングもウェールズ人もしばらくの間グリーンランド付近でささやかに漁業をつづける。十四世紀はじめにアイスランドで作られたいくつかの地図には、依然としてこの沿岸地方が正確に表されている。[47] スカンディナヴィアの年代記作者たちは一三四七年に、グリーンランドへの最後の遠征に言及している。しかし一三六九年にペストがそこに広がるとヴァイキングの最後の植民地がなくなり、ノルウェーは最終的にそことの関係を一切中断し、誰ひとりそこに残ろうとする者はいなくなる。貴重な香辛料も金も見つからないし、そこで鱈《たら》や鯨《くじら》を獲る術もまだ知らないからだ。

人々は西側の土地に関心を持たず、それを忘れ去る。何人かの船乗りが自分用に大事に保存している内々の伝説集は、ニュルンベルクの地図学者には伝えられなかったのだろう。またモーリス・ロンバールがロンドンから杭州に至るその驚くべき組織網について述べている(77)あの他国へ移住したユダヤ商人たち、そして当時大西洋とその島々について詳しく知っていたと思われる彼らユダヤ商人たちにも伝えられなかったのかもしれない。

もし伝えられていたら、彼らはそれらの伝説集を利用するだろうか。コロンブスはそのひとりになるだろうか。

**夢見る**

キリスト教世界はヴァイキングの冒険についてほとんど何も知らなかった。ともかくそれらの土地のことは今や誰も何も書かなくなる。西からインドへ行くことを話題にする人は誰もいない。広大な異教徒の地域であるヨーロッパの北部が人々の視線から消える。

しかも人々は一切を忘れる。地球が丸いことまでも。キリスト教の地誌はギリシアやユダヤ・イスラムの知識を消し去り、ヴァイキングの冒険を無視する。地理と歴史を自分勝手に捏造するのだ。ヨーロッパのどの君主国でも、聖書の話に合わせて天球や地球全図を綿密に描いている。[47] 新しい〈大陸＝歴史〉、ギリシア・ローマの世界とは違った、聖書の新しい〈大陸＝歴史〉を知らせることが必要なのだ。

そこでは地球は水に取り巻かれ、中央にエルサレムとヨーロッパが隣接する平らな円盤として表されている。はるか遠くに狒々《ひひ》や一つ目や一本足の巨人が住む、焼けつくような恐ろしい大地がある。[135] そして、その周囲はすべて水の輪である。やがて〈大陸＝歴史〉がどのようなものになるのかを予告する象徴的な光景だ。「ヨーロッパ」は「新しいエルサレム」なのだ。「ヨーロッパ人」が人間であり、それ以外は怪物なのだ。

地球がもはや円盤ではなく、馬蹄形や楕円形やT字形のような場合もある。これらの地図では、それぞれの国がその力の大きさを示している。そのあと、たとえば十二世紀に描かれたいわゆるベアトゥスの地球全図では、インドはアフリカの左に、その下にアフリカの北の地名リビアがあり、その右にはパレスチナがあるが、もはや中心にはない。[67] 近代ヨーロッパはこうした幻想から、自分が中心となるという考えと、信仰の歴史からエルサレムを排除しようとするいささか意図的な願望とを持ちつづけるだろう。

これらの地図には船乗りたちの伝える話や偽作者の広める話も取り入れられる。とりわけ一一六〇年からヨーロッパ全体に広がり、かなりの影響を及ぼした不思議な話である。それは僧侶《プレートル》ジャン〔(英)プレスター・ジョン〕という人の話で、彼はモンゴルの遊牧民族カラ・キタイ族のキリスト教指導者、自称東方の三博士の後裔、魔術師、《ゴルコンダの財宝に取り囲まれたアーサー王とでも言うべき人物》[47] である。この豪奢な支配者はアラル海とバイカル湖の間でイスラム教徒とトルコ人を執拗に攻撃したらしい。今では彼は、未開の大洋にあるキリスト教の飛び地の強大かつ友好的な主《あるじ》として一種の地上の楽園を味わっているらしい。この伝説はどうやら東洋の作品の翻訳ミスから生まれたものらしく、ジャンは〈汗《ハン》〉――王――のことらしいのだが、これが当時の人々の想像力をかき立てる。ジャンは十字軍遠征の際には異教徒を背面から攻撃することができる仮想の味方なのだ。このジャン王の一通の手紙――事実、ご存じのように、マインツの一司教座聖堂参事会員によって認《したた》められている――が西洋で流布する。そこに述べられているのは想像をはるかに超えた宝物、駱駝、ライオン、一角獣、ピグミー、永遠の若さを保つ泉[47]、《黒檀《こくたん》と水晶でできていて、星の装飾が施された貴石の屋根が付き、黄金の円柱によって支えられていて、地上の楽園に源を発し、金や銀や胡椒の豊富な川が流れている宮殿[57]》のある王国なのだ。ジャンの力――《世界最強の君主、数十人の王の宗主で三つのインドを支配している――は絶大であり、彼だけがグリュプス〔ライオンの胴、鷲の頭と翼を持つ怪物〕に運ばれて、《波がとても激しくて恐ろしいうねりを生ずる[57]》砂漠を渡ることができる。彼の食卓には《サントメの総大司教、サマルカンドとスーザの司教たち、それに三万人の来客が座っている[57]》。

東洋から来た信仰が西洋の信仰になっている。東洋のキリスト教王は今や中心にいるのではなく、周辺地域の仲間である。

その伝説はたちまち現実のものとして受け入れられる。教会はその力を証明するためにこの伝説を利用する。誰もがその遠い王国、どの地図でもアジアの遠くにいるこのすばらしい仲間を訪ねたいと夢見る。この伝説は、香辛料の道から戻る旅行者たちの話が加味され、十年ごとにふくらんでゆく。チンギス・ハン〔成吉思汗〕から——そのあと一二四〇年にウィーンのすぐそばまでやって来る彼の後継者オゴタイ汗〔太宗〕に仕える一大将から——脅かされたキリスト教ヨーロッパは、あのジャンが金や香辛料を供給してくれることを夢見る。偶然に出会ったエチオピアやインドの数少ないキリスト教徒がこうした幻想を育む。

ほとんどの君主、哲学者、地図学者、商人がこの話を十三世紀まで信じている。それはこの話がいよいよ会える〈汚れを知らぬ人間《オム・ピュール》〉が住む地上の楽園のこだまを投げ返してよこすからだ。

十四世紀末に教皇が、いかなる新しい土地に対しても地上の統治権をキリスト教君主に与える権利を行使して、アフリカ沿岸の所有権をポルトガル王に授けたとき、教皇は《僧侶《プレートル》ジャンの王国まで》と記している。この伝説は教皇勅書によって現実のものとなる。

**試みる**

それでも十三世紀はじめには、こうした幻想を無視した学者たちが世界の地理を真面目に再検討し始める。エジプトで見いだされたギリシアの地理学者たちの著作はカイロからチュニスへ、コルドバからトレドへと移動し、トレドのある《翻訳学校》ではそれらの文献を何人かの知識人に自由に使わせている。[136] 狭いと考えられている《アフリカの下》を通って海上経由でインドへたどり着く大冒険が準備される。

その頃に何人かの探検家が大西洋に乗り出している。十四世紀はじめにイタリア人ランヴァロト・マロチェッロが長い間忘れられていたカナリア諸島を再発見する。他の探検家は教会と大商人たちの求めに応じて、改宗と交易を目的として中国への旅に乗り出す。一二四五年に教皇インノケンティウス四世はその地にフランシスコ会士ジョヴァンニ・デ・ピアノ・カルピーニを派遣する。そこから帰ると、彼はモンゴル人の歴史を書いている。一二五五年にルイ九世はまた別のフランシスコ会士ギヨーム・ド・リュブルックを同じ方面へ送り出している。少しあとに、すでに触れたポーロ兄弟は、帰ってから数え直してみると、チパングを取り囲んで香辛料のある小島が七千四百五十七もあったと断言している。

海上の方も同じように進歩は急速である。一二七七年にジェノヴァを出発した商人ニコロ・スピノラはジブラルタルを越えて北に向かって進み、フランドル地方にたどり着く。一二九八年からこの商業路線は定期的になり、商業界の二つの中心が結ばれる。

十三世紀末にジュリアーノ・ダ・レヴァントは、教皇ボニファティウス八世の求めに応じて十字軍のルートの地図を作成し、それに自然の障壁を詳細に描いている。アルプス、アペニン、コーカサス、そしてヒマラヤまでも！ ジェノヴァの船乗りたちは商用旅行用に、港や海路を説明した航海地図と案内書を兼ねた〈ポルトラノ海図〉と呼ばれる新しいタイプの地図帳を利用する。一二九一年には三人のジェノヴァ人——テディジオ・ドリアとウゴリノおよびヴァディノ・ヴィヴァルディ兄弟――がはじめて海上経由でインドに到達する目的でアフリカ回りを試みる。ドリアはジェノヴァに残るが、ヴィヴァルディ兄弟は南に向かって出発し、おそらくギニアに到達している。ただし彼らは通過点を示すいくつかの場所に巨大な石の円柱を残すが、そこから戻って来ることはない。アフリカ一周が実現するのは二世紀後のことである。

同じ一二九一年にフランシスコ会士ジョヴァンニ・ダ・モンテ・コルヴィーノは、最初のフランシスコ会出身の教皇ニコラウス四世からアジアで布教する任務を課せられる。当時の強迫観念である。彼はカンバルック〔カンの都〕に住みつき、教導し、説教し、六千人を改宗に導き、そこで大変有名になる(47)。十年後に次の教皇クレメンス五世は、彼に会ってその仕事を手伝うという目的で、出発前に司教に昇格させた七人のフランシスコ会士を派遣する。彼らのうち三人だけが一三一一年にカンバルックで彼と合流することができる。のちに彼は彼らから聖別されて中国の大司教となり、一三二八年にその地で死ぬ。

それとは逆に、十四世紀はじめに《黒い僧侶(47)》アビシニア人のキリスト教徒たちがヨーロッパに上陸し、そこで僧侶《プレートル》ジャンの伝説にさらに材料を提供し、東方正教会はローマ教会より以後のことらしいという、ヨーロッパ中心の思想をいっそう強める。一三一〇年から二人のドミニコ会士ギヨーム・アダムとエティエンヌ・レーモンがエチオピアからアフリカ東部の奥深くに入る。きわめて大胆な大探検であるが、はかない冒険に終わる。

同時に西では、当時最も大胆な船乗りであるジェノヴァ人によって、恐怖と魅惑を伴いつつも、大西洋が近しい存在となり始める。一三一〇年頃に彼らはマデイラ〔諸島〕を発見し、それにレニャーメ（樹木の生い茂った島）という名前をつける。[47] 今やロンドンからジブラルタルまで、大西洋沿岸に沿ってジェノヴァ、カスティーリャ、フランス、カタルーニャ、ノルマン人の船が見いだされる。

このような冒険家たちは、商業界から、そして商業界のために資金を供与される。たとえば一三一七年にポルトガル王は、はじめてジェノヴァ人マヌエル・ペッサーニャと契約を結び、彼を提督にしてアフリカを一周する航路を調査させている。

東では、キリスト教化の夢がつづく。一三二六年にコルヴィーノは、一万人のタタール人と一万五千人から三万人のギリシア正教徒を改宗させたことを教皇に報告している。一三三四年にコルヴィーノが死ぬと、ヨハネス二十二世はその後任に別のフランシスコ会士を派遣するが、その会士は中国までたどり着くことはない。その頃、二人のジェノヴァ商人とひとりのモンゴル人が、中国に大司教のいないことを嘆く中国人たちから提出された一通の書簡をアヴィニョンに持ち帰っている。一三三八年にベネディクトゥス十二世はその地に四人のフランシスコ会士を急遽派遣し、その中のジョヴァンニ・マリニョリが一三四二年から四六年まで大司教となる。

リスボンはすでに船乗りたちの活動の中心である。ヨーロッパ中の金融資本家、地図学者、船員、スパイ、商人がそこに集まる。[134] 人々はそこで世界の地形を理解し始める。一三二〇年のピエトロ・ヴェスコンテの地球全図では、陸地がはじめて磁石の示す方角に従って配置され、地中海とアラビアが正しく描かれる。[57]やがてある地図にマデイラとカナリア諸島が現れる。《一挙にキリスト教西洋の航路を表示する海域が地中海全体の三分の二に増加する[22]》

一三三八年にポルトガル王アフォンソ四世は、自分の臣下だけでは自分たちの夢を切り開けないことを悟り、商業上の特権をリスボンに住むフィレンツェやロンバルディアやジェノヴァの人たちに与える。一三四一年にマジョルカ島の人たちが再びカナリア諸島に到達し、ポルトガル王は一三四五年にその所有権を認めるよう教皇に要求している。一三四六年八月十日にマジョルカ島の船乗りハイメ・フェレールはアフリカ海岸に沿って進み、彼がボハドルと名づける岬――《膨らみ》。今日のユビ岬――を通過し、たぶんセネガルにたどり着いたようだが、そこから戻ることはない。のちに彼の足跡――《パドラン〔発見記念碑〕》――が発見される。一三五〇年以降、アフリカ海岸の探検に拍車がかかる。依然として人々は、ボハドル岬の先で東に向きを変えさえすれば、すぐにインドに達することができると考えている。一三五六年にフランスの地理学者ジャン・ド・マンデヴィルは『旅行記』を著しているが、その中で彼は自分が行ったと主張するインドやカタイ〔中国〕について次のように語っている。《我々が出会ったものはすべて、かつて言われてきたものよりも堂々として、注目に値する、すばらしいものであった。（……）実際に目にしなければ、この宮廷に暮らしている人々の豪華さ、壮麗さ、あまりの数の多さを信じる者は誰ひとりいないだろう[135]》。彼はインドの西海岸マラバルを次のように述べている。《コンバルと呼ばれる森林の中に胡椒が生育している国。それは他のどこにも生育しない。カタイ王国は世界最大の王国で、そこの皇帝はこの世で最も偉大な君主である。キリスト教徒はここで静かに暮らしており、希望する者はキリスト教に改宗することができる。大汗《グラン・ハン》は各人が好む宗教を選ぶことを誰にも禁じていないからである(47)》

楽園はどこか別のところにある、というヨーロッパが心に抱いているあの変わらぬ想いがいつもあるのだ。ヨーロッパは不幸な、汚れた土地であり、そこを〈純化する《ピュリフィエ》〉必要がある。もしかしたらヨーロッパ人はその贖罪《しょくざい》のために、どこか別のところで申し分のないキリスト教徒を生み出せるかもしれないのだから。

のちにコロンブスはこの書物についてあれこれ熟考するだろう。

一三七五年にアラゴン王のためにユダヤ人地図学者イェフダ・クレスケスが作成した見事なポルトラノ海図〈カタルーニャ地図帳〉にはじめて、想像上のことは記載されず、未知の地域は《未知の土地《テッラ・インコグニタ》》と書かれる。

もはや勝手に名前を思い描くことはない。大変な進歩だ。その地図では地球の円周は三万二千キロと算定されている。当時このポルトラノ海図ほど完全なものはないと考えられ、フランス王シャルル五世がアラゴン君主に世界最良の地図の写しを依頼したとき、王はこの海図を一部受け取っている。

十五世紀はじめには地球が丸いことは知られているが、それは宇宙の中心にある――コペルニクスがポーランドのトルンに生まれるのは一四七三年である――と考えられている。

イタリアの数学者アポロニウス・デ・ペルツァは、大胆にも、いくつかの惑星が——ただし地球ではない——たぶん太陽のまわりを回っていると書いている。人々はチパングとカタイをヨーロッパから隔てているらしい大西洋の島々に関心を抱く。一四〇二年にフランス人ジャン・ド・ベタンクールはカナリア諸島に住みつき、カスティーリャ王エンリケ三世の宗主権を認める。一四一八年に彼はそこの権利をニエブラ伯爵に売却する。彼の甥マシオ・ド・ベタンクールは島のひとつ、ランヅァロト・マロチェッロ島を少なくとも一四三〇年まで支配しつづける[120]。

一部の人々は大西洋を西の方に行ってもカタイに達することができると考え始める。一四一〇年にフランスの占星術師で神学者のピエール・ダイイはその『世界の姿《イマゴ・ムンディ》』の中で、プリニウスに基づいて、ヨーロッパとインドの間に広がる大洋はそれほど広大ではないと主張する。《というのもこの海は風に恵まれれば〈数日で〉航行可能であるから、この海はそれほど大きくないということだ[135]》。のちにコロンブスはこの著作を夢中になって読むだろう。この著作は彼が明らかにしたいと思うことと同じ見方をしているので、彼はそれに最大限の価値を認めるだろう[63]。

一四一四年に、《七世紀にポルトの大司教と六人の司教が男女のキリスト教徒と一緒に家畜や品物を運んで植民した[47]》という、この大洋に浮かぶ島——《アンティリア》——のことが話題になる。それはたぶんポルトガル人司教たちが発見したとされる《七つの都市の島》のことか、あるいは六世紀にアイルランドの隠者たちが確認した《聖ブランドン島》のことであろう[140]。

その翌年にフィレンツェの庇護者パオロ・ストロッツィによってコンスタンティノープルからもたらされたプトレマイオスの〈世界図〉の写しがフィレンツェに突然現れる。ヤーコポ・ダンジェロによってラテン語訳されたこの書は、地理の一般的な基礎知識と既知の場所が一覧できるもので、たちまち大評判となる[135]。少なからぬ部数がヨーロッパに出回るが、中には偽ってプトレマイオスのものと称する二十七枚の地図の付いたものもあり、当てにならない非常に不正確なものもある。プトレマイオスの書を読んだピエール・ダイイはその『地理概要』の中で彼の説に従っている[15]。本格的な征服のときがやって来たのだ。

**一周する**

探検はその頃に組織的な様相を呈し、ちょうど百年後の最初の世界一周の大航海まで一世紀の間つづくだろう。

一四一五年八月二十一日にポルトガル王ジョアン一世は三男エンリケに助けられて、アフリカのイスラム教徒の最も重要な前哨《ぜんしょう》で、アフリカの金が届けられる際に経由するジブラルタル海峡の要衝の地セウタの港をモロッコの海賊から奪い取る。この遠征のあとエンリケ航海王子は、自ら航海に出ることはないが、政治に期待しえない栄誉を探検に求めようとする。海路で東洋に到達するという目的——そしてアフリカを〈一周する《コントゥルネ》〉という計画——を持って、彼はアルガルヴェのサグレスに住みつくようだ[9]。粘り強く計画を押し通す組織者であり、《大胆な夢想家で出無精な人物》[9]でもあるエンリケは、以後四十年の間、組織的な探検のオーケストラの指揮者となる。[9]彼は自分の航海日誌と自分専用の海図にメモを書き加えられるようにしてほしいと船乗りのひとりひとりに要求し、そうして情報を収集し、イェフダ・クレスケスの息子がそれをまとめている。ある説によると、彼はサグレスを秘密の地図学センターならびに《海洋研究所》としたらしい。[9]別の説によると、実はそれほど組織的なものではなく、もっと実際的なもので、ラーゴシュ近くの港の周辺を巡っていたようだ。[57]いずれにしろユダヤ人、イスラム教徒、アラブ人、ジェノヴァ人、ヴェネツィア人、ドイツ人、スカンディナヴィア人の学者たちがこの企てに参加し、それのためにエンリケがリスボンの宮廷の信頼と財産を意のままにしていたことは間違いない。彼はあらゆるもの——これまでにない大胆な試み——に出資するが、商人たちには、奴隷を含めて彼らが持ち帰る産物の収益を与えるから、その代わりに彼らの情報を自分以外の誰にも何も言ってはならないとする。

これらの船乗りたちはすぐに行動にとりかかり、〈天体観測儀〉〈四分儀〉〈偏角表〉〈羅針儀〉〈水深測量器〉〈測程器〉といったあらゆる最新技術を利用する。探検船が活動を開始する。まもなく〈カラヴェル船〉の時代がやって来るだろう。

当時エンリケはアフリカの先端に到達しようと次々と船を出すが——しばらくその成果は得られない。一四一八年に彼の船乗りたちがマデイラに行き、そこを支配する。一四二〇年から三四年にかけてアフリカ一周の探検が新たに四回試みられるが、海流が逆になるボハドル岬は依然として越えられない障壁となる。船乗りたちの話では、その先に高い絶壁と滝と赤い砂があるという。しかもそこから引き返すにはアフリカ沿岸地帯から離れ、沿岸には頼れないアソーレス諸島の方まで遠ざからねばならない。これ以上危険なことはない。たぶんこれらの探検から戻ってアフリカの西に位置する沿岸地帯を描くことはできるはずだ。しかし誰もそれについて何も言っていない。それでもポルトガルの情報をもとに一四二四年に作成された地図には、大西洋のはるか西に一群の島が示されている。それはもうブラジルではないだろうか。

その頃に航海王子は侍臣のひとりジル・エネアスを冒険に向かわせる。エネアスは一四三三年には失敗するが、その翌年に一本のマストと一枚の丸い帆だけが付いた三十トンの何の変哲もない小船に乗ってボハドル岬を通過するのに成功する。しかし彼は、向こう側にアフリカの沿岸地帯がはるか南の方まで延びていることがわかり、ひどく失望する。ボハドルはアフリカの先端ではないのだ。インドは見えない。すべてはやり直しだ。もしかしたら通路がないことさえありうる……

一四三六年にはアルノォンソ・ゴンサルベス・バルダイアがさらにその先まで南下し、ある湾に到達する。彼はそこにポルトガル王の紋章の入った立方体の石と十字架を上にのせた円柱形の記念碑〈パドラン〉を残すが、またそこで一本の川と黄金を見ているような気がしたのでそこをリオ・デ・オロ〔黄金の川〕と呼ぶ。二重の幻想だ。

エンリケは落胆しない。それどころか彼はさらに努力を重ねる。サグレスから数百キロのところにあるラーゴシュの港が最初のカラヴェル船の造船所となる。[57] アフリカを一周する必要があるのだ。ポルトガル人はマデイラとアソーレス諸島に住みつく。一四三五年にカナリア諸島がカスティーリャの支配に移っても、彼らはそのことを気にしない。彼らにとって大西洋は本来の目的ではない。彼らはアフリカに沿って進むためにだけ大西洋を利用しているのだから。

大西洋に関心を抱く人たちもいる。たとえば一四三六年にターナ、ベイルート、アレクサンドリア、フランドル地方に向かうガレー商船の航海士官、ヴェネツィア人のアンドレア・ビアンコは何枚かの地図を描いているが、それにはじめてマデイラの西に位置する島々と、ずっと北に位置するいくつかの島、たとえば彼がストックフィクサ（鱈《たら》の島）と名づけるニューファンドランドらしい島の形跡が認められる。[47] 一四四〇年のいわゆるイエルの世界全図〔ヴィンランド地図〕には、その同じ島がヴィンランドという名前で出ている。また一四四八年にロンドンで作成されたビアンコの地図では、ブラジルのある場所を大きな《本当の島》と記載している。[135] ただし奇妙な書き込みがある。船乗りたちが急旋回してボハドル岬を通過するときにその島を発見したかのように記しているのだ。

とにかくポルトガルに雇われたジェノヴァの船乗りたちは前進しつづける。一四四一年に彼らのうちの三人、アントニオ・デ・ノーリと弟のバルトロメオと甥のラファエッロはギニア湾を航行し、そこで香辛料や金や奴隷を探し求める権利をエンリケから得ている。そこには一種のアフリカ胡椒、マラバル地方の胡椒よりもはるかに安いマラゲッタ胡椒がある。ポルトガルの胡椒がヴェネツィアの胡椒の真の競争相手となる。アフリカ航路による商業の最初の成果である。一四四三年にセネガルの河口の北に位置する島アルギムがポルトガルの商館となる——アフリカにおける最初の白人商館である。一四四四年にはランサローテがティデールに到達し、ヌーニョ・トリスタンがセネガルの河口に到達する。船乗りたちは徐々にアフリカ沿岸地帯に沿って寄港地を増強し、そこを実際の港、奴隷やその他の商品の集散地にする。エンリケ航海王子は船長たちに、現地の商人から奴隷を買うだけにとどめて、そこで略奪を行わぬよう求める。同じ年に、それに従わないディニス・ディアスとかいう者がヴェルデ岬を航海中にある島——たぶん現在のゴレ島——に上陸し、そのあとブランコ岬で二百人のアフリカ人を捕虜にし、彼らを奴隷としてラーゴシュに連れて来ている。

その間、陸上ではアントニオ・マルファンテがアルジェリアのサハラ砂漠に入り込んでいる。

一四四六年にヌーニョ・トリスタンがヴェルデ岬を通過する。同じ年に別のポルトガル船長アルバロ・フェルナンデスが現在のギニアビサオに到達する。その頃エンリケは彼が最も信頼を置く腹心のジル・モニスにマデイラの領主権利一切を委ねる（この人の孫娘がのちにコロンブスと結婚する）。一四四七年にギニア湾に到達したエンリケの船乗りたちは大陸の大きさを再び過小評価し、アフリカはそこで終わり、ついにインドへの通路を見つけたと再び考える。ガンビアとコンゴの河口が新たな幻想の原因である。それでもこの粘り強さが五十年後にバルトロメウ・ディアスを勝利に導くことになるだろう。

この時期には、大西洋の向こう側、ヨーロッパとアジアの間にひとつの大陸が存在していることなど誰もまだ想像していない。たぶんいくつもの島、厳密には半島があるのだろう。しかしインドや日本や中国といったアジア以外には何もない。だから西回りでインドに到達するのは危険が大きすぎる。その距離は沖合およそ二万キロと考えられているのだ。当時の船では不可能である。航海は六カ月かかるかもしれないからだ。

十五世紀中頃になると、ヨーロッパ全体がアフリカ探検に関心を抱く。発見熱ははるか遠くの王国にまで広がる。それを独占しつづけたいエンリケの意識的な沈黙にもかかわらず、フランスとイギリスが数隻の船を送り出す。一四五〇年頃にはデンマーク、スウェーデン、ノルウェーの王ババリアのクリストフェル三世がポルトガル王アフォンソ五世の甥と一緒に《僧侶《プレートル》ジャンを見つけに》[47]アフリカ沿岸に沿って探検旅行を組織する。探検はギニアで海賊に襲われて壊滅し、無残にも失敗する。次第にアフリカ沿岸は実際にポルトガルのものになってゆく。いったん占領にも等しい〈パドラン〉が置かれると、小さな港が開かれる。航海を増やすために、次第にエンリケは船長たちに自由に奴隷売買をさせて財産を築かせるようになる。[9] 奴隷の数は一四五〇年頃には年に一千人、およそ一年後には三千人となり、彼らは金《きん》やカナリア諸島の大きな貝類――これらの貝類のひとつはアフリカでは二ドゥカート金貨と同じ価値がある――と交換される。[47] すでにアフリカのイスラム世界でかなり広まっていた奴隷制は非常に金になる仕事となり、港の整備が求められる。

いかなる宗教機関もそれに反対することはない。

エンリケはこれらのひそかな発見を隠しつづけ、船乗りたちには彼らがアフリカで見たものを秘密にしておくよう求める。出航は予告もされないし記録もされない[47]。最もよくできた地図にはヨーロッパ、北アフリカ、黒海、カスピ海、紅海、アラビアがきちんと表されているが、アフリカは依然として〈未知の土地《テッラ・インコグニタ》〉である[135]。船乗りたちには秘密を守ろうとする気持ちがある。彼らにとって重要なことは、占領を確かなものにするために発見を隠しておくこと、東への通路を見つけることであり、その通路がない場合には、それまで積み上げた知識の利用を他人に教えずに、さらに遠くまで行くことなのだ。

しかし一四五〇年代から、次第にイタリアの実業家たち——たとえばヴェネツィア人アルヴィセ・カダ・モーストやジェノヴァ人アントニオット・ウゾディマーレ——がポルトガルの探検で幅をきかせるようになり、安い香辛料や砂糖黍を探し求めることを探検の目的にしてしまい、航海の性質が変わる。海の情報を収集することをやめて商業上の情報の取引をするのだ。ところが商業上の情報は必ず広まる。商人は自分の航路を隠しておくことができないからだ。商人はそうした航路を売り込むのだ。

お金で雇われたこの人たちの中で最も有名になる人物——彼は二十六歳のときにポルトガルに来る——がたぶん一四五一年八月にジェノヴァに生まれる。クリストファー・コロンブス〔日本で一般に知られている表記で記す。イタリア語名、スペイン語名は異なる〕である。毛織職人の親方で父のドメニコ・コロンボは一四三九年に総督《ドージェ》フレゴーゾから市門の守衛の職を授かる。[62] 彼はユダヤ人と言われている。サルバドール・デ・マダリアーガは、[80] 彼が一三九一年に追放されてジェノヴァに亡命したバルセロナのユダヤ人一家の子孫であると考えている。[80] マダリアーガはそれを立証するために数々の証拠を挙げている。コロンブスの署名、母の名前スサナ、自分が旧約聖書の中で育てられたことを明らかにする神秘的な著述を常にスペイン語で書いていたという事実、等々である。この説は魅力的であるし、コロンブスの生涯の多くの細部がそれを裏づけているように思われる。彼の敵対者の多くは彼をユダヤ人と見なしている。のちに見るように、彼自身の中にはいつも謎めいた感じが漂っている。実際、コロンという人が一三九七年のパドヴァの〈イェシヴァ（ユダヤ教学院）〉の創設者と同じ人物であることは確かであるし、クリストファーの母がユダヤ人であることはほぼ間違いない。しかし大半の研究者は、彼の父がユダヤ人であったかどうか疑わしく思っている。ジャック・エール[62]は、ジェノヴァにはユダヤ人の毛織職人がいた形跡はなく、そもそも当時この職業は宗教的な同業者組合〈恭順会《フラテルニタ》〉の手に委ねられていたと述べている。彼の考えでは、クリストファーの祖先は単にピアチェンツァ出身の農民にすぎない。ごく最近の研究によると、彼の祖父はジェノヴァ出身らしい。彼自身は自分が船乗り一家の出身で、しかも一家の中で自分が最初の提督ではないように思わせているが……。私自身は、彼はユダヤ人の家系であり、キリスト教を信仰していると考えたい。またキリスト教よりもユダヤ教的な聖書の知識を持っているとも。

一四五四年にヴェネツィア人アルヴィセ・カダ・モーストは、金《きん》と奴隷を商うポルトガル人ビセンテ・ディアスの船に乗り込み、ギニアに向かう。ヴェルデ岬のあたりでカダ・モーストは、同じくポルトガルに住んでいる別のジェノヴァ人アントニオット・ウゾディマーレに出会う。彼は一四五五年にガンビアに到達し、《私はここで百十年前にヴィヴァルディの乗組員であった水夫たちの血を引くひとりの同国人と会った。彼自身が私にそう言ったのだが、彼以外に彼らの子孫たちは誰もいなかった[62]》と断言している。

一四五五年一月八日に教皇は、アフォンソ五世の求めに応じて王にアフリカ沿岸のあらゆる航行の独占権を与え、ポルトガルはその決定を尊重させようとする。しかしアンダルシアの大貴族たち——たとえばセビーリャの商取引を管理しているメディナ・シドニャの公爵であるグスマン家の人たち——は島々やアフリカに大変な関心を示す。彼らは《この大西洋を彼ら自身の領地の延長部分[97]》にしたいと思う。その頃スペインのカラヴェル船がアフリカ沿岸方面に乗り出し、パロスに金と奴隷を持ち帰っている。ポルトガルとカスティーリャとの間に最初の植民地戦争——しかも継承をめぐる陰鬱な争いで対立していた——が起こる。

一四五六年に二人のイタリア人カダ・モーストとウゾディマーレは、ヴェルデ岬諸島の一部を二年間にわたって探検する。一四六〇年にスペイン人ディエゴ・ゴメスがガンビアから金を持ち帰る。スペインのある奴隷密売人がヴェルデ岬の地域——今日のダカール——でポルトガル人に逮捕され、またジェノヴァの船が沈められる。ジェノヴァにいた少年コロンブスはそのことを耳にしたかもしれない。以後アフリカはあらゆる商業国に侵略される。フィレンツェの商人ベネデット・デイがメディチ家の代理としてトンブクトゥにやって来る。

同じ年にムラーノ修道院の修道士フラ・マウロは、エンリケ航海王子の兄ペドロ王子のために世界地図を作成し、その中で天文学上の極の方角をかなり正確に示そうとしている。

一四六〇年にエンリケ航海王子が死ぬと、彼の数々の発見はポルトガル王国の財産となる。一四三八年から君臨し《アフリカ人》との異名をとるアフォンソ五世は、リスボンのためにラーゴシュを接収する。彼は征服よりも政治に、ギニアよりもモロッコに、はるかに関心を抱く。アフリカに失望したからだ。そこを一周するのは思ったよりもずっとむずかしいのだ。アフリカはそれほど多くの金をもたらさない。もっと遠くまで行くことを考えるよりもモロッコに対する支配を強化するほうがよい。

一四六二年にアフォンソ五世は、彼の騎士のひとりがたまたま大西洋の二つの島を見つけると、その者に島の全権を譲る。そこはロボとカプライア——あるいは《ノン・トルバーダ》か《エンクビエルタ》か、あるいは《アンティリア》——と名づけられるだろう。

一四六九年十一月に彼はリスボンの富裕な商人フェルナン・ゴメスに、《五年の間、年に百海里《リュー》の沿岸地帯を発見し、王に年間二十万レアールの地代を支払う》[135]という条件でアフリカ沿岸の航海権と交易権を譲る。一四七〇年にはソエイロ・コスタがさらに一千キロ先のガーナのダス・トレス・ポンタス岬まで探検に出かける。一四七一年にはジョアン・デ・サンタレムとペドロ・エスコバルがニジェール河口まで南下し、さらにサントメ諸島の方へまっすぐ南下し、はじめて赤道を越えている。同じ年にサン・ジョルジェ・ダ・ミナの最初の要塞が建てられるが、それは数世紀にわたってアフリカにおけるヨーロッパ勢力の主要な拠点となるだろう。一四七二年にはギニア湾のずっと奥にフェルナンド・ポーと名づけられるひとつの島が発見される。しかし赤道を越えた別のポルトガル探検隊がガボンは単なる大河にすぎないことを確認すると、再び失望を味わう。

**成功する**

その間ジェノヴァでは、若きクリストファー・コロンブスが毛織職人の仕事を学び、商人や船乗りがやって来る父の関係する居酒屋で、二人の兄弟と一緒に地図作成法の初歩を身につける。彼はたくさん本を読む。理解しようとする熱意がある。彼は——十歳のときに臨時の漁師、船乗りとしてコルシカ島に最初の航海をしたようだが——まもなくチェントゥリオーニ家、市の大銀行家たち、スピノラ家、ディ・ネグロ家、次いで小商人や取次業者の仕事で立て続けに航海に出る。一四七二年には毛織物の梱《こり》や砂糖の樽を積み込んでチュニスに香辛料を買いに行かせられる。彼は記している。《(アンジュー家の)ルネ王がガレー船〈フェルナンディネ号〉を拿捕《だほ》するために私をチュニスまで派遣することになった》(63)。そのとき彼は、船乗りたちがはるか遠くに黄金と貴石のある島々が存在すると話しているのを耳にする。彼はすでに謎めいたいっぷう変わった人物であったようだ。ある人たちには彼は神秘的に映る。ある人たちには権力という野心しかない人物のように見える。

またある人たちには海という夢しか抱いていない人物のように思われる。彼の体つきはほとんど知られていない。息子フェルナンドは後年次のように書いている。《提督は立派な体をしていて、身長はふつう以上、仏頂面《ぶっちょうづら》だが顔はかなり丸く血色がよく、実際太っても瘦せてもいなかった。鷲《わし》鼻で目には輝きがあった。若い頃には髪はブロンドであったが、三十歳にならないうちに真っ白になってしまった(63)》

一四七三年の冬の間に彼は――二十二歳――最終的に航海に生きる道を選ぶ。ほぼ同じ頃の一四七三年一月十二日にアフォンソ五世は、数年前からヴェルデ岬の西に見えていた《七つの都市の島》を、ガボン沿岸地方を見つけて赤道を再び越えたジョアン・ゴンサルベス・ダ・カマラに与える。

コロンブスは再び航海し、本を読みつづける。ポルトガルとジェノヴァの船員仲間たちを興奮させている、ポルトガルとカタイの間を海でつなぐという考えが話題になっているのを耳にする。一四七四年六月二十五日にフィレンツェの医者で天文学者のパオロ・ダル・ポッツォ・トスカネリは、リスボンの司教座聖堂参事会員フェルナン・マルティンスに手紙を書き、西回りで――《金や真珠や貴石が実に豊富な》――東洋への航路が間違いなく存在すると説明している。この《航路は他のどれよりも短い。越えねばならない海の広がりはそれほど大きくない(……)。容易にそこに到達することができる(135)》。トスカネリはカナリア諸島とアジアとの距離を七百海里《リュー》と推算している。彼は航路が二つあるとさえ断言している。ひとつは回り道をせずにまっすぐ、もうひとつはアンティリアとチパング経由である。コロンブスは七年後にこの手紙の話を耳にするが、トスカネリから知識の上で恩恵を受けたことは全く認めないだろう。

一四七四年にポルトガルのアフォンソ五世は、彼の長子で航海狂のジョアンにアフリカの交易の管理を委ねる。その翌年にジョアンは、彼の執事フェルナン・テーリェスにも《七つの都市の島》を発見しに行く許可を与える。執事はそれほど遠くまで行かずに行方不明になる。それでもこの人物が、のちにコロンブスが成功する企てを試みる許可を与えられた最初の人たちのひとりであることに変わりはない。

印刷術はたちまち発見の一部始終を広く伝える。一四七七年にボローニャでプトレマイオスの『地理学』が出版される。一五〇〇年以前に六版も出ていて、コロンブスもそれを読んでいる。彼はまたマルコ・ポーロの『東方見聞録』やピエール・ダイイの『世界の姿』やジャン・デ・マンデヴィルの『旅行記』も読んでいる。(63) 今や彼はかつてサグレスの船乗りたちが出版を拒み、その後イタリア、フランドル地方、ライン沿岸地方、サン・ディエ、ニュルンベルクで作り直された地図を手にすることができる。(9) それらの地図は経緯度のあるもので、西回りで可能な航路を明確に示している。

一四七七年二月にコロンブスは――二十六歳――たぶんフランドルの二隻の船〈ガルウェー号〉と〈ベチャラ号〉に相次いで乗り込み、ロンドンに向けて沿岸貿易に出発する。彼はアイルランドおよびアイスランドまで行く。――彼はそこで誰に会うのだろうか。たぶんグリーンランドでニューファンドランドの話を聞いている。彼はそこでラップ人と思われる死骸を目にするが、それらを中国人だと思う。ちょうどその年に彼はポルトガルに住みつく。

伝えられる話によると、コロンブスがそこにやって来るのは、彼の乗った船——本当にフランドルの船なのだろうか——〈ベチャラ号〉が八月十三日にラーゴシュの近くでフランスの艦船によって撃沈されたためだという。彼は漂流物につかまって泳いで海岸にたどり着いたあと、ラーゴシュの住民たちに救助されたらしい。たぶん実際はもっと平凡なことだろう。彼は二人の弟のひとりバルトロメウと落ち合うためにある商船に乗ってリスボンに着いている。そこにはすでに弟が住んでおり、弟は富裕な同郷人で市の一地区《バリオ・ド・アルミランテ》(63)を所有するほど金持ちになった船主マヌエル・ペッサーニャの援助を得て、海図の制作販売に当たっているからだ。

コロンブスは名声と同時に財産を望む。彼はまだ西の航路のことは考えていない。一四七八年に彼はリスボンのあるジェノヴァ人卸売商の代理人として砂糖を買いにマデイラに派遣される。そこで彼はその地方の大一族の娘ドーナ・フェリパ・ペレストレロ・エ・モニスに出会う。彼女はマデイラの植民地開発の先駆者のひとりバルトロメー・ペレストレロの娘で、エンリケ航海王子が一四四六年にマデイラの領主権と交易権一切を与えた王子の近しい仲間ジル・モニスの孫娘である(63)。コロンブスは彼女と結婚し、ポルト・サント島、そのあとマデイラ島に住み、こうして島を支配する一族の一員となる。彼は砂糖の取引の仕事をするが、栄光の夢をあきらめることはない。一四七九年八月二十五日には、バスク人とガリシア人の船の艤装業者ルドヴィコ・チェントゥリオーニとパオロ・ディ・ネグロの代理人として砂糖二千アローバ〔一アローバは十一〜十五キログラム〕の買い入れと護送に関する契約書に彼の形跡が見いだされる(63)。コロンブスは、おそらく長男ディエゴが生まれるマデイラ島の都フンシャルでカスティーリャ語に磨きをかける。

その地で彼は、ほど遠からぬ島々が西の方にあるという噂をいくつも耳にする。たとえば次のような話である。一四七九年九月にフランドルの船乗りウジェーヌ・ド・ラ・フォッスはスペイン船に乗ってアフリカのサン・ジョルジェ・ダ・ミナに出かけ、ポルトガル人の捕虜となるが、彼が彼らから聞いた話では、嵐に遭ってマデイラから遠くのところに押し流された一隻のポルトガル船がほぼ西の方に位置するひとつの島を見かけたようだが、そこに上陸はしなかったらしい。

カスティーリャのイサベルが戴冠《たいかん》して、ひとたび継承戦争が解決すると、スペイン人とポルトガル人は海上のことも含めて平和条約を結ぶ。一四八〇年のアルコバサ条約では、アフリカおよびボハドル岬の南に位置する地域はポルトガル領、カナリア諸島はカスティーリャ領であることが確認される。海の物とも山の物ともわからない西の航路については、あえてそれに手を出す馬鹿者もいないので誰の所有でもない。

この同じ年に、数学者《レギオモンタヌス》〔＝ヨハン・ミューラー〕の弟子でニュルンベルクの若い地理学者マルティン・ベーハイムがジョアン二世からアソーレス諸島を探検する任務を受ける。この不思議な人物については、のちにあれこれ取り上げることになろう。

その頃コロンブスは再びアフリカ沿岸沖を動き回り、航海訓練に磨きをかける。彼は長い航海用の食糧の選択とその貯蔵法を学ぶ。少なくとも、要塞を築く目的で一四九一年に出発したドン・ディエゴ・ダサンブハ率いるサン・ジョルジェ・ダ・ミナへの航海には加わっている。彼はその地——今日のガーナ——で、強い西風が吹いたあとアソーレス諸島の海岸に不可思議な漂流物が見つかったという話を耳にする。彼はひとりの船乗りに会ったようであるが、その人の乗った船は風によってずっと西に位置するある島の方まで運ばれたという（一七八四年にフランスの船が二日間でカナリア諸島からヴェネズエラまで押し流されるという同じような災難が起こる！）。彼は東洋を、香辛料のある島々を、カタイ王国を、その豊かさを夢見る。コロンブスには西回りのインドへの航路が自分にふさわしい唯一の冒険のように次第に思われてくるのだ。

一四八一年末に彼は妻と息子と一緒にリスボンに戻り、そこに落ち着く。彼はインドへの西回りの航路が本当に存在すると断言しているトスカネリの手紙が話題となっていることを耳にする。彼はそのフィレンツェ人に手紙を書き、その詳細についてたずねる。トスカネリは彼に詳しく説明した返信と一枚の地図まで送ってよこす[03]。その説明によると、アンティリアを経由して数日でアジアへ行くことができるという。コロンブスはトスカネリと文通したことを決して認めようとはしないだろう。けれどもコロンブス自身以上に、このイタリア人〔トスカネリ〕がまさしく西の航路の発見者なのだ。

この年、ブリストルの二隻のイギリス船〈トリニティ号〉と〈ジョージ号〉が《ブラジル島》を探しているときにニューファンドランドに到達したらしいという噂が流れる……

ジョアン二世が父アフォンソ五世のあとを継いでポルトガル王となる。五年前から中断していたリスボンの拡大政策が新たに始まる。ジョアン二世は赤道ルートによる航海を支えるためにサン・ジョルジェ・ダ・ミナの要塞を強化し、そこは以後何世紀にもわたって奴隷売買の中心地となる。彼はディエゴ・カウンにサンタ・カタリナ岬の先の沿岸探検を続行する管理責任を委ねる。一四八二年にカウンはコンゴ河口に到達し、今度もインドへの通路を見つけたと思う。川を九十マイルほどさかのぼったあと、彼はその先に海がないことに気づき、期待していたことをあきらめざるをえない。一四八三年八月に彼はベンゲラの南百五十キロのところにあるアンゴラの海岸に到達する。一四八五年には何と南緯二十二度まで南下しているが、東へ向かう通路はまだ見いだせない。人々は絶望する。

その間コロンブスはまだリスボンにいる。彼は多くの書物を読み、書き込みをする。その時期のものとされる書物が少なくとも四冊知られており、セビーリャの彼の図書館に保管されている。教皇ピウス二世の『どこでも為《な》される事柄の物語』の一四七七年のヴェネツィア版、ダイイの『世界の姿』の一四八三年版、マルコ・ポーロの『世界の記述〔東方見聞録〕』の一四八五年版、プリニウスの『博物誌』の一四八九年版である。(63)

この風変わりな独学の毛織職人・船乗り・居酒屋の主人・地図学者は、下手くそなジェノヴァやカスティーリャの言葉を話し、たどたどしくラテン語を読み、書物の中に自分の夢を実現する道を何とか見つけようと努力する。彼はダイイの著作の余白に次のように書いている。《スペインの突端とインドの取っつきはそれほど遠くなく、かなり近いから、風に恵まれれば〈数日で〉この海を渡ることも可能だ(63)》〈数日で〉。この確信は、地理的には非常識であることがわかっていても、もはや死ぬまで彼から離れることはないだろう。たとえ彼自身の経験が加わったとしても。

コロンブスは走破すべき距離が二千五百マイル以下、すなわち実際の四分の一と考える。彼は地球がどれほどの大きさかを明らかにするために、かつて提示された中では最小の大きさであるが(22)、預言者エズラを拠り所とする(63)。それによると大洋は地球表面の七分の一にすぎないとされている。《他の六つの部分は主《しゅ》が乾かした》〔『エズラ第二書』6・42〕からである。彼はそこから、アジアは東に東経百十六度まで広がっていると推論する。さらに彼はアラブのマイルとその三分の一以下となるイタリアのマイルを混同する。だから大西洋の大きさについてもアジアの広さについても思い違いをしてしまうのだ。

どうしてコロンブスがそのような間違いを犯すことになるのだろうか。彼は本当に間違ったのだろうか。自分がどこに行くのか知らないのではないだろうか。インドへの《航路》だけを探しているならば、彼がいつも《発見する》ことだけを口にするのはなぜだろうか。のちに取り上げることになるが、航路を誤った船でたったひとりの生存者となったある船員が、死ぬ前にコロンブスにだけ、その島々の存在とそこに到達する方法を明かしたらしい。ただしこの説を裏づける資料はまだひとつも出ていない。ただその年——一四八四年——には、彼はベーハイムと知り合っている。

お互いに外国人でよく知らず、ともに西回りでインドに向かう航路が存在すると考えてはいるが、大陸を発見することになるとは想像だにしないこの二人の男は、一体何を話し合ったのだろうか。

一四八四年にディエゴ・カウンが期待はずれの航海から戻って来たあと、コロンブスはポルトガル王に、西回りでインドへ探検に行く資金を出してくれるよう依頼しようと決心する。彼は君主を説得するのに八年以上かかるだろう。

彼はジョアン二世に、三隻の船と二百万マラベディー銅貨相当額の援助を申し出る。王は他の人たちの場合と同じく、ユダヤ人の二人の数学者——ひとりはポルトガル人アブラハム・ザクト、もうひとりはポルトガルに亡命したサラマンカ大学のスペイン人ホセ・ビシーニョ——が運営する諮問委員会にこの計画に対する判断を委ねる。(63) この二人のすぐれた専門家は、二十年前にすでにギニア沿岸地域に沿って太陽の赤緯を記録した表を作り、ヘブライ語で書いた『万年暦』を出版している。彼らはコロンブスが推算した距離はおかしいと考え、その計画を即座に退ける。ポルトガルでブラガンサ公爵の陰謀に脅かされ、スペインおよびモロッコのイスラム教徒と対立していたジョアン二世は、この決定を追認し、コロンブスの計画にはもう関心を示さなくなる。

翌年は——一四八五年、エルナン・コルテスが生まれた年であるが——コロンブスにとって悲劇的な年となる。彼の妻が死ぬ。ポルトガル王はもはや彼の計画には耳を貸そうとはしない。借財もある。彼は五歳の息子を連れ書物を携え、テージョ川とグアダルキビル川を結ぶ船に乗ってポルトガルを離れる。彼はカスティーリャでラ・ニエルバ伯爵領のウエルバにあるラ・ラビダ修道院に赴くが、そこにはフランドル人ミゲル・モリャルテと結婚した彼の妻の妹ビオランテ・ヌーニェスが住んでいた。彼女はディエゴの世話を引き受けることを承諾する。彼はジェノヴァのチェントゥリオーニ家によりリスボンで知り合ったフィレンツェの非常に富裕な奴隷商人ベラルディを通して、フアンシスコ会士で王妃の聴罪司祭の修道院長フアン・ペレス神父に招じ入れられる。彼はそこに落ち着き、そのあと自分の計画を話しにスペイン宮廷に行こうと考える。

このことに関する同時代の唯一の資料は、コロンブスの死後の一五一三年に彼の相続人たちの権利を決めねばならないときに書かれている(63)。ウエルバのある医者は《当の提督がこの都市の修道士たちの修道院ラ・ラビダに歩いて来て、門番修道士に幼い息子のためにパンと一杯の水を恵んではしいと頼んだ(63)》と断言している。絶えず仮面をつけ、変貌し、見えなくなるコロンブスという人間《エスプリ》に似つかわしい突飛な話だ……

いずれにせよ、彼は修道院でひとりの天文学者アントニオ・デ・マルチェーナに出会う。この学者が彼をフランシスコ会士ドン・エンリケ・デ・グスマンに紹介し、グスマンは彼の考えに夢中になり、彼に探検の出資をする用意があるとまで言うが、出資は差し控える。というのは宮廷はあらかじめ宮廷が承認したものでなければ、たとえスペインの大貴族であろうと、何人《なんぴと》も探検の企てに出資することを禁止しているからだ。

その年フィレンツェでは、その直観によって西回りでインドへ向かう航路が存在することをコロンブスに納得させた偉大な地理学者トスカネリが死ぬ。コロンブスはこの天才的なフィレンツェ人から受けた恩恵のことは何ひとつ洩らすことはないだろう。〔最初の文は不正確。その年とは一四八五年と思われるが、トスカネリの死は一四八二年〕

その同じ年にマルティン・ベーハイムは、ポルトガル王からディエゴ・カウンの探検の地理学者に任命され、アフリカ沿岸地帯に沿って出発する。南緯二十二度まで南下し、それからジョアン・アフォンソ・ダベイロと一緒に二十八度二十三分まで到達している。そこから戻ると、マルティン・ベーハイムは一四八六年にキリスト騎士団の騎士に任命され、ファヤル島のフランドル人植民者の長ヨブ・フェルター・ド・メルベケの娘と結婚する。そのあと彼はポルトガル王と不仲になり、ニュルンベルクへ戻り、そこでリスボンの学者たちと——もしかしたらコロンブスとも——付き合いをつづけ、最初の地球儀を作るという単純ではあるが壮大な計画に専念する。その計画はちょうど一四九二年に成功するだろう。

その頃コロンブスはセビーリャのジェノヴァ人の《大商人たち》が自分のために何もできないことを知る。彼はこの人だけが自分の航海を決めることができると考え、王妃に会いたいと願う(63)。一四八八年一月二十日に彼は宮廷のあるコルドバに赴く。しかし王妃はそこにいない。彼はその都市に住み、そこで地図を売って暮らしを立てる。彼は立派な人々と出会う。王子たちの教育係のひとりジェラルディーニ、イサベルの財政監査官アロンソ・デ・キンティニーリャ、フェルナンドの宮廷の教皇特使アントニオ・ジェラルディ、トレド大司教で王国の最有力者メンドーサ、そしてユダヤ人と言われる二十歳の娘ベアトリス・エンリーケス・デ・アラーナである。一四八六年五月にコロンブスは、メンドーサの仲介によりコルドバのアルカサル〔王宮〕でイサベルとフェルナンドに謁見を許される。コロンブスは王妃の前では信心家を、王の前では金《きん》を探す人を装って二人に強い印象を与える。そこで計画を決定するために専門家による諮問委員会が召集される。大半は聖職者で、その中にはサン・エステバンの修道院長で皇太子の聴罪司祭・教育係のディエゴ・デーサ神父およびヒエロニムス会士でアビラ司祭となった王妃の聴罪司祭エルナンド・デ・タラベーラもいる。

　諮問委員会の討議は五年以上かかるだろう。そして最終的な回答は否決となるだろう。競争に加わっているのはコロンブスだけではない。一四八六年七月二十四日にひとりのフランドル人――イベリア半島では次第に競争に加わる人が増える――《王室付騎士にしてテリセイラ島の隊長》[47]ファン・オルメンすなわちフェルナン・ドゥルモが、ポルトガル王ジョアン二世より二隻のカラヴェル船で《給付金と自費とで七つの都の島の謎を解明しに》行く許可を得ている。ただしコロンブスが計画している航海とまさに同じ方角を目指したその航海は、それほど野心に満ちたものでもなく資力もないとはいえ、実行されなかったようだ。いずれにせよオルメンは姿を消す。彼は一四七三年のジョアン・ゴンサルベス、一四七四年のフェルナン・テーリェスに次いで航海に出ることを許された三人目の人物である。もしかしたらこのドゥルモすなわちオルメンが、新大陸の最初の発見者となったかもしれない。いずれにせよ彼の計画は、当時ヨーロッパ全体に西の航路という考えが生まれ始めていることを示している。だからあらゆる障害を乗り越えて彼ひとりが成功した孤独なコロンブス、という神話は捨てられねばならない。コロンブスは誰もが非常識だ、カラヴェル船では無理だ、と考える航海をしようとしているだけなのだ。しかしあの島々、アンティリアの方へ行くことは道理にかなった挑戦だ。もちろん馬鹿げているが、しかし現実的な挑戦なのだ。それにコロンブス以前にもそれを試みようとした者はいたはずだ。

一四八七年五月五日、諮問委員会は結論を出すまでの間とりあえず彼に三カ月ごとに三千マラベディー・カスティーリャ銅貨を給付することにする。彼はこれでしばらくの間生活することができる。彼はベアトリスと一緒にコルドバに住み、セビーリャ、トレド、バルセロナと宮廷について回り、絶えず新しい証拠や思いつきや構想を提示する。彼は相手をいらいらさせるが、話は聞いてもらえる。それでも諮問委員会は全会一致で彼の提案を退ける。

その間ポルトガルでは、ジョアン二世が東回りでインドへの航路を準備する二つの事業を同時に開始する。ひとつはペドロ・ダ・クヴィリャン率いる陸路による計画、もうひとつはバルトロメウ・ディアス率いる海路による計画である。完全にセットにしてまとめた二つの旅行だ。

最初に陸路による旅行を行い、次の海路による旅行の拠点の基礎を築き、海路でアフリカ一周がなされたときに、インドに拠点を置くのに必要な政治協定の準備をする段取りである。

ペドロ・ダ・クヴィリャンは一四八七年五月七日にアフォンソ・デ・パイヴァとごく少数の乗組員を連れてサンタレンを離れる。彼らはバレンシア、バルセロナまで馬を使い、それから海路でナポリ、ロードス島まで行き、そうしてアレクサンドリアに到達する。そのとき彼らは商人を装ってカイロにたどり着き、そのあと一四八八年夏にアデンに到達する。そこで彼らは離れ離れになる。ペドロ・ダ・クヴィリャンはインドの方向に進み、アフォンソ・デ・パイヴァはエチオピアに向かって出発するが、彼はそこで病気となり死ぬ。ペドロ・ダ・クヴィリャンの方は船でカリカット、そのあとゴアに達する。クヴィリャンはインドに商館を開設するために数々の予備協定を結び、それからホルムズ、アデンを経て最後にカイロへ戻る。彼はそこでアフォンソ・デ・パイヴァの死を知らせに来たポルトガル王の二人の使者に会う。彼は王のために長い報告書を二人に手渡すが、その報告書は十年後にヴァスコ・ダ・ガマがインドへの旅行を準備する基礎資料として役立つだろう。すぐに使者のひとりがその報告書をリスボンに届ける。ペドロ・ダ・クヴィリャンは別の者と一緒にアデンとホルムズに再び出発し、そのあとエチオピアに向かう。アビシニア〔エチオピア〕の皇帝に迎え入れられた彼はそこにとどまり、豊かな生活を送る。のちにたくさんのポルトガル人が彼のところを訪れている。その地で彼は死ぬ。嘘みたいな人生だ！

海路でアフリカを一周することを目指した次の探検は、クヴィリャンが出発した二カ月後に行われる。一四八七年八月にバルトロメウ・ディアスは、はじめて探検旅行に同航する帆船を伴って、それぞれ五〇トンの二隻のカラヴェル船〈サン・クリトバン号〉〈サン・パンタレオ号〉で出航する。[9] ディアスはプロの船乗り、王室の海軍将校である。一四七二年には〔サン・ジョルジェ・〕ダ・ミナの基礎を築いた探検に参加している。彼は南緯四十五度あたり、すなわちリスボンから三千海里《リュー》のところにアフリカの先端があると考えている。十一月末には南緯二十八度、すなわちカウンがすでに到達した先端に達している。彼はそこで逆風で進むのに苦労している同行の帆船と別れる。

リスボンでは便りがないので人々が心配している。一四八八年七月にコロンブスはジョアン二世から《個人的友人》と呼ばれ、自分に会いに来るように招く通行証を受け取る。王はディアスの失敗を危惧しているのだろうか。王は一四八六年に行なった拒否を取り消そうというのだろうか。ちょうどその頃ディアスは海岸から離れ、西風をうまく利用して思い切って《急旋回》を行い、南緯三十五度に到達し、そのあと一四八八年八月十六日には、ひどい暴風雨の中を南緯三十四度五十二分の地点で喜望峰を見ることもなくそこを通過している。そのとき彼は喜望峰の反対側のモセルバーイに停泊し、そこで最後の〈発見記念碑《パドラン》〉、一九三八年に見つけ出されるサン・グレゴリオの発見記念碑を建てる。[47] ところが乗組員たちは引きつづきインド洋まで行くことを拒否する。そこでディアスは引き返し、十六カ月と十七日の航海を終えて一四八八年十二月にリスボンに着く。

コロンブスはディアスが報告書を王に手渡すのに立ち会う。彼はこの凱旋の帰還にひどくがっかりする。ディアスがコロンブスの計画をだめにするのだ。とうとうジョアン二世は東への航路の支配者となる。エンリケ航海王子の夢が実現されたのだ。

この一四八八年十二月に、コロンブスは絶望してカスティーリャのラ・ラビダ修道院に戻る。彼は孤独である。今やすべての船乗りがアフリカに向かう。エンリクス・マルテルスの一四八九年の地図にはアフリカ大陸、インドへの通路、インドシナ半島、中国が正確に描かれている。もはや実現可能な栄光はなく、残っているのは交易だけだ。

コロンブスは一度拒否されたスペインの諮問委員会の回答を待ちつづける。彼は王妃の聴罪司祭エルナンド・デ・タラベーラの中に断固たる敵を認める。

一四八九年はじめに彼は弟のバルトロメウを、《兄クリストファーの風変わりな計画に出資する資金[63]》を求めるために、アンボワーズにいるシャルル八世のところに行かせる。フランス王は弟に会うことさえしない。

一四九〇年にバルトロメウはイギリスに赴くが、ヘンリ七世は彼をもっと冷たくあしらう。彼はアンヌ・ド・ボージューの勧めでフランスに戻る。彼女だけが彼の申し出に多少なりとも関心を示しているように思われる。彼女は兄の計画に関する趣意書を作成する役目を帯びた彼に《アルティスト》——語のあたらしい意味——として給金を与えている。

アンヌ・ド・ボージューは決めかねている。そのとき彼女はそうとは知らずに、発見の歴史の中に占めるフランスの席を手にしていたのだ。

その同じ年にマラガでは、アラゴン宮廷の専門家たちが、この航海に三年も要するなんて計画は馬鹿げている、と再び通達を出す……コロンブスは食い下がる。一四九一年に彼の保護者たちが立ち上がる。メディナセリ公爵、ルイス・デ・サンタンヘル、ガブリエル・サンチェス、教皇特使アレッサンドロ・ジェラルディーニ、ドミニコ会士ディエゴ・デーサ、フランシスコ会士ペドロ・デ・マルチェーナである。

一四九二年がまもなく始まる頃、彼は息子フェルナンドを出産して間もないベアトリスと一緒にコルドバにいる。怒りっぽく嘲笑的で、途方にくれ、いらだちながら、夢にあふれ野心に我を忘れる彼は、ヨーロッパの君主たちに次々と陳情書を書く。

# 第Ⅱ部　一四九二年

どこでも——グラナダ以外は——一四九一年十二月三十一日は目立ったこともなく過ぎてゆく。しかも何らかの理由でその日を重視する者など誰ひとりいない。世界のあらゆる暦を見ても、その日はごくふつうの一日である。キリスト教暦では、一四九二年はちょうど四月一日、日曜日に始まる。

それでも、すぐにいろいろな方策が講じられ、諸々の矛盾が解決され、いろいろな愚行が積み重ねられることになる、異常な十二カ月が到来する気配が感じられる。毎日毎日、一見不規則な出来事が文化的・政治的・経済的に今日あるような世界を作り、現代の主要な幻想を明らかにするだろう。

一四九二年以前にはまだ選択の可能性が数々ある。一四九二年にその選択がなされる。一四九二年以降、ヨーロッパは世界の支配者となった。今やヨーロッパはそのことを理解し、他者にそのことを認めさせるしかない。それには何よりも自分の思うままに歴史を語り、それを改竄《かいざん》するか、勝手に想像することだ。一四九二年の歴史から始めるしかない。〈大陸＝歴史〉は、まずその誕生を捏造《アンヴァンテ》せねばならないのだ。

だから今日、人々はその年のもろもろの出来事を説明するのに苦労する。当時の数少ない時代の証人であるコミーヌやラス・カサスは、彼らが寵愛を当てにしている人たちの栄誉のためにそうした話を改変しているし、また犠牲者たちの方には、果敢なサアグン以外に征服者たちの蛮行を語る年代記作者がいないのだ。

あの一四九一年十二月の最後の夜、中国はまだ世界第一の権力者であり、アステカおよびインカ帝国、マリおよびソンガイ帝国はすばらしい繁栄の中にある。香辛料の獲得力が次第に弱くなってきているとはいえ、依然として商業世界の中心であるヴェネツィアには総督バルバリゴがおり、ロレンツォ・デ・メディチはフィレンツェの栄光を盛り立て、ルドヴィコ・イル・モーロはミラノを支配している。スペインではまだキリスト教徒とイスラム教徒とユダヤ教徒がどうにかこうにか共存している。インノケンティウス八世はミラノに対抗してナポリ王フェランテと同盟を結ぼうとしている。フランスの新王シャルル八世は、彼の援助を得てナポリに亡命した王位継承権の主張者の息の根をとめようとするスフォルツァにそそのかされて、聖地を夢見ている。フランスでは、最初の《新聞》である不定期の刷り物が、新王妃アンヌ・ド・ブルターニュの来るべき戴冠式とヨーロッパ中の大使たちが敬意を表しに来るという話題をもっぱら取り上げている。そうした敬意を受ける機会を失って深く傷ついたオーストリア大公マクシミリアン一世はブルゴーニュ、ピカルディー、フランシュ＝コンテ地方を取り戻そうとし、彼の父フリードリヒ三世はマティヤス・コルヴィヌスの死後は自分のものだと思っているハンガリーを再び手にしたいと考えている。イギリスのヘンリ七世はブルターニュを欲しがっている。小国ロシアの皇帝《ツァーリ》イヴァン三世は、リトアニアを手に入れようと考えているカジミエシュ四世の大国ポーランドの圧力を遠ざけようとしている。イスタンブールではバヤズィト二世が地中海とエジプトの征服を夢み、またウィーンと神聖ローマ帝国にも思いをはせている。

ヨーロッパは経済発展と人口増加の最中にある。ポルトガルはディアスの偉業を交易路に変えようとしている。イタリアでは建設現場の音があちこちで鳴り響いている。[28] ミラノ〔パヴィア?〕ではサンタ・マリア・ディ・カナパノーヴァ教会、パヴィア〔ミラノ?〕ではサン・タンブロージョの回廊、フィレンツェではサンタ・マリア・マッダレーナ・デイ・パッツィ修道院、ナポリではポンタノ礼拝堂、フェラーラではディアマンティ宮殿、ヴェネツィアではサンタ・マリア・フォルモーサ教会、ヴェローナとブレシアでは宮殿、といった具合だ。[28] その年にビアジョ・ロッセッティはエステ家のエルコレ一世のためにフェラーラの拡張計画を描いている。レオナルド・ダ・ヴィンチはミラノで大砲や芝居の仕掛けに専念し、ルドヴィコ・イル・モーロが父の霊に捧げるために注文したブロンズの《巨大な騎馬像》の粘土模型を仕上げている。ボッティチェリはフィレンツェで栄光の絶頂にあり、宗教的危機を経験している。

書物がどんどん増える。ヴィルデューの『大文典』が最もよく売れる。[133] ミッデルブルグとリヒテンベルガーの予言がヨーロッパ中に鳴り響く。[119] マルシリオ・フィチーノが思想界の師として君臨し、ピーコ・デラ・ミランドラが彼の最も有名な弟子となる。ジョヴァンニ・トリテミオとかいう人物は、《たとえ何千冊の書物を持つことができたとしても、書くこと（すなわち写本を書き写すこと）をやめるわけにはいくまい。印刷された書物が質的に同じであることは決してないだろうか[10]》と書いてはいるが、人々がこれほど本を読むことはなかった。

ところが一四九二年はじめに、歴史と地理の皮肉だろうか、戦争が予想されているのに、征服が始まるのだ。東洋が予想されているのに、それはアメリカなのだ。

まず運命が好戦的な君主たちを鎮める役目を引き受ける。一四九二年にインノケンティウス八世、ロレンツォ・デ・メディチ、カジミエシュ四世、アリ・ベルが死ぬ。マクシミリアンがイル・モーロの娘と結婚し、そこでブルターニュをあきらめ、反ピエモンテ同盟を固める。スペインではアラゴンのフェルナンドがかろうじて襲撃を免れる。ヘンリ七世は大陸への野望を断念する。ブルターニュが決定的にフランスのものとなり、ブルゴーニュの夢は永久に消え去る。

この年を特徴づけることになる多くの人々はまだ無名であるか、あるいはすでに忘れ去られている。コロンブスはもはや自分の航海に出資してもらうことは期待していない。マルティン・ベーハイムは追放されてニュルンベルクで辛酸をなめている。アントニオ・デ・ネブリハ教授はサラマンカの目立たぬ大学教師にすぎない。ガッフーリオはローマで礼拝堂長をしている。エンシナはアルバ公のもとで仕事をしている。アリオストは十八歳で、すでに『狂気のオルランド』の構想を練っているかもしれない。アメリゴ・ヴェスプッチはメディチ家の若い仲買人にすぎない。ニッコロ・マキャヴェリは、君主に捧げたいと考えている最初の著作の執筆に着手するかたわら、フィレンツェの書記局のあるささやかな職を得る準備をしている。若きミケランジェロは自分の夢をあれこれ思い描いている。デューラーはコルマールに来て、ショーンガウアーの銅版画の工房でマンテーニャのデッサンを勉強している。コペルニクスはボローニャで学んでいる。ヘールトと呼ばれていた二十七歳のあるアウグスティノ会修道士が、エラスムスの名前でステインにあるオランダの修道院の司祭に叙品されようとしている。画家のサンティは九歳の息子、のちのラファエロに教えている。彼と同じ年齢でチューリンゲン生まれの、ルターという名前の鉱夫の息子マルティンは、やがて自分がミッデルブルグの予言を実現することになろうなどとは知らずに、ラテン語をいやいや学んでいる。

　やがてマルティン・ベーハイムが最初の地球儀を完成し、ローマで最初の輸血のことが話題となり、サラマンカでネブリハ教授がラテン語ではない言語で最初の文法書を出版するが、そのような兆しなど全くない。最初の近代音楽理論であるフランキーノ・ガッフーリオの『音楽理論』が出版される兆しもないし、エンシナが近代的な意味で最初の劇作を上演し、マキャヴェリが『君主論』を書き上げ、デューラーが絵画史の中で最初の自画像を完成する兆しもない。またヨーロッパ人が煙草《たばこ》、ココア、玉蜀黍《とうもろこし》、ジャガイモ、――そして梅毒に出合うといった兆しもない。ヨーロッパは東洋に魅せられると同時に東洋に由来するものを忘れ去ることによって、その同一性《イダンティテ》を作り上げて行くが、そのような兆しも全くない。

そしてとくに、二つの大陸がその最悪の敵ヨーロッパと対決させられることになる兆しも全くない。やがてヨーロッパはこの二つの大陸を、最大の財産である彼らの魂を、完全に破壊するだろう……

# 一月

一月はグラナダの突発事件によって始まる。それは大陸全土に反響し、大陸が自らについて抱いている考え方までひっくり返す。少なくとも一千年の間外からの影響を自由に受け入れていた大陸は、あらゆる非キリスト教的な存在を片づけようと決心する。他の世界を占有する前に、まず別の大陸生まれの信仰を我が物とし、それによって自らを定義しようと決心する。

だから一四九二年は、《国家の宗教》を云々する前に、まず《大陸の宗教》である〈キリスト教をヨーロッパ化する〉ことから象徴的に始まるのだ。

十二月三十一日、土曜日の晩から一月一日、日曜日にかけて、*グラナダとその周辺では緊張がその極に達する（原注）＊ここに挙げた日付は、種々の資料を比較して最も妥当と思われる日付である）。またしても裏切り——今度が六回目！——を準備しているのではないかと味方からも疑われている首長ボアブディルは、この都市を包囲しているカトリック両王に対して先月行なった密約が有効であることを認めてくれるよう求めている。とくに彼は、都市を明け渡す代わりに彼が狙っているアルプハラ山地にある広大な領土を与えてくれるかどうか尋ねる。(97) その晩にフェルナンド王の密使フェルナンド・デ・サフラがひそかにアルハンブラに赴き、両君主がそれを承諾したことを伝える。安心して、ボアブディルは明け渡しを早めることを決心する。最後の詰めが行われ、そこでユダヤ教徒もイスラム教徒と同じ権利を得ること、イスラム教に改宗したキリスト教徒をつけ回さないことが確認される。明け渡しの議定事項について入念な協議がなされ、読み上げる言葉や儀礼的行為やそれぞれの場所が決められる。(97)

グラナダの明け渡し交渉に際して、カトリック両王は人質としてイスラム教徒の有力者五百人と馬二頭と剣を受け取る。両王はヘレス市長フアン・デ・ロブレスにその受け取りを行う役目を言いつける。

翌晩――一月一日の日曜日から二日の月曜日にかけて――午前一時頃、レオン騎士分団長グティエーレ・デ・カルデーナスの指揮下にある小派遣隊が、まだ寝入っている都市に入って捕虜のキリスト教徒を解放し、そのあと首領の宮殿に乱入する。そこでひとりの司祭がミサを行うが、それは数世紀来グラナダで行われる最初のミサである。

一月二日、月曜日の明け方、レオン騎士分団長が市の入り口の前に集結したスペインの軍隊にあらかじめ取り決めていた合図を送ると、アルハンブラの塔から大砲が三発撃たれる。グラナダは栄光の五世紀と攻囲の二世紀ののち、占領されて目を覚ます。抵抗は一切なしと記されている。(97)妥協しない人たちは何とか住民の中に紛れ込んで逃亡する。それは裏切りと腐敗の勝利である。

話では——その年の出来事の最初の歪曲——キリスト教軍がイスラム軍に対して輝かしい勝利を収めたと伝えられるだろう。当時のスペインのある年代記作者アンドレア・ナバヘーロは次のように書くだろう。《それは気高い戦いだった。大砲はまだほんのわずかしかなかった……また勇敢な男たちをすぐに見つけることができた……毎日彼らは戦い、毎日何らかの勲功を成し遂げた(16)》。ヨーロッパはひとつの歴史《イストワール》〔物語〕をでっち上げ、何とかしてそれを押しつけようとする。

午後一時頃に長い行列が町に向かって進んで来る。(97)このような記念すべき日に喪服を着るのもおかしいので、イサベルとフェルナンドは一四九一年七月二十二日に死んだ王女イサベルの夫、ポルトガルのアフォンソ王子の喪をとりやめる。(6)アラゴン王が先頭を進み、その後ろにカスティーリャ女王——彼女はこのように彼に主役を与える——、さらに彼らの子供たち、すでに《スペインの第三の王》と呼ばれている枢機卿メンドーサ、王国の貴族たちがつづく。行列は町を一周し、アルハンブラを見下ろす丘の上で立ち止まる。

午後三時頃にボアブディルが廷臣たちを従えてそこに到着する。その中には彼の母やグラナダ最後の君主《スルタン》の妻のひとりもいる。彼はスペイン王の前で帽子を脱ぎ、馬からおりるそぶりを見せるが、フェルナンドは身振りでそれを制止する。入念に打ち合わせをしたこの場面は、そのあと女王と王子たちの前で繰り返される。(97)

——貴殿はアルハンブラの警備を誰に任せるおつもりか、とボアブディルは尋ねる。

——テンディーリャ伯爵に任せるつもりだが、と王は答える。

——その者に会うことができるだろうか、とボアブディルはトルコ石で飾った金の指輪を指からはずしながら言う。そのトルコ石にはアラビア語で《アラーのみが真の神なり。これはアベン・アビ・アブディレイの印璽《いんじ》なり》と書かれている。

枢機卿メンドーサの甥であるテンディーリャ伯爵が前に出る。ボアブディルは彼に市の鍵と指輪を手渡す。

——グラナダを治めた者は誰でもこの指輪をはめてきた。これから貴殿が治めるのだから、貴殿がこれをはめられよ。神が余にも増して貴殿を幸せにされんことを！(97)

そうしてボアブディルは遠ざかり、伝えられる話では、(97)それから引き返してアルハンブラに最後の一瞥《いちべつ》を投げる。彼の母が叫ぶ。

——ひとりの男として守れなかったものをひとりの女として嘆くがよい！(97)

テンディーリャ伯爵はアルハンブラの最も高い塔に枢機卿メンドーサの十字架、聖サンティアーゴの旗、カスティーリャの紋章、つまり教会と十字軍と政治的権力を象徴するものを次々に揚げさせる。

軍隊の伝令官たちが三度繰り返し叫ぶ。《カスティーリャ！　グラナダ！　イサベル女

王、フェルナンド王万歳[97]！》
カトリック両王はそこでテ・デウム〔祝勝の賛美と感謝の歌〕を歌い出し、民衆がそれを繰り返す。民衆の中には解放されたキリスト教徒の捕虜たちもいる[97]。そしてもしかしたらコロンブスも。のちに彼は書いている。《私はアルハンブラの塔に両王の旗がたなびくのを見た[63]》。彼はこの光景に魅せられ、今後は再征服の心配から解放された両君主が自分の航海に出資することを承諾してくれるだろう、と考えたに違いない。そのために、彼はすぐに自分の立論を軌道修正する。そのあと彼は香辛料や発見のことだけではなく、スペインの布教団、今回グラナダで行われたようなインドのキリスト教化——それから自分が必ず持ち帰れると思う十字軍に必要な金《きん》のことも話題にするのだ。その後数カ月の間にグラナダ攻略に参加した何人かの貴族が死ぬ。アンダルシアの〈前線総督《アデランタード・マイヨール》〉ペドロ・エンリーケスが二月八日に、メディナ・シドーニア公爵とカディス侯爵が八月に死ぬ。

一月五日、木曜日、グラナダの住民の間で不安を抱いている者はほとんどいない。家具職人、織工、商人、騾馬《らば》引きも、アルバイシンに住むインテリの金持ちも、この都市を離れることはない。それでもカトリック両王は自分たちが入城しないうちにキリスト教徒がそこに入ることを禁止し、それに違反した場合は死刑としている。彼らは明日、自分たちをしかるべく迎え入れる準備一切が整うときに入城するつもりだ。

一月六日、金曜日、両王は華々しい式典の最中にグラナダに入城する。両王はむしろボアブディルとの取り決めを遵守する約束を与えたおよそ二十万人の住民から大歓迎を受ける。スペインのあちこちでキリスト教徒やユダヤ教徒がこの出来事を祝う。ユダヤ教徒の中でそこに不吉な兆候を見る者はほんのわずかしかいない。彼らはこう思うのだ。何はともあれ、自分たちはスペインのイスラム教徒に対して何か過ちを犯したことは決してないし、領土も国家も狙ったことなど決してない。

宮廷では何人かのスペインの高官が心配している。モロッコの王侯たちはどのような態度を示すだろうか。エルサレムの聖地についてエジプトの報復はあるのだろうか。トルコ人はどのような行動に出るのだろうか。

一月十日、火曜日、フランスでシャルル八世がその報せを聞く。彼はスペインの両君主の力に不安を抱き、彼らのキリスト教徒にふさわしい栄誉をねたむ。彼は両君主をナポリから追い払い、彼らに対して東洋への通路を遮断しようと決心する。[74] 十字軍は自分の仕事であって彼らの仕事ではないのだ、と彼は考える。

そのときシャルル八世は、それなら自分がコロンブスに出資すべきだとの結論を得ることもできたかもしれない。しかしそうはならない。彼は陸者《おかもの》であり、中世人なのだ。サン・ミシェル騎士団長であり、騎士道に夢中になって勝負や騎馬試合に興じるこの男は、十二月にこっそり行なった結婚式を二月はじめに予定している豪華な戴冠式によって確証する準備をしていて、今のところそれ以外のことは念頭にないのだ。

同じ一月十日、火曜日、ヴェネツィアでは総督アゴスティーノ・バルバリゴが宮殿で二人の高名な貴族ザカリア・コンタリーニとフランチェスコ・カペッロと会っている。総督は二人に今回の結婚に際してフランス王のもとに赴いて《祝辞を述べる厳かな務め[6]》を行う仕事を委任しているのだ。総督は二人に言う。《我々の先達にして祖先たる歴代の篤信王〔フランス国王〕に対する我々の絶えざる友愛と敬愛の念、常に大きく常に誠実であった友愛の念を伝えることから始められよ……その高邁なる遠征の立派な成功により陛下がきわめて広大かつ高貴なブルターニュ公国を獲得されたという報せは、我々にとってまことにうれしい知らせであったと表明されよ……かくして二十五日間の滞在を終えたら（その間できる限り陛下の栄誉をたたえることを忘れるでない）、王に愛想よく暇乞いをし、かの国で我々が知るに値するものはすべて〈完全に学んで〉戻って来られよ[6]》《完全に学んで》……使節なのか、それともスパイなのか。おそらくその両方であろう。この二つの任務については、のちに見るように、彼らは実に立派に履行する。

その翌日の一月十一日、水曜日、フランス王は一年の収支決算を公表するが、それはひどいものだ。収入は三百六十万エキュに上るが、支出はその倍以上である。税金は回収されず、フランスに対して、《気違いじみた戦争《ゲール・フォル》》をするために背負ったアンヌ・ド・ブルターニュの借金がさらに王国の借金に加わってくる。状況の深刻さは目に見えている。つまり破産だ。いつものように、その年は教会禄や若干の領土さえも売却して難局を切り抜けるだろう。君主から見れば重要なのはナポリ征服と東洋へのルートだけだ。イタリアとの同盟がますます重要になるだろう。

一月十二日、木曜日、教皇に対するナポリのフェランテの借金のことで、この両者は常に衝突し、一四八六年の合意にもかかわらずメディチ家のロレンツォに仲裁を願い出る。人々は夢を見ているような気がする。何とフィレンツェが聖座〔ローマ教皇〕の仲裁をするのだ！　ロレンツォはまさしく《イタリア政治の天秤の針》(60)となったのだ。

一月十五日、日曜日、クリストファー・コロンブスはコルドバに戻り、自分の航海が十字軍への出資になることを説明している。彼は本当にそう思っているのだろうか。たぶんそうなのだろうが、しかしついでに彼は自分が騎士、インドの大提督兼副王に任命され、新しい土地の収益の一割を取得することを望んでいる旨を伝えることを忘れていない。宮廷ではエルナンド・デ・タラベーラがもっぱらコロンブスのことをけなしている。タラベーラはこの外国人、明らかにリスボンのジェノヴァ人に属しているのにスペインのために尽くしたいというこの半ユダヤ人と手を切りたいのだ。タラベーラは女王が《サタン自身が例の外国人に吹き込んだこの気違いじみた冒険》を許可しないように彼女に書簡を送る。《(……)自分の子らが外洋に向かって出発するのを目にすることが三位一体の御意思であるとしても、我らの神は誰もその素性を知らない名もない外国人の到来を待っていたでしょうか》。タラベーラは夢の中に現れたというひとりの隠者を引き合いに出す。《私は彼にコロンブスのよこしまな航海がどうやってユダヤ人に聖地を与えることになるのか言ってほしいと頼みました。彼は私にその説明はできなかったのですが、洗礼者ヨハネが彼に申し述べたこと、すなわちコロンブスの航海が実現したらユダヤ人はそれから多大の利益を引き出すであろうし、彼らは最後に我らの救い主キリストの墓を占領するであろう、と私に繰り返して言いました……もし妃殿下がコロンブスを異端審問所の手に委ねることに同意されるならば、私は妃殿下にコロンブスが歩く床は船の甲板ではないであろうと断言することができます》

最近多くの本の中に出てくるこの書簡の信憑性について、私は疑問を抱いている。それに数年後に異端審問所は、タラベーラとその家族を〈改宗者《コンベルソ》〉として告発しているのだ。

一月十六日、月曜日、コロンブスの計画は女王が五年前に任命した諮問委員会によって退けられる。エルナンド・デ・タラベーラの主張が通ったのだ。専門家たちは彼らの拒否の理由を、この計画は《実現しそうもなく、スペイン宮廷の威信を傷つけかねない》からと説明する。彼らの議論は——たとえ五年前に引き合いに出されたとしても、当然のことであろうが——距離をめぐって行われる。航海する距離は少なくともそのジェノヴァ人が主張する三倍はあるというのだ。激怒したコロンブスはラ・ラビダ修道院に戻ることを決心する。彼は息子を引き取り、フランスの宮廷に出かけ、そこでバルトロメウと落ち合うつもりだ。そして別の冒険に乗り出すのだ。《私の望むこと、それはできるかぎり最も多く見ること、発見することだ》、と彼はのちに日誌に書いている。

一月二十日、金曜日、ファン・ペレスが彼にスペインを離れないように懇願する。ペレスはうまく宮廷を説得することがまだ可能だと考えている。コロンブスは待つことを承諾する。

一月二十一日、土曜日、ファン・ペレスが招集したコロンブスの三人の友人——医師のフェルナンデス、パロスの富裕な船乗りマルティン・アロンソ・ピンソン、レピの水先案内人セバスティアン・ロドリゲス——は、もし両君主が認可してくれるならその航海に出資してもよいと彼に申し出る。コロンブスはあまりそれを本気にせず、彼らがそうした働きかけをするのに任せる。のちにマルティン・アロンソ・ピンソンと彼の二人の兄弟は、航海の最後までコロンブスに同行することになる。

一月二十二日、日曜日、ファン・ペレスが女王に認可を願い出る書簡を認《したた》め、コロンブスはもうお金は要求していないし、公認なしには行けない海洋を航海する許可を王室の名において与えてほしいだけであると主張する。

一月二十三日、月曜日、セバスティアン・ロドリゲスがまだサンタ・フェに置かれている宮廷に書簡を届ける。

一月二十四日、火曜日、メディチ家のロレンツォによる仲裁後、インノケンティウス八世とナポリのフェランテは和解する。フェランテは教皇に借金を支払うことを承諾する。その代わりメディチ家と縁つづきの教皇の孫娘がフェランテの孫と結婚することになる。両者は来るべき十字軍に参加することを誓う。こうしてロレンツォの娘と教皇の息子フランチェスコ・チーボとの結婚後、ナポリとフィレンツェとローマの間に新しい関係が結ばれる。

この和解によって──その文書は三日後に公表される──シャルル八世はローマ教皇庁の怒りを招くことを覚悟しない限り、ナポリを攻撃することでキリスト教国を守るという主張ができなくなる。

同じ一月二十四日、サンタ・フェではスペイン女王の財務官ルイス・デ・サンタンヘルがフアン・ペレスの伝言を受け取り、そのあとイサベルに諮問委員会の決定を取り消してコロンブスを出発させるよう説得を試みる。彼は言う。ポルトガルは最近アフリカを一周した、だから香辛料取引の独占権をポルトガルに与えないようにあらゆることを試みなければならないと。さらに彼は次のような言葉を添える。《インドの計画に援助するといっても、賓客に敬意を表して一週間の祝祭を行う費用以上にかかるわけではございますまい[9]》。そうして彼は女王自身がこの航海に出資するよう提案する。

またしてもエルナンド・デ・タラベーラがそれに反対する。女王はためらうが、そのあとサンタンヘルにこの航海の諸条件と利点についてコロンブスと交渉する許可を与える。彼女は自分の財産からは一銭も支出しない、とはっきり述べる。

一月二十八日、ルイス・デ・サンタンヘルが《彼の計画と諸条件についてフェルナンドの大臣たちと交渉すること》が認められたと知らせると、コロンブスはびっくり仰天する。彼がこのような返事をヨーロッパのすべての君主たちから待つこと、何と八年！ 交渉は三カ月間つづき、このジェノヴァの船乗り――ほとんど船乗り、ほとんどジェノヴァ人……の出す強い要求のために少なくとも二度挫折しかける。

# 二月

コロンブスは交渉のためサンタ・フェにしばらく滞在する。彼は《すべての発見地の提督兼副王の称号と諸特権、それらの所有地から得る全収益の一割取得を、彼と彼の子孫のために永久に与えること》を要求する。〈所有地〉と彼は明言しているが、それは彼がいくつかの航路とは別の発見を大いに期待していることを示している。新しい土地、アジアの島々あるいは半島の発見である。問題にならない、と宮廷は答え、彼の要求を抑えようとする。しかし交渉委員たちは女王が与えた原則的合意を守らざるをえない。それにコロンブスは西に向かって飛び出すはずだから、彼をスペイン王国に結びつけておくべきだ。そうしないと、彼は発見物をポルトガルのジョアン二世に売りに行くかもしれない。

二月一日、水曜日、グラナダ攻略の報せがローマに届く。ロドリゴ・ボルジアはローマの人々にこれまで見たことのなかったような闘牛を見せる。そのとき、チェーザレは牛を二頭殺す。

二月三日、金曜日、パリの高等法院ではアンヌ・ド・ブルターニュを迎えに行くことを決め、戴冠式に必要な事柄を取り決める。

二月八日、水曜日、サン＝ドニ大聖堂において、そこに集まったヨーロッパのお歴々を前にアンヌ・ド・ブルターニュが聖別を受けてフランス王妃となる。ブルターニュは最終的にフランスのものとなり、ハプスブルク家、イギリス、スペイン、ドイツを大いに失望させる。そのとき王妃はすでに妊娠していたらしい。王はその機会を利用して彼の軍隊の力を大いに誇示する。そのとき出席していた大使のひとりであるミラノ大使は、このような権力の誇示を次のように書きとめている。《王の軍団は現在、槍兵隊ごとに三頭の馬を配した三千五百人の槍兵からなり、また重装備の騎士は鎧《よろい》を着た大きな馬を持っていて、刀剣を身につけ、それを我々よりもずっと上品に、我々とは違ったやり方で扱う。この大隊には七千人の弓兵がいるが、いずれも選り抜きの、しかも野営地で最も役に立つ者たちである(6)》

伝言はミラノで次のように理解されるだろう。もしフランスが攻撃に出ても、それと戦おうなどという気を起こしてはなるまい。

二月十日、金曜日、フィレンツェではロレンツォが図書館長ジャン・ラスカリスを喜んで迎え入れる。この人はコンスタンティノープルから亡命したギリシアの学者で、ロレンツォはその前の年に彼をギリシアに赴かせて出来るだけ多くの古文書を買い集めさせている。ラスカリスは二百冊以上の古文書を持ち帰るが、それらは主としてアトス山から持って来たものである[38]。彼らは、ちょうど他の人々が人質を解放しに行くのと同じように、十五世紀も前に遡る古いものもある古文書を救うことを目的とした半ば文化的、半ば軍事的なこの風変わりな遠征の成功を祝う。この時代を見事に象徴するものだ。ギリシア文化を招き寄せ、それを非ヨーロッパ人の手に委ねることをせず、しかもフィレンツェを新しいアテネ、古代文明の思い出の地として、その本当の発祥地は異教徒の手にあるのだから今後はそれを忘れてもかまわないというのだ。

二月十一日、土曜日、ブルゴーニュのマリーとオーストリア大公マクシミリアンの若い息子でフランドル地方の監督者フィリップ端麗《ル・ボー》公は、ヘルデルラント公領の独立を承認せざるをえない。ちょうどそのとき、まだ三十五歳にしかならない彼の父がルドヴィコ・イル・モーロの娘ビアンカと婚約を交わす。神聖ローマ帝国にとってブルターニュとの同盟は決定的に忘れ去られる。こうしてピエモンテ地方との結びつきが始まり、それは数々の出来事を経て今日のヨーロッパを作り上げるだろう。

二月十二日、日曜日、ロレンツォ・イル・マニフィコがサンタ・マリア・デル・フィオーレの正面《ファサード》の完成に際して建築コンクールを開催する。この大聖堂は彼がずっと前から夢見たもので、彼の望みはそこでたくさんのミサを聴くことだ。その二カ月後に彼はそこに埋葬される。

その間にスペインの宮廷では二つの大きな、相反する出来事が準備される。異端審問所長官トルケマダがユダヤ人追放の計画書を完成し、サラマンカ大学のネブリハ教授が『カスティーリャ語文典』の献呈の辞を仕上げ、それを女王に提出する。一方は文化の大量虐殺を引き起こし、もう一方はヨーロッパの主要な言語のひとつの誕生に貢献するだろう。同時代人はそのどちらも同じように熱狂的に歓迎するだろう。大悪人《ヒーロー》ともなると大人物《アルティスト》を高く評価するものだ。

二月十五日、水曜日、グラナダではトルケマダが彼の計画を女王に示しに来る。昨年十二月のアビラでの裁判によりスペインのあらゆるユダヤ人は追放されねばならないことを確信した、と彼は説明する。彼らは教会にとって危険であり、彼らはキリスト教徒に対して——この裁判で明らかになったように——ひどい残虐行為を犯し、〈改宗者《コンベルソ》〉たちに別の残虐行為を犯すように仕向けるからだ。スペインはその同一性《イダンティテ》を取り戻し、自らを純化し、真に教会の娘とならねばならない、だから改宗しない限りスペインのあらゆるユダヤ人を追放しなければならない、と彼は言う。両君主はためらう。十三年前からフェルナンドは自分が三つの宗教の王でありたいと望んでいる。彼は政治的にも経済的にも追放の必要性は認めていない(67)。民衆も富裕市民《ブルジョワジー》も貴族もそれを望んでいない。しかもユダヤ人はかなりの経済力をもっている。それは主要なことではないが大切なことだ。しかもユダヤ人の残虐行為を告発しようとトルケマダが持ち出す証拠に彼はほとんど納得できない。イスラム教徒追放の喜びにまだ酔いしれているイサベルの方がトルケマダの考えに乗り気のようだ。彼女は純化《ピュリフィア》するという強迫観念に取りつかれているのだ。

伝えられている話によると、この二人の君主の間に食い違いを生ずるような問題は何もなかったらしい(67)。そのとき二人は対立したのだろうか。この年の数ある謎のひとつだ。

二月十八日、土曜日、フェラーラではエステ家のエルコレ公爵が〈テストン銀貨〉、すなわち肖像を刻んだヨーロッパ最初の貨幣――もはやそれまでのように組み合わせ文字あるいは王や馬に乗った君主の全体像《シルエット》ではない――をはじめて鋳造する。このような君主の頭像は、もはや指導者の単なる軍事力ではなく、その知性に新たな重要性が与えられることを示している。知識が権力の道具となる。他にも〈テストン銀貨〉は、やや遅れてヴェネツィアの総督やミラノ公やサヴォイア公によって鋳造される。この年にはジェノヴァでも〈リラ〉と名づけられる特別な〈テストン銀貨〉が鋳造されるが、これはその名前を持つイタリア最初の貨幣である。

二月二十三日、木曜日、ルドヴィコ・イル・モーロが三十万フィオリーノ金貨の持参金を与えて彼の娘ビアンカ＝マリアを皇帝マクシミリアン一世に嫁がせる。このような確固とした結びつきは、ナポリを征服するためにミラノを当てにしていたシャルル八世を不安におとしいれる。ルドヴィコはレオナルド〔・ダ・ヴィンチ〕に〈騎馬像〉の制作を急がせる。この芸術家はその模型の仕上げをつづけるかたわら、すでに〈最後の晩餐〉にも努力を傾けている。

二月二十五日、土曜日、グラナダではすでに『ラテン―スペイン語辞典』を出版しているアントニオ・デ・ネブリハが『カスティーリャ語文典』と題するカスティーリャ語文法書を女王に提出する。女王はこれを受け取る。ひとつの国民の基礎を築く大胆な企てだ。この文法書の献辞の中で、ネブリハは彼の仕事の意義と重要性について述べている。まず第一は用法を定着させることによって言葉の隔たりをなくし、言語を統一することである。この意図はカスティーリャ語をラテン語やギリシア語といった《高貴な》言語と同じレヴェルにすることにある。言語の統一は宗教および領土の統一という観点から検討されている。征服の言語としてのカスティーリャ語だ。《言語には常に権力が伴うもので、確かにこの二つは一緒に生まれ、発展し、花開き、同じように衰退も同時である。（……）いずれスペインが従属させることになる未開の民族や外国語を話す国民に対して、法律と言語を受け入れさせねばならない[116]》。しかしそれ以上に、献辞は《この言語が植民地帝国の伴侶である》ことを強調している。やがてカスティーリャ語がスペイン〈ならびに〉植民地帝国の言語となる、という兆しなのだ。二十世紀には何億という人々がこの言語を話すだろう。教会がラテン語の支配的地位を守る道具としようと考えていた印刷術は、まさしくこの言語の衰退の道具となったのだ。

二月二十九日、水曜日――この年は閏年《うるうどし》――金《きん》を積んだ一隻のフランス船がギニアから戻るときにポルトガル船団に迎撃されるが、それはポルトガル人が自分たちの縄張りと見なしている交易に手を出したからだ、という話をサンタレム子爵がしている。(129)

# 三月

三月六日、火曜日、ピエーロ・デ・メディチが突然病に倒れた父ロレンツォに会いにフィレンツェにものものしく到着する。(15) 彼は実の息子のロレンツォと教皇の息子に嫁いだ娘、それから家庭教師で信用できる人物フランチェスコ・マッテオに付き添われている。(119)

三月七日、水曜日、銅版画で有名な巨匠マルティン・ショーンガウアー、《すばらしきマルティン》に会うために、若きアルブレヒト・デューラーがコルマール——ライン川渓谷の最初の商業都市のひとつ——に到着する。この金銀細工師の息子は画家のミヒャエル・ヴォルゲムートのもとで修業を終えたのだ。しかしマルティン・ショーンガウアーは一年前に死んでいる。彼の兄弟三人（二人は金銀細工師、ひとりは画家）がデューラーを迎え入れ、バーゼルにいる四番目のショーンガウアー〔ゲオルク〕を彼に紹介する。デューラーはバーゼルに向かって出かける。

三月十五日、木曜日、グラナダではタラベーラの意見にもとづいてカトリック両王が、航海に際してコロンブスの提示する条件を再び退ける。女王は彼の今後の探検に対して、提督の称号もいかなる特権も彼に与えるつもりはない。コロンブスは激怒する。彼は一切は終わったと考える。

三月十七日、土曜日、フィレンツェではサヴォナローラが説教壇の上で《ありがたいことに、ときどき神がお偉方に下下《しもじも》の者たちを敬うよう命じられる病》のことを取り上げる。(6)

三月二十日、火曜日、グラナダで召集された王の諮問会議では二つの事柄が議題に上る。ひとつは、ユダヤ人に改宗か追放かの選択をさせようとする王令案の検討である。両君主を前にして、ルイス・デ・サンタンヘルはトルケマダと対立する。前者の見解では、ユダヤ人共同体はまさにその特殊性によってスペイン国民に必要であり、彼らはすばらしい貢献をしている。(67) 後者は、彼らは危険だと反論し、何しろ《ユダヤ教の掟に従う異端は取り除かねばならない悪性腫瘍なのだ(67)……》、と言う。〈悪性腫瘍〉、この医学の比喩が彼らに対して使われるのだ！　両君主は彼らが六カ月前に取り戻した三つの宗教の保護者という役割と、彼らの仲間である他の君主たちから十分に認められたいという願望との間でためらう。トルケマダが一カ月前に両君主に彼の計画を最初に話してから、両君主はどのように行動しただろうか。ローマに意見を求めたのだろうか。宮廷での議論についてもほとんどわからない。イサベルは何を言ったのだろうか。またフェルナンドはどうだったのだろうか。何はともあれ、スペインのユダヤ人共同体の中では何か起こりそうだと予想する者はまだ誰もいないし、その決定に参加している者もいないようだ。それはイリアク・アブラヴァネールもアブラハム・セニョルも同じだし、カバリェリーアのような宮廷に最も近い〈改宗者《コンベルソ》〉たちの中にもそのような者はいない。この人たちは、のちにマキャヴェリが『君主論』の中でその長所を褒めそやしているフェルナンド王に《操られた[67]》のだろうか。実際の状況は、例のごとく、最高位の両君主を含めてあらゆる当事者の意向を超えているように思われる。誰も何も決定しない。君主は皆の意見に従い、皆の意見は君主に従うからだ。イスラム教徒は追放されたし、次は当然ユダヤ教だ。それだけのことだ。ヨーロッパは他の領土を征服する前に、まず自らの領土を占有せねばならない。ヨーロッパの領土、それはヨーロッパの記憶でもあるからだ。だからヨーロッパは非キリスト教徒を敵あるいは怪物と呼び、彼らを追放しようとすることをいっそう正当化する必要があるのだ。

諮問会議のあと、両君主は一週間熟考する。フェルナンドは残虐行為を説明されるが、それをなかなか信じることができない。一五〇七年に彼は次のように書くだろう。《我々は他にどうしようもなかったのだ。我々はアンダルシアについて実に多くのことを聞かされた。だからたとえそれが自分の息子のことであったとしても、我々は起こったことを食い止められなかっただろう》

三月二十一日、水曜日、ロレンツォは死を覚悟する。彼はマルシリオ・フィチーノや彼のごく近しい友人たちを連れてフィレンツェを離れる。彼はカレッジに身を落ち着ける。フィレンツェは不安におびえる。彼がいなければ市政庁は、教皇、ミラノ、サヴォナローラなどの襲来に対して長く持ちこたえられないだろう、と誰もが感じているからだ。彼の息子ピエーロは若すぎるし、また商会は財政的に弱いために堅固な城壁を作ることができない。

三月二十二日、木曜日、イサベル女王が彼女の聴罪司祭エルナンド・デ・タラベーラ司教を解任する。偉大な公僕であり〈市民警察組織《サンタ・エルマンダー》〉の創立者である彼は、異端審問所とコロンブスの航海をあまりにも公然と非難したのだった。まだ彼を称賛し尊敬している女王は、ムーア人を改宗させる任務とともに総督テンディーリャ伯爵を助けるということで、彼を市の大司教としてグラナダに派遣する。

三月二十八日、水曜日、両君主は一週間熟考したあと、ユダヤ人追放を決断し、命令の文書を承認する。その理由書によると、ユダヤ人は一四八三年のセビーリャの追放がひとつの予告であること――《もうこれでわが王国ならびに市政庁のある他の都市や場所にいるユダヤ人は、前記のこと（新キリスト教徒の改宗）を行なったり促したりするのはやめるだろうと考える》[67]――を理解していないからだという。しかし両君主は王令に署名するのになお二日を要し、それを公にするまで一カ月を要している。[67] 最後のためらいだろうか。

三月二十九日、木曜日。ミラノ公の使節たちがサン＝タントワーヌ門からパリに入る。[33] 前日まで彼らは盛大にムーラン、エタンプ、モンレリー、コルベイユ、ヴィルヌーヴ＝サン＝ジョルジュを通過し、シャラントン橋を渡って来たのだ。王と王妃は窓からひそかに彼らの入市を見物し、彼らがぬかりなく迎え入れられたことを確かめる。フランスのイタリアへの野心はミラノ次第なのだ。コミーヌはその回想録の一四九二年を扱った数少ないページのある個所で、次のように書いている。《そして、こうしたすべてのことを推し進めるために、まず前記ルドヴィコ殿はその年カイアッツェ伯爵を団長とする大使節団をパリの王のもとに派遣する。公の式典がいくつかある。たとえばサン＝タントワーヌ門からの実に華やかな入市、大宮殿における公的な謁見、トゥールネル宮殿における私的な謁見[33]……》。彼は少し先でつけ加えている。《このことが二十二歳のこの若き王シャルル八世に〈イタリアの陶酔と栄光〉を感じさせ始めるのだ[33]》

三月三十一日、土曜日——キリスト教ヨーロッパにおける一四九一年最後の公的な日付——カトリック両王はユダヤ人追放の命令に署名する。この王令は、七月三十一日までユダヤ人は自由に行動し、自分の財産や所有物を好きなように処分することができる、と規定している。王令はまた、スペインを離れる者は金、銀、武器、馬以外はすべて持って行ってよい、と明記している。王令には改宗の可能性については明文化されていない。また この決定は一カ月間内密にしておくこと、と明記されている。だから出発するにせよ改宗 するにせよ、ユダヤ人には——七月三十一日まで——三カ月の期間が与えられることにな る。(67) 今日なお説明のつかないやり方だ。君主たちはまだ意見を変更する権利を保留してい るのだろうか。アラゴン王は布告に威厳を持たせるのに一カ月は必要だと主張する。実際 には、いったん署名されると、王令はスペインのユダヤ人共同体のすべての指導者たちに 知られる。彼らがエジプト脱出を記念する準備をしている安息日《シャバット》に、いきなりその報せが 入ってくる。多くの者にとって、それは誤報としか考えられない。これまで両君主が取っ てきた政策とはあまりに矛盾しているからだ。他の者にとって——たとえばそうした議論 から離れた立場にいる女王の財務官イサアク・アブラヴァネールにとって——この決定は 非常識であり、(67) 彼はただちにそれを確認させるが、それはグラナダ奪取の結果だという。 彼はナポリに追放されてほどなく次のように書くだろう。《アラゴン王は強大で人口の多 い都市グラナダを奪取するや、こう思うのだった。「どうしたら我が神に感謝申し上げ、 この都市を我が権限に委ねられた御方に熱意をお見せできるのだろうか。それは闇の中を 歩くこの民、イスラエルというこの迷える羊を我が庇護の下に置くことなのだろうか、そ れとも戻る当てのない他の国に追い返すことなのだろうか」。かくして伝令官はあまねく 告げたのである。「イスラエルの家系に属するあらゆる家族である汝らに告ぐ。汝らが洗 礼の水を受けたり、我が神の前にひれ伏すならば、汝らは我々と同じくこの国で幸福を享受されよ。汝らが拒むならば、三カ月以内に我が王国から離れよ(111)》。まもなく同時代のユダヤ人作家ヨセフ・ハ＝コーヘンも、この決定を《大勢の新キリスト教徒がイスラエルの家系に属していた(49)》ためだと説明するだろう。

換言すれば、追放されるのはよそ者の集団ではなく不和の種、つまりユダヤの民から回復した部分を汚染しかねない《病原菌》なのだ。医学の比喩を用いた方がはるかにわかりやすくなる。大切なことはもはや壊疽《えそ》にかかった部分を切断することではなく、感染要因を除去することなのだ。スペインのユダヤ人追放は、微生物に関する病理学の概念そのものが発見されるよりもずっと前にその考え方を利用した最初の政治的行為である。

実のところ、怖いのはユダヤ人ではなく、まさにキリスト教の確信の弱さなのだ。ところがローマ教会は自らにほとんど自信が持てないので、ほんの少しでも弱さを告白するようなことはしない。だから追放は、実際には、のちに教会の内部自身から出てくるひとつの脅威に対する防止対策なのだ。それはキリスト教世界こそがひとつの政治的権力、ヨーロッパの意思の発現だということを認めない人たちの脅威であり、またキリスト教世界が東方に由来する普遍的な教えの配達人に再び戻ろうとする人たちの脅威である。

# 四月

四月二日、月曜日、コロンブスとスペイン宮廷との交渉は進まない。コロンブスの二人の主たる擁護者ルイス・デ・サンタンヘルと皇太子の教育係でドミニコ会士のディエゴ・デーサは、女王が彼の要求を受け入れるよう彼女に働きかける。サンタンヘルは女王に次のように伝える。パロスの町は最近ボハドル岬の南の航行禁止に違反して処分を受けたばかりなので、二隻のカラヴェル船を女王が自由に使えるようにするはずだ、どうしてその船をあのジェノヴァ人に任せないのかと。デーサの方は、地理学者たちはいろいろ反対しているが、もしコロンブスがアジアにうまくたどり着いたならば、神は女王に感謝の意をお示しになるだろうと主張する。(97) 女王はついにドミニコ会士の嘆願に負ける。のちにコロンブスは《カトリック両王がインドを獲得した(97)》のはデーサのおかげだ、と書いている。

まだ何も知らされていないコロンブスは荷造りをし、再びラ・ラビダ修道院に出発する。彼は妻の妹とずっと一緒にいる長男に再会するつもりなのだ(次男は、コロンブスがまだ結婚していない相手ベアトリスと一緒である)。

四月三日、火曜日、ロレンツォはカレッジで死に瀕している。[15] 仲間や商人や芸術家たちは慌てふためく。彼のあと、この都市〔フィレンツェ〕を支配できる人がいるのだろうか。瀕死の君主はマルシリオ・フィチーノとピーコ・デラ・ミランドラと会い、二人に最後の忠告を与える。彼は時間があったならば一緒に議論したかったあらゆる書物についてピーコと話し合う。

四月五日、木曜日、伝えられている話によると、サンタンヘルの使者がラ・ラビダ修道院へ向かう途中のコロンブスに追いつき、彼を宮廷に戻している。別の資料によると、この話は三月末のことらしいが、あまり本当らしくない。いずれにせよ交渉が再開される。[63] 彼はパロスの船のことを聞かされる。この可能性に彼は喜んだらしい。パロスはラ・ラビダ修道院のすぐ近くにあり、しかも彼はそこによい船があることを知っているからだ。彼はカスティーリャ提督に任命されることは要求せず、今度の場合は価値のない称号である《大西洋の大提督》[63] という呼び名で満足するよう求められる。彼は承諾し、その代わりに二人の子供をイサベルの宮廷で小姓として雇ってほしいと要求する。それは受け入れられる。

四月七日、土曜日、ロレンツォは瀕死の床にあって再びピーコ・デラ・ミランドラと一緒にあらゆる書物に言及するが、もはやそれらについて話し合う時間はない。彼はいどみかかるような最後のしぐさでサヴォナローラを呼び、自分のために祈ってくれるよう彼に頼む。修道士はそれを実行する。

四月八日、日曜日、——フィレンツェの芸術家バルトロメオ・マージによると——午前三時頃、《空が暗くなり、雨と風の中を六本の稲妻が同時に走り、雷がサンタ・マリア・デル・フィオーレ大聖堂の円屋根の頂塔に命中し、教会の内部と外部の多くの大理石を破損した（……）。この暴風雨のまさにその瞬間にロレンツォ・ディ・ピエーロ・ディ・コジモ・デ・メディチは指輪の爪に閉じこめていた霊《エスプリ》を逃がしてやったという。彼は何年も前からこの霊をとりこにしていたが、自分が病気だったのでその瞬間にそれを解き放ったという話だ[16]》。明け方にロレンツォは四十三歳で息をひきとる。

四月九日、月曜日、フィレンツェの君主が大勢の人々の前でしめやかに埋葬される。彼の息子、《不運な人》と呼ばれるピエーロがそのあとを継ぐ。

四月十二日、イサアク・アブラヴァネールは彼がまだ顧問をしている両君主と面会することができる。彼はユダヤ人を追放しないように彼らを説得できればと思う。《とんでもないことです。あなた方には我々が必要なのです[iii]》、と彼は忠告するが、それも徒労に終わる。そこで恐ろしい二週間が始まり、その間に他のユダヤ人——商人、外交官、銀行家、高官——、貴族、さらに司教までも相次いで君主のところへ来て、追放される者たちの立場を弁護する。両君主は決定を取り消さない。王令の布告のときが近づく。

四月十五日、ヴェネツィアでは、サン・マルコ宝物庫の責任者で、総督の管轄する各地(セルビア、クロアチア、イストラ半島、コリントス、エフェソス、キプロス、ロードス島)の港で通用している貨幣の発行を担当していたアルヴィソ・フォスカリーニが、近代歴史上〈最初の国際的な貨幣制度〉を作り出す。新しい貨幣はすべて表に聖マルコを乗せた獅子の像を刻し、裏にはそれぞれの守護聖人の像を刻することにしたのだ。二つの主要な貨幣——〈フロリン〉と〈オゼッラ〉——がヴェネツィアで金で刻印される一方、他の貨幣——〈バガティーノ〉——は現地で鋳造される。やがてフォスカリーニはヴェネツィアの歴史で最も名高い総督のひとりとなる。

四月十七日、火曜日、スペインの宮廷ではユダヤ人追放の方法が準備され、アラゴン王は王令の布告の準備がすべて整うように念を押す。ちょうどそのときにクリストファー・コロンブスとの交渉がようやく成立する。〈協約事項〉の作成が始まり、それにより彼は《大西洋の大提督》および《彼が発見する土地の副王》(63)の称号を得る。彼は以後《ドン・クリストーバル・コロン》と呼ばれる。彼は探検に必要な資金を自ら見つけることになるが、インドの新しい航路で取引する船であれば、その費用全体の八分の一の金額まで彼自身の資金を投資することが許される。成功した場合は、彼の要求どおりに、彼は自らの航海から得られる収益の十分の一——金、銀、真珠を含む——およびそうして発見された航路でたまたま行われる取引に関しては、以後その利益の八分の一を受け取ることになる。(63)

この協約は実際には適用できない。コロンブスに対してあまりにも莫大な利益を保証しているからだ。まるで交渉の仲介者たちはその契約が尊重されないことをあらかじめ知っているかのように、あるいはドン・クリストーバル・コロンが海で行方不明になるだろうと考えているかのように、一切のことが行われる。結局のところ、それが最も本当らしい。

四月十七日、火曜日、フィレンツェは君主の死から少しずつ立ち直る。その日マルシリオ・フィチーノが数学者パチョーリに手紙を書き、町の様子は異常なしと伝えている。ポリツィアーノの方もピエーロ・デ・メディチに手紙を書き、彼の友人マッテオ・フランコ〔三月六日の記述にあるマッテオと同一人物と思われる。〕を司教座聖堂参事会員に任命したことに祝意を表している。この友人ははじめピエーロの家庭教師だったが、そのあとロレンツォの命により教皇インノケンティウス八世の息子フランチェスコ・チーボに嫁がせた娘マッダレーナの腹心の部下となっている。(119)

四月十八日、水曜日、——そのあともこの月に二度ほど——アブラヴァネールが再びやって来て、まだ秘密になっている追放令を撤回するようスペイン両君主に懇願する。のちに彼はこの悲壮な三度の会見を、回想録の中で次のように書いている。《そして私は王宮にいて、必死になって懇願し、そのため喉が痛くなった。それほど私は王にお話し申し上げたのだ。三度とも私は王に懇願した。「お願いです、陛下、どうして陛下は臣下と一緒にこのようなことをなさるのでしょうか。我々の税を増やしてください。我々に多くの金と銀を要求してください。ユダヤ人は所有しているものすべてを陛下の国のために差し上げますから」。私は親しくしている陛下の側近の人たちに、私の民のために、陛下に懇願してくれるよう助力を求めた。その人たちは口をそろえて王に話をし、この有害な干令を取り消すよう王に切望してくれた。それも無駄骨に終わった！　女王が隣にいて王に一歩も譲らぬように促しているだけに、王はいっそう我々の懇願に冷淡で耳を貸そうとしないのだ[111]》

王のためらいと女王の狂信を示す、ただひとつの直接の証言である。

四月二十日、金曜日、ルドヴィコ・イル・モーロの使節たちがフランス王に迎え入れられ、彼らは王にナポリを攻撃するよう勧める[74]。フィリップ・ド・コミーヌはこの話を次のように書いている。《まず前記ルドヴィコ殿は、現在支配している王シャルル八世に人を派遣し、イタリアに来て前記ナポリ王国を征服するよう、私が先に名前を挙げたナポリ王国を所有している者たちを攻め滅ぼすよう王を説得した。というのは彼らは強力な大軍なので、ルドヴィコはこれからどうしたらよいのかわからず、手の打ちようがなかったからだ。ナポリは征服が難しく、誰もそんな危険には手を出せない。当時、前記フェランテおよびシチリア王とその息子アルフォンソは、強力かつ富裕で、戦争経験が豊富で、勇猛との評判が高かったからだ。もっとも以後その反対の面も見受けられたけれども。前記ルドヴィコ殿はきわめて思慮深かったが、不安になるとものすごく臆病で優柔不断になる人物で（まるで私はよく知っていて多くのことを一緒に論じた人の話をするようだが）、しかも自分の利益となると誓いを破る信用の置けない人物であった(33)》

ミラノの使節たちはシャルルに《王がかの美しきナポリ王国に持っていた権利(33)》を褒めそやす。彼らは王の顧問たちを頼りにする。エティエンヌ・ド・ヴェスク（《ボーケールの代官となり裕福になったが、それでもまだ満足していない(33)》）とギヨーム・ブリソンネ（《裕福で財政に明るい人物で、ボーケールの代官時代の親友であるが、ヴェスクは前記ブリソンネに司祭になるように勧めていたし、またブリソンネが枢機卿にでもなれば、ヴェスクは公爵領を手にするかもしれない(33)》）である。

四月二十日、金曜日、コロンブスは彼の二人の兄弟バルトロメウとジャコモについて、前者を副官に、後者を発見地の総督に任命しようと考えていること、また司法警察から追われている者たちまでも含めて船乗りを自由に選ぶつもりであることを契約書につけ加えさせる。妙な条項である。彼はまだ秘密にされているユダヤ人追放のことを知っているのだろうか。それはどうやら本当とは思えない。それにしても……

彼は備品や船乗りたちの給料と食糧を支払うのに必要な二百万マラベディーを探し始める。手に入る可能性のある利益から自分の取り分を貰うには、彼は利益の八分の一、すなわち二十五万マラベディーという大変な額を出資しなければならない。セビーリャの三人のイタリア人商人が彼にその額を前貸しする。フィレンツェの銀行家ジュアノト・ベラルディとその都市の二人のジェノヴァ人商人、名前をリベロルとスペイン語化したリパロリオおよびフランシスコ・ピネッロである。まだ百七十五万マラベディーという莫大なお金を集めねばならない。そのためコロンブスは、そのお金を見つけてくれると彼に約束しているルイス・デ・サンタンヘルに訴える。

この日、のちにアレティーノと呼ばれるピエトロ・バッチがアレッツォに生まれる。

四月二十五日、水曜日、ヘールトという名前の無名の一青年が、ステインの修道院で司祭に叙品される。彼はエラスムスという名前でそこを離れ、カンブレーの司教の秘書となるだろう。

四月二十八日、土曜日、サンタンヘルがコロンブスに不足額を届ける。いくつかの資料によると[63]、彼はこの総額の一部（三十五万マラベディー）を彼個人の財産から引き出したという。残りの額は彼が管理している〈市民警察組織《サンタ・エルマンダー》〉の金庫から持ってきたらしいが、地主たちの寄付金と罰金からなるそこの備蓄額はほとんど無尽蔵に近いものだったようだ。

そのときサンタンヘルがどうしたのかは公にされていない。ただしすでに一四八〇年に、当時の〈市民警察組織〉の経理官で、商人で船乗りでもあったフアン・デ・ルーゴが金庫のお金を利用してカナリア諸島の植民地化に出資している。(47)

別の資料によると、(97)サンタンヘルは彼個人の財産から百十四万マラベディーを前貸しし、《エストレマドラの貧しいキリスト教徒たちのささやかな献金》(97)による資金からなるバダホス司教区の十字軍基金の会計官から返済してもらったらしい。残りはパロスから届いたようで、そのお金はピンソンが集めたものらしい。

ここでも二つの説明は食い違っている。コロンブスに出資したらしいのは、一方の説明では貴族たちであり、もう一方の説明では庶民である。最初の説の方が本当のように思われる。二番目の説は、コロンブスの冒険が庶民の出資によって《スペイン化》されている印象を与えすぎている。けれども二番目の説の中心人物ピンソンは、コロンブスの冒険のその後の展開において主要な役割を演じ、のちに提督〔コロンブス〕の忘恩を非難している。

同じ日にコロンブスはパロスに赴き、彼に約束してくれた船を選ぶために港にある船を調べる。船は二隻と知らされていたが、彼は三隻を希望する。

四月三十日、月曜日、大長老アブラハム・セニョルやアルフォンソ・デ・ラ・カバリェリーアといった大諸侯たちの最後の働きかけにもかかわらず、両王は追放令を公示する。イサアク・アブラヴァネールはその日に体験した様子を次のように述べている。《恐ろしい報せが我々の同胞たちに知らされたとき、彼らの間に大きな悲しみ、激しい恐怖、苦悩が起こった。それはユダ王国、イスラエルの民がネブカドネザルに征服されて以来一度も味わったことのないようなものだった。しかし彼らはお互いに励まし合うよう努めていた。彼らは口々にこう言っていた。「がんばれ！　我々の信仰と我々の神の律法のために、我々は冒瀆者たちから身を守らねばならない。もし彼らが我々の命だけは助けてくれるなら、それは結構なことだ。もし我々を殺すのなら、死のうではないか。しかし我々は我々の契約に背くことはないだろうし、我々の心は怯《ひる》んではいけない。我々は我々の神をたたえながら立ち去ろう」。そしてぐったりして、彼らは立ち去った(11)》

四世紀半後にポーランドあるいはドイツで書かれたかもしれないような文章であるが、そこはまさにスペインのユダヤ人の一部が三カ月以内に出発することになる国である。

同じ月曜日、署名された協定に基づき、カトリック両王は各裁判所に命じる。《すべての裁判所および各裁判所に告ぐ。御地ならびに管轄地において、前記コロンブ人とともに前記カラヴェル船に乗って出発する者に関しては、いかなる刑事事件も裁いてはならぬこと》。この王令とユダヤ人追放令との驚くほどの同時性。まるで彼らをそそのかして、彼らも未知のものに向かって出発させようとするかのようだ。まるで宮廷がユダヤ人を大海の中に姿を消すよう仕向けているかのようだ。

# 五月

五月一日、火曜日、追放令が両王国に掲示される。ユダヤ人共同体はパニックに襲われる。どうしたらよいだろうか。改宗することは危険だ。いつかひそかにユダヤ教の掟に従うように説得され、火刑に処せられる危険に身をさらすことになるからだ。たとえアラゴンの大諸侯たちが援助の手を差し伸べるとしても、隠れることもやはり同じように危険だ。そこを立ち去って墓地を放っておけば冒瀆となろう。しかもどこに行くというのか。ポルトガルか、ナバラか。そこにもユダヤ人排斥運動の危険が迫っている。フランドル地方はどうだろうか。遠すぎる。イタリアはどうか。フランスはどうか。トルコならどうだろうか。

家族が分裂する。活動全体の監督を王権から任せられている異端審問所は、ユダヤ人に改宗ではなく亡命を選ぶよう仕向ける。彼らはすべての財産を至急処分するように勧められる。大部分の者は逃亡しようと決める。しかし金や銀を持っていく権利はない。だから一切を手放さなければならない。もちろん貧しい者たちの世話も、また祭具も。一刻の猶予も許されない。彼らの不幸に乗じる便乗者たちは笑いが止まらない。カトリック両王はこの出発を両王の保護下に置くと繰り返すが、言葉だけで何の解決にもならない。カディスでは、およそ八千のユダヤ人家族が彼らの財産を処分し、いずれにせよ彼らが持っていくことのできない金《きん》をすべて彼らから出させようと決めている船長たちと旅の交渉をする。(67)

五月五日、土曜日、先の同じ資料によれば、(97)サンタンヘルは彼がコロンブスに前貸ししたらしいお金を十字軍基金から戻してもらっている。資金の短期貸し付けである。

五月六日、日曜日、総督の使節たちがヴェネツィアを離れ、多くの随行員とともにフランスに向かう。彼らの旅は長くなるだろう。彼らは毎日その詳細な報告をすることになるが、それは外交文書として知られる最初の例のひとつとなる。(6)

五月十日、木曜日、ミラノの使節たちがシャルル八世の宮廷を離れて、先に来た道を引き返す。彼らはナポリとエルサレムという二つの王国の獲得に乗り出すようフランスの君主を説き伏せたと確信し、大喜びしている。(74)この戦争に反対のボージュー家は権力から離れている。ルドヴィコ・イル・モーロから報酬を貰ったボーケールの代官エティエンヌ・ド・ヴェスクとサン・マロの司教ギヨーム・ブリソンネはともに寵臣となっている。(74)またヴィスコンティ家の無名の後裔も、ナポリをアンジュー家が治めていた時代のナポリの亡命者たちと一緒にいる状態だ。しかしシャルル八世はまだ行動を起こすのをためらっている。教皇が彼に自分の領地を通過させないだろうということを知っているのだ。しかも教皇はフィレンツェと同盟関係を結んでいるから、フィレンツェの方も彼の進路の邪魔をするだろう。どうやってローマを説得したらよいのだろうか。それにシャルル八世は信心深いので、十字軍を名目にして破門の危険を冒すことはできない。

同じ日、パリへ向かう途中のヴェネツィアの使節たちが華々しくパドヴァに入る。(6) どの都市でも同じように、彼らが通過するに際して入市式、歓迎会、出市式が行われるが、彼らはその様子を報告書に丹念に記し、総督の威光をよりよく判断できるように他の使節たちのために企画された式典と比較している。(6)

五月二十日、日曜日、カスティーリャ女王は協約に定められたとおり、コロンブスを貴族に叙する貴族叙任状を発布する。そこではコロンブスは《提督ドン・クリストーバル・コロン》——以前クリストフォ・コロンとなっていたクリストフォロ・コロンボの三番目の名前——と呼ばれ、三人称で語られている。彼自身は日誌の中で自分をそのように呼び、以後自分のことを三人称で語るだろう。

五月二十一日、月曜日、ヴェネツィアの使節たちがミラノに到着する。彼らはルドヴィコ・イル・モーロに迎え入れられ、ナポリに対してフランス王を支援するようにと依頼さ

れる。指示どおりに彼らは、用心深く言明を避けるか体よく断るかしつづける。(6)

五月二十二日、火曜日、フェルナンドは何人かのユダヤの友人を弁護しに来たスペインの大諸侯たちに対して、追放令には例外は認められないし、たとえ大富豪であろうとユダヤ人をこの地で庇護したり匿《かくま》ったりする者は誰でも、スペインの高官であっても、厳罰に処せられるだろうと繰り返す。さらに彼は、グラナダのユダヤ人でも、その都市を占領したときに交わした協定に違反した場合には立ち去らねばならないとつけ加える。(67)

五月二十三日、水曜日、サン・ホルへ教会においてファン・ペレス神父の出席のもとに、パロスの〈住民《ベシーノス》〉は十日以内に二隻のカラヴェル船と《税金を免除して最も公正な価格で必要な食糧・物資》(97)をコロンブスに提供すべし、という命令が読み上げられる。

五月二十五日、金曜日、アントワープのスペイン《国籍》の人々がグラナダ奪取を祝う。大聖堂の聖母マリア像に金の外套が捧げられ、大広場には勝ち取られた城塞の模型が作られ、それに《食糧》が入れられ、見物人によって襲撃がなされる。お祭り騒ぎは騎馬槍試合で終わる。(58)ずっと前からアントワープに住んでいるスペインのユダヤ人たちもこの祝祭に加わる。しかし三週間前からユダヤ人追放の決定はスペインでは公になっている。ところが大部分は商人であるが、アントワープのユダヤ人はまだそれを知らないようだ！　当時のヨーロッパでは報せがすぐに届くことはないのだ。

五月三十日、水曜日、ヴェネツィアの使節たちはサヴォイア公領に到着し、そこでモンフェラート侯爵と一四八九年に死んだカルロ・ディ・サヴォイアの寡婦エリザベッタ・スフォルツァの娘ビアンカ公爵夫人に迎え入れられる。彼らは総督への報告書に次のように記している。《我々は城館の黒い布地を張った部屋で夫人にお会いした。彼女の片側にはブレッス閣下と大法官殿、もう一方にはおよそ十二人の貴族の子女がおり、あとの部屋は人でいっぱいで、まるで全贖宥《しょくゆう》の日の教会のようであった。夫人はおよそ二十六歳くらいで、背が高く肉付きがよく、顔は白く魅力的なので、私の目には快活で美しい夫人に映った[6]》

同じ水曜日、パロスの船主たちが大した不満も持たずにコロンブスのために二隻の船を選ぶ。最初の船〈ピンタ号〉——この名前はしばらくの間その所有者であったピンソンの名前を連想させると言う人たちもいるが、あるいは《化粧した女《ラ・マキエ》》の意味かもしれない——は全長二十メートル、幅六メートル、喫水三メートル、重量六十トン。ティント川の造船所で建造されたよい船で、コロンブスは喜んでそれを受け取る。この船の最後の船主クリストーバル・キンテロはそれをしぶしぶ手放している。コロンブスは二番目の船〈ニーニャ号〉をあまり評価しない。これは〈ピンタ号〉よりもやや小さく、モゲールの造船所で建造され、その都市の守護聖女の名前をとって以前には〈サンタ・クララ号〉と名づけられていた船であるが、モゲールの船主ファン・ニーニョがそれを購入したときに〈ニーニャ号〉となった[97]（あるいはこの名称は単に《少女》の意味かもしれない）。コロンブスはそれを《操縦しにくい船》[63]だと思う。他に見つからないので、彼はその船を受け取るが、《他の船の後について行けるように》大きなマストのラテン〔三角〕帆をいくつもの小さな四角い帆に取り替えさせている。それにコロンブスはのちに次のように記している。《この二隻の船はパロスでのコーキングの不手際のせいで浸水するだろう。そこでのコーキング作業はきわめて下手であったし、彼らは提督がそのひどい仕事ぶりに気づいて作業のやり直しをさせようとしているのを知って姿を見せなくなったからだ[16]》

五月三十一日、木曜日、コロンブスは三隻目の船を要求するが、パロスの住民は不平たらたらである。そこで急いでいるコロンブスは自費でガリシアの船長、バスク人のファン・デ・ラ・コサからパロス港で見かけた大型船〈マリア・ガランテ号〉を借りる。またしても不思議な響きを持った名前だ……

それは他の船よりもはるかに大型で重量も二倍ある。しかしコロンブスはそれをあまり気に入らず、《重すぎるし、発見の目的にほとんど合わない[63]》と判断する。彼はのちに書いている。《しかしこのようになったのはパロスの人々が両君主の命令に応じなかったからだ。彼らはこうした探検に適した大型船を用意すると約束したのにそうしなかったのだ[63]》

以上がコロンブスの言うすべてであり、また彼の抱いた悪意である。パロスの人々は二隻の船を艤装《ぎそう》せねばならなかったのだろうか。彼らはそれをしなかったのだろうか。

そこでこの三隻の船は《少女》《化粧した女》《色っぽいマリア》と呼ばれる。もう一度言うが、どちらにでも取れるのだ。コロンブスの冒険においては、すべてがこのように愚劣さから崇高さまで二つの読み取りが可能なのだ。

同じときにヨーロッパのもう一方の側では、トルコの支配者バヤズィト皇帝がエジプトのマムルーク朝と平和条約を締結する。彼はマティヤス・コルヴィヌスの死に乗じてオーストリア、ハンガリー、トランシルヴァニアおよびアルバニアに一層圧力をかける。神聖ローマ帝国は反応を示さない。フリードリヒは全く干渉しないし、彼の息子マクシミリアンは他のことを考えている。ヨーロッパはこれまでになく西側に押しやられ、東洋が敵となる。海上ルートが遮られる。ヴェネツィアは東がこれまでになく窮屈になり、香辛料の海ーロッパの目の前に東洋への従来の航路をふさぐ壁がたちはだかる。コロンブスは急ぐ。こうしてポルトガル人がディアスの偉業を交易路にしようと準備を整えているときに、ヨ現に始まっている闘いに商業的に投資した賭け金は膨大なものだからだ。ポルトガルとスペインは香辛料の航路をめぐって競い合うのだろうか。彼は最もよい航路を見いだしたいと思う。

# 六月

六月五日、火曜日、絶望に沈んだスペインのユダヤ人共同体の人々に、定められた期限が満了する追放日が近づく。彼らは大変なショックを受ける。両君主をうまく説得して追放令を撤回させてくれるものと誰もが期待していた大長老アブラハム・セニョルが、コルドバの大聖堂においてフェルナンド王とイサベル女王の前で盛大に改宗したからだ。彼はフェルナンド・ペレス・コロネルという名前を名乗る。ほかならぬ彼が服従するということは、万事休すということだ。セニョルは口をつぐみ、共同体との接触を一切避ける。のちに明らかにされることだが、実際は彼はひそかにユダヤ教を実践しつづけたのであり、彼が改宗したのは、ヨーロッパに残って、うまくいけば仲間を守り、束の間であってほしい雷雨が通り過ぎるのをひたすら待つためだったのだ。

六月六日、水曜日、当時のイギリスにおける日常生活に言及した数少ない資料のひとつであるが、市参事会の調書には(99)、トマス・プリンスという名前の学校の先生が宗教に反する話をしたので、参事会は彼を追及するよう委員会の審査委員に要求することにした、ということが記されている。またそれには、一本の引き船道が通る所有地に住むある紳士がその道を改修するよう命ぜられたこと、それからある肉屋がトルコ大使の要求に応えるために四旬節の期間中に家畜を殺すのを許可されたことも記されている。

取るに足りないように見えるひとつの文書の中に、不思議なほど事柄が隣り合わせになっている。ひとつは宗教改革を予告している。もうひとつは来るべき社会暴動を予告している。三番目の事柄はイスラム教の影響力と寛容の難しさを示している。先見の明がある人から見れば、その後の世紀におけるこの国の三つの主要な問題だ。

六月七日、ポーランドのカジミエシュ四世が死んで一族が分裂し、モスクワの支配力が弱まる。〔六月十七日の記述は二五六頁参照〕

六月十八日、月曜日、フェルナンドがユダヤ人追放をシチリアにまで拡大する。彼はユダヤ人に一四九三年一月十二日までに命令に従うように伝える。翌日、今やその決定が撤回されることはないと思ったイサアク・アブラヴァネールは、王令が定める期日を待たずに――彼について来る人々と一緒に――スペインを離れる決心をする。彼は王と王妃から自分の金《きん》とお金を持って行ってもよいという特別許可を得て、家族と一緒にナポリに向かう船に乗る。

ところで数日の間にスペインのユダヤ人は、彼らの二人の最高権威者から相反する二つの伝言を受け取る。ひとりは聖職者で彼らに《改宗して残れ》と命じ、もうひとりは聖職者でない人で彼らに《改宗せずに立ち去れ》と命じる。

何とも奇妙な役割の逆転であり、それはこの時期にあって、人々の極度の困惑をますます増大させずにはおかなかった。

六月十九日、火曜日、エルナンド・デ・タラベーラはイサベルに、コロンブスの探検をとりやめにするよう圧力をかける。

六月二十日、水曜日——と思われるが——、ニュルンベルクで世間の全くの無関心の中で注目に値する出来事、たぶんこの年の最も重要な出来事のひとつが起こる。レギオモンタヌスの弟子で航海者、地図学者であり、一四八四年にリスボンでコロンブスの親友となり、一四八九年にはアフリカ探検に参加し、ポルトガルから戻っていたマルティン・ベーハイムが最初の地球儀を完成する。

〈天球〉儀はすでにあったが、地球の前方球面図は全然見たことがなかった。驚くべき変化だ。はじめて人間が地球を自分の手に持ち、その実際の姿、空間の中に投げられた何の変哲もない球体を見ることができるのだ。またはじめて世界のどの部分も特別なものではないことを知るのだ。(135) 非常に美しく描かれ、産物や特色に関する詳しい情報および多色の旗が一面に書き込まれた直径二十五センチのこの小さな濃紺色の球の上に、ベーハイムは一四八六年以前のポルトガルによる発見地の大部分を描いている。場所の名前はマルコ・ポーロがつけた名前であり、陸地と海はいかに《西の航路が魅力的である》[57]かがわかるように配置されている。大西洋はもはや空白としてではなく、これも旗によって獲得されたひとつの空間として表されている。それにはアフリカの〔サン・ジョルジェ・〕ダ・ミナを出発してヴェルデ岬諸島、カナリア諸島の南、《アンティリア》《聖ブランドン島》を通って赤道上数度の位置まで、さらに実際にはおおよそブラジルに当たる場所に位置するチパングに至る航路がはっきりと描かれているのがわかる。[135]彼はガンビアをアフリカのマラゲッタ胡椒の生産地として表示している。

ベーハイムはアフリカを彼自身が一四八六年に赴いた地点でやめ、ディアスの探検は無視しているが、彼がそれを知らないはずはない。不思議なことに、彼はその代わりにコロンブスがのちに取ることになる航路を地図に表示しているのだ……。一四八四年のあの日、毛織職人の船乗りと乾物屋の地図学者は一体何を話し合ったのだろうか。コロンブスが自分の計画をジョアン二世に提出する直前のことだ。何らかの影響が考えられるが、コロンブスはそれを決して認めないだろう。

六月十七日、日曜日、追放令が定める期日まであと二週間〔六週間?〕。サラゴサの祭司レヴィ・イブン・サントは異端審問官たちの拷問を受け、スペインの大物でアラゴンのユダヤ人の庇護者となった有名なユダヤ人改宗者アルフォンソ・デ・ラ・カバリェリーア(49)が実際は今もひそかにユダヤ教徒であると打ち明ける（祭司たちはユダヤ教の掟に従っていた改宗者たちを告発すると約束していた）。《ユダヤ人が追放される以上、私は心の重荷をおろします》、と彼は告白する。釈放されたレヴィ・イブン・サントはポルトガルに逃げる。その少しあとにカバリェリーアは殺される。彼の一族は一四一四年に改宗している。

六月二十四日、日曜日、一四九一年十二月のフランス・ミラノ同盟が正式に再確認されるが、まさにそのときにヴェネツィアの使節たちがヴィルヌーヴに入市する。慣例に従って彼らはそこに足を止め、そこの侍従たちから王の名において迎えられる(6)。使節たちはこうした関心の示し方に注意を払い、彼らの報告書にその様子を詳しく書いている(6)。

六月二十六日、火曜日、少し前にミラノの使節たちが到着したときと同じように、フランス王は半開きの鎧戸の後ろに隠れて、サン゠タントワーヌ門から彼らが到着する様子を見物する(6)。群衆の動きが活発になるときだ。そのとき印刷業者はパリで最初の〈新聞〉を発行し、次のような大見出しをつける。《つづいてヴェネツィア国の壮麗なる使節殿御一行が入市(6)》

使節たちはその入市の様子をきわめて詳細に語っている。《我々が受けた通知により、我々は十八時頃に馬に乗り、我々と随員全員は最も豪華な服を身にまといました。そして供回りの一行を前にして我々は二人ずつ整列しましたが、いとも麗しき閣下、本当にそれは壮観そのものでした（……）。我々が馬に乗って供回りの者たちと一緒にあと一里《リユー》ほどのところまで来たとき、四人の侍従とオルレアン公爵殿の三人の執事および公爵家の人々全員に会いました。彼らは閣下の崇高さに対して敬愛の念を大いに表明して我々を歓迎し（……）、また武器を持った二人の伝令官と王家の六本の長いらっぱでもって〈これまでミラノの使節たちにも他のどの使節たちにもしたことのないような歓迎〉を示してくれました。彼らのあとにはおびただしい数の馬がつづき、そこに集まった人々は総勢五百人以上に達していました（……）。結局この一同は、王の命により我々のために確保し準備したノエ殿の館まで我々のお供をしてくれました。そこは美しく申し分のない館で、至るところオルレアン殿の持っている最も美しいタピスリーがはり巡らされておりました(6)》

近代の外交電報に詳しい人によると、その正規の方式の大部分はその頃に決まる。

六月二十五日、月曜日、一四九一年十一月にその地で出されたシャルル八世の命令により、アントワーヌ・ド・ヴィルとルノー・ジュビエという二人の男がヴェルコール山地のエギュイユ山二〇九七メートルを登り始める。これは登頂の最初の試みとして知られる(70)。こうして山においても、冒険家たちの時代がやってきたのだ。今や海だけが彼らの唯一の場所ではない。しかしこの場合は、その先には交易路も富もない。本来的に危険を冒す時代なのだ。

六月二十七日、水曜日、スペインのユダヤ人は売れるものは売り払い、共同体はひどく貧しい人たちの旅費の支払いを援助しようとする。キリスト教徒の反応は実にさまざまである。ヘローナ（カタルーニャ地方）の〈ユダヤ人会《アルハーマ》〉は学校や浴場や病院と一緒に集会所《シナゴーグ》の土地を売却する。パレンシアの共同体は貧しい人たちの旅費を調達するために集会所を売却しようとするが、市議会は何人《なんぴと》もそれを買うことを禁止する。反対にビトリアの共同体の場合は、自分たちの墓地には決して何も建てないと約束するよう市議会に頼んで墓地を市の管理に委ねると、市はその約束を守ることを承諾する。――そしてその墓地を第二次世界大戦直後まで破壊しないだろう。(97) ドイツで一九九一年にラーヴェンスブリュック〔ナチスの強制収容所があった〕にスーパーマーケットを建てようと考えた人たちはきっとそのことを思い出したにちがいない。

この集団移住を実際に目にした証言はごくわずかしかない。キリスト教徒のアンドレ・ベルナルデス神父はその直後に書いている。《スペインのユダヤ人たちは、あの財産やあの豪華な品を見捨て、分別を失い、当てにならない希望に身を任せ、数カ月で売れるものはすべて売り尽くした。彼らは驢馬《ろば》一頭とひき換えに家一軒を与え、織物や布地の、巻きとひき換えに葡萄《ぶどう》畑を与えていたのだ。立ち去る前に彼らは十二歳以上の子供たち全員を互いに結婚させ、どの娘も夫と一緒にいるようにした(49)》

同じ六月二十七日、ローマではインノケンティウス八世が突然病に倒れる。医師たちが呼ばれる。尚書局の人たちが動きまわる。問題は重大だ。半島の政治的バランスはきわめて不安定なので、次の教皇の選出いかんによってはナポリの支配をめぐってイタリアで戦争が起きないとも限らないからだ。デラ・ロヴェレ家とボルジア家は真っ向から対立しようとしている。最近ローマ教会に対して重ねて誓いの証を示したカトリック両王は、敬虔さよりもスペイン人であることから何とかロドリゴを教皇にしたい。シャルル八世はロドリゴを支持するが、イタリアの教皇に期待しても何にもならないことを知っている。それはシャルル八世のナポリに対する野心を利用しようと考えているミラノも全く同じだ。ナポリとフィレンツェがデラ・ロヴェレ側につく。ヴェネツィアは野営の部隊を集結させる。しかしロドリゴが本命だ。何しろ今はスペインが順風満帆なのだから。

# 七月

七月一日、日曜日、ド・ヴィルがエギュイユ山頂に達する。(70) 登山《アルピニスム》において、最初の〈初登頂〉が実現される。これは長い間人々に知られることはないだろう。

七月五日、木曜日、富裕な家庭出身の若いフィレンツェ人アメリゴ・ヴェスプッチが、メディチ商会の代理人として船の装備を買い付けにスペインに赴く。彼も同世代の多くの若者たちと同じく、発見に対する熱情と栄光の夢に心を奪われてそこから戻ることはないだろう。不思議な巡り合わせだ。この無名の青年は七月末にスペインに着くが、それはちょうどコロンブスがそこを出発するときなのだ。ひとりがもうひとりの名前を持つ大陸を発見するだろう。

七月七日、土曜日、カトリック両王の決定がヨーロッパ中のユダヤ人排斥の動きを強め、ユダヤ人の置かれた状況が悪化する。たとえば聖体のパンを司祭から買い、それを冒瀆したとしてメクレンブルク侯から告発された人々のうち、三十人が死刑に処せられている(49)。同じ日、シャルル八世はブルターニュ人に、公領の高官たちが定めた税金以外には払わなくてもよい権利を認めている。

七月八日、日曜日、パリではヴェネツィアの使節たちがやっと王に面会を許される。彼らの描くフランス王の肖像はなかなか味わい深い。《フランス国王陛下は年齢二十二歳、体つきは小柄でひ弱、醜男《ぶおとこ》、目はぎょろりとして白く、善よりも悪を見るのにはるかに向いている。鼻は鷲鼻でふつうよりも高く大きく、唇も分厚く、その唇を絶えずあけている。神経質に手を動かすことがあり、見ていて快いものではない。話し方はゆっくりしている。間違っているかもしれないが、私の判断では、彼は肉体も精神も大したものではないと思う。けれども元気溌剌としてポーム遊びや狩猟や騎馬槍試合を楽しんでいるためか、パリでは人々は皆彼を称賛している。ともかく彼はそうした運動に多くの時間をかけている。人々は彼を次のことでも称賛している。これまで彼は諸々の審議や問題を〈秘密顧問会議〉の数人に任せきりだったが、今は審議し決定すべき人になろうとしており、間違いなくそれをびしびしと実行すると思われている(6)》

王は自分が君主であり、権力を持った顧問官や邪魔な摂政の時代が過ぎ去ったことをわからせる術《すべ》を心得たのだ。彼は自ら必要な命令を出してロドリゴ・ボルジアの野心に支出し、そこから多くを期待する。彼はロドリゴに二十万ドゥカートという大変な額を送っている。

七月十五日、日曜日、コロンブスは船員を選びつづける。彼はバスク人、スペイン人を雇う。彼らの中に何らかの秘密の航路、何らかの未知の地図を知っている者が幾人かいるだろうか。彼らの中では誰ひとりギニアに行ったことがないように思われる。彼らは外海での航行に慣れた、しかも《急旋回》を体験して知っている船乗りたちだ。全員が危険の多い旅であることは承知している。コロンブスは二カ月の航海について語る。多くの者たちは問題がはるかに多いことを知っており、アジアに到達するよりも島々に期待をかける。《アンティリア》《聖ブランドン》が夢を与えるのだ。またコロンブスは医師を数人、発見を記録する書記をひとり、それからアラビア語を話す最近改宗したばかりのユダヤ人をひとり連れて行く。きっと出会うはずのあのインディオや中国人を改宗させるためであり、彼らはきっとアラビア語を話すにちがいないからだ！　彼は本当にそう思っているのだろうか。不思議なことに、彼は聖職者をひとりも連れて行かない。

航海という観点から見ると、この探検はピンソン一家の手に握られている。彼らのうち二人が船の一隻を指揮する。〈ニーニャ号〉の船長はビセンテ・ヤニェス・ピンソン、第一指揮官はその船主フアン・ニーニョ、第二指揮官は船長の弟フアン・マルティン・ピンソンで、それには二十二名が乗り組む。三番目のピンソンであるマルティン・アロンソは〈ピンタ号〉の船長となり、二十六名の乗組員と一緒に乗り組む。バスク人のフアン・

デ・ラ・コサが〈サンタ・マリア号〉の船長となり、コロンブスは三十九名の男たちと一緒にそれに乗り組む[97]。十五カ月分の食糧、六カ月分の水、それにインディオ用に用意した安物の品々の積み込みが始まる。

七月十八日、水曜日、ローマでひとりのユダヤ人医師――教皇のまわりにたくさんの医師がいる――が人類最初の輸血を教皇に試みたらしいという噂がささやかれる。とにかくそれが知られている最初の輸血である。三人の青年がローマで死に、手術は失敗に終わったという話だ。事実は明らかにされていないが、そのニュースは聖父〔ローマ教皇〕の周囲の人々の間で大変な話題となる。

七月二十五日、水曜日、教皇が息を引き取る。彼の後継者に挙げられた二人の有力な候補者は、ナポリ王およびヴェネツィアが支持するシクストゥス四世の甥ジュリアーノ・デラ・ロヴェレと、スペイン、《ミラノ陣営》およびシャルル八世が推す候補者ロドリゴ・ボルジアである。イタリアの年代記作者グイッチャルディーニは書いている。ボルジアは当時、《独特の賢明さと熱情、すぐれた思慮分別の持ち主であり、説得にかけてはすばらしい能力を示していたし、重大な事柄も驚くべき巧みさと熱心さでさばいていた。〈けれども彼は美徳よりも悪徳の方がはるかに優っていた〉》[60]

十六世紀におけるローマ教会の運命は挙げてこの最後の指摘の中にある。

七月二十九日、ヴェネツィアの使節たちが再び《多くの他の貴族たちと一緒に》(6)フランス王のもとに迎え入れられる。彼らはヴェネツィアがフランスと条約を締結することを受け入れるかどうか尋ねられる。彼らの答えは彼らに出されている指示どおりのものだ。《彼がイタリアにおいて熱望していることがあり、そのために我々との条約の機会を探るようなことがあるかもしれぬから、もしものときには、彼があえて口に出すかもしれぬ要求に対して明確な答えは何もせぬように努め、あくまで丁重に、言えぬことは一切避けるように心がけてほしい。彼にはこう答えられよ。その問題は私どもの任務に含まれていないし、それに私どもはそのような同盟のことを心配する必要などありませぬ。それは閣下も当然ご承知のとおり、閣下と我々との間には常に友情と好意の真の交換があり、閣下は閣下の名誉と利益に関すること一切について、よき友から当然期待してよいように、常に我々を当てにしてよいのですから、とな(6)》

近代の外交官ならば、何も言わぬこの優雅なやり方をうらやむかもしれない。

七月三十日、月曜日、ヴェネツィアの使節たちはフランスの軍事力をそっと観察しに行く。彼らはヴェネツィア共和国がトルコ軍との戦いでほとんど自由に扱えない武器、とりわけ大砲の新しさにとても驚いてそこから戻る。彼らの記述は当時の武器について我々が持っている最も正確な資料のひとつである。

《王の所有している大砲は鉄の玉を飛ばす臼砲《きゅうほう》で、それが石製ならばおよそ百リーヴル〔一リーヴルは五百グラム前後〕の重さになろう。それらは台石とかそれ以外の支えがなくても実にうまく玉を発射できるように、見事な工夫を凝らした小さな四輪の荷車の上に据えられている。小さな二輪の荷車の上に据えられた石弓もある。これらの大砲は二つの場合に用いられる。ひとつは野営地が設営され、これらの荷車で砦を作る場合で、そうすれば難攻不落になる。もうひとつはどこかの場所を破壊する場合で、そのときにはこれと同じ臼砲で実に簡単に、しかも〈我々の大砲でそうするよりもずっと場所も取らず時間もかけず〉(6)防壁を取り壊す》。つまりフランスがその気になれば難なくイタリアに攻め込めるだろう。だからもしフランスがそうするのなら、我々ヴェネツィア人はそれにかかわらないようにしよう……それはまさに二年後に起こるだろう。

七月三十一日、火曜日、王妃に面会した同じ使節たちは、彼女について仮借のない肖像を描いている。《王妃は十七歳(原文のママ)。背が小さく、身体もやせこけており、片方の足が不自由で、高い踵の靴を使ってはいるが、はっきりとわかる。褐色の髪で顔は可愛いが、年齢のわりにはずるそうだ。だから彼女が一度心に思ったものは、そのためには笑ったり泣いたりして、何がどうあろうとそれを得ようとする》(6)。彼らは彼女に総督からの贈り物を手渡す。《金襴一巻きと金地に縁飾りのついた毛織物一巻き、その他に織物二巻きで、ひとつは紫色のビロード、もうひとつは深紅色の繻子《しゅす》、それぞれが二十二ブラ〔ブラは上腕の長さ〕で、見いだしうる中で最も美しいもの》[6]を。

そのあと今日ならばいかなる使節もしないような注釈を加えている。《彼女はひどく嫉妬深く陛下を離さないので、妻となってこの方、彼女が王と一緒に寝なかった夜はほとんどなかった。その点で彼女は非常に品行方正でもあった。というのは彼女は妊娠八カ月であるから[6]》。十二月にさかのぼる結婚ではあるが……その時期を信用してよいかどうか。実際には子供は二カ月半後に誕生するが、時期としてはまあまあだろう。フランスに王位継承者ができるのだ。ヨーロッパの宮廷では将来の結婚に関心のある人々の駆け引きが早くも始まる。ところがその子供は早死にし、そうした一切の目論見《もくろみ》も崩れ去るだろう。

同じ七月三十一日、火曜日、追放令に従って――よく八月二日と書かれているが、そうではない――スペインのユダヤ人はカスティーリャとアラゴンを離れ始める。歴史上最初の〈難民《ボートピープル》〉である彼らは、船でイタリア、フランドル地方、マグレブ、中東に向かう。陸路ではナバラ、フランス、ポルトガルに向かう。ベルナルデス神父は書いている。《彼らは子供も大人も、老いも若きも、生まれた土地を離れ、徒歩で、馬に乗って、驢馬の背あるいは荷車に乗って、出発した。途中たくさんの災難が彼らを待ち受けていた。倒れる者、立ち上がる者、死ぬ者、生まれる者、そして病気になる者もいた。彼らに同情を寄せるキリスト教徒などいなかった。祭司たち全員が彼らを励まし、太鼓や笛の音に合わせて女の子や男の子たちに歌を歌わせ、人々の気持ちを奮い立たせていた。こうして彼らはカスティーリャから離れていった。ある人々はポルトガルへ行き、他の人々は港で船に乗り

込んだ(49)》

# 八月

八月二日、木曜日――ユダヤ暦ではローマ人によるエルサレムの神殿破壊の日を示すアーヴ月の九日に当たる――ユダヤ人は国を離れつづける。あるジェノヴァの年代記作者は記している。《彼らは青ざめて痩せ細り、血走った目つきをした亡霊に似ていた。もし彼らが急いで立ち去らないと殺されてしまうだろうとの噂だった。多くの人たちは埠頭《ふとう》で死んだ[49]》

どれだけの人が去り、どれだけの人が残ったのだろうか。アブラヴァネールは一四九六年に、ナポリから次のような手紙を書くだろう。《天に対する畏敬と神の栄光にかけて私は証言する。イスラエルの子らの数は彼らの繁栄が強奪された年には三十万人であった。彼らの所有する不動産、動産の財産の価値および豊饒な天の恵みは純金でおよそ百万ドゥカート以上であり、それは彼らが不幸な時代に備えて残しておいた財産であった。そして我々の亡命と破壊から四年後の今日、すべてが同時に滅び、辛い結末となった。というのは彼らのうちおよそ〈一万人の男女と子供たちだけが残って同じ地域に住んでいる〉だけで、しかも亡命地では彼らは自分たちの財産や生まれた国から自分たちの手に持ってきたもの一切を使い果たしたからである(1)》

五万人が残って改宗し、二十万人以上が立ち去ったというのが最も本当らしい。前者の大半はのちに亡命することになる。カトリック両王はスペインを離れることに決めたユダヤ人の数に驚く。両王は大多数が改宗するものと予想していたのだ。

同じ八月二日、木曜日、ローマの教皇選挙会議《コンクラーヴェ》は荒れ模様になる。脅しが行われる。二週間の間に二百人が殺される(97)。ロドリゴ・ボルジアは今度こそ自分のチャンスをつぶすまいと決心する。カトリック両王とフランス王の財政援助によって彼は一票また一票と枢機卿会を買収し、自分が教皇に選出されたら全員の収入をヴェネツィア貨で一万五千ドゥカートに増やすと枢機卿全員に確約する。この金額は半キンタル〔五〇キログラム〕以上の金《きん》に相当する(16)。

八月三日、金曜日、コロンブスの三隻のカラヴェル船が大勢の人たちの前で、十五カ月分の食糧と六カ月分の水、すなわち一人あたり三百キロの荷物を積んでパロスの港を離れる。《六カ月》とは。もし本当に地球の半分を横断しなければならないとしたら、それこそ無鉄砲なことだ! 探検隊の総数は九十名。提督旗は〈サンタ・マリア号〉に掲げられる。ピンソン兄弟が——ビセンテ・ヤニェスは〈ニーニャ号〉、マルティン・アロンソは〈ピンタ号〉で——操縦を指揮する。コロンブスは今やひとりの冒険家ではなく、すでに副王になったつもりでいる。彼は簡潔に書いている。《八月三日、金曜日、両陛下の所有するカナリア諸島に針路をとった。そこから私の航路に沿って進み、インドにたどり着くまで航海をつづけるのだ……私の計画をやり終えるには睡眠を忘れねばなるまい(63)》。これはコロンブスが一人称で自分のことも語っている数少ない文章のひとつである。

八月四日、土曜日、アイルランドでパーキン・ウォーベックの反乱が起こる。この人物は自分をエドワード四世の息子でヨーク公リチャードと詐称した――たぶんロンドン塔で死んだ――フランドルのペテン師である。ウォーベックはエドワード四世の妹に支持され、スコットランドのジェームズ四世の助力を得て、マクシミリアンからイギリス王として承認される。彼の冒険はその二年後に処刑という惨めな結果に終わるだろう。

八月五日、日曜日、L・カルダイヤック訳による当時の匿名のある話(136)は、追放されたトレドのユダヤ人アブラハム・ベン・サロモン・デ・トリュティエルと、テュレイティァリとまだ呼ばれているグラナダのイスラム教徒との間でカディスの港で交わされた感動的な対話を次のように伝えている(136)。

《私は私の父と仲間たち全員と一緒に立ち去ります。我らの民は世俗の知恵を知り、その代わりにイスラエルの法律を忘れています。神はその民に対して姿を現したのです。その民が不信仰だったからです。貧しい人々と不幸な人々だけが今もなお信仰に忠実に生きているのです……この選ばれた民に対する正当な罰です。恵まれた人々《エリート》が自分の魂よりも自分の財産を守ろうとしたのですから[136]》

テュレイテュリは、《自分の運命もこの追放されたユダヤ人たちのようになるだろうと予感する。彼は自問する。イスラム教がスペインの地にある領土一切を失ったとき、イスラム教は都市の明け渡しに際して敗者に提示された寛大な条件を受け入れるだろうか。もちろんキリスト教の関係当局は、イスラム教の信者たちがその信仰の中に生き自分たちの言語や宗教を持ちつづけてもよい、しかも今後いつまでも、と約束した。しかし勝利に酔いしれたキリスト教徒が与えるそのような協定がどれだけ有効なのだろうか。なんて美しい夜なのだろう！　彼はアフリカ沿岸を前にしてここに残ろうと決心する。だが彼は自分がやがてこの大陸を離れることを知っており、自分の中に過去全体、自分の過去が広がるのを感じる。この夏の夜の甘美さの中で、彼はこのスペインの地で生きる自分に残されたわずかの日々をもっと激しく享受するために、何とかその過去をつかまえ、生き返らせ、現実のものとしたいと願うのだ[136]》。

ヨーロッパを完全にキリスト教化する、二重の破壊を物語る美しい話だ。次に待ち受けているのは、港を離れたばかりの船の上で、これまで打ち捨てておいた土地を同じようにキリスト教化するために、もうひとつの大陸の住民に対して準備されている破壊だ。

八月六日、月曜日、〈ピンタ号〉が航海中に舵のトラブルを起こして遅れる。コロンブスはぶつくさ文句を言う。彼はこの船のために遅れるだろうということをよく知っていたのだ(47)！

八月八日、水曜日、コロンブスはグラン・カナリアを目にするが、この島には寄らない(47)。

八月九日、木曜日、追放されたユダヤ人たちがスペインを離れつづける。その日の出発を目撃した数少ない証人のひとりヨセフ・ハ＝コーヘンによると、《アーヴ月の十六日、家畜のような人間の群れを積んだ十六隻の大型船がカルタヘナの港を離れた。それは他の地方でも同じだった。ユダヤ人は風に吹き流されてアフリカ、アジア、ギリシア、トルコへと、彼らが今日もなお住んでいる地域に去っていった。耐えがたい苦悩と激しい苦痛が彼らを襲った。ジェノヴァの船乗りたちは彼らをひどく虐待した。この不幸な人たちは途中で絶望して死んでいった。彼らが隠そうとして飲み込んでいた金《きん》を、イスラム教徒たちは死人の腹を裂いてその胃袋から取り出し、その他のものは海に投げ捨てた。ペストと飢えのために衰弱した者もいたし、船長によって裸同然で無人島におろされた者もいた。また不幸なこの年には、壮麗な都市ジェノヴァおよびその配下の都市に奴隷として売られる者もいた(49)》。

たぶんこの話は、現実に即したというよりも論戦的な証言と見なすべきだろう。

同じ八月九日、裏取引、賄賂、脅しがあったにもかかわらず、ローマでは相次いで三回の投票が行われるが、それでも教皇が決まらない。三回目の投票では、ロドリゴ・ボルジアの選出にわずか一票足りない[29]。フランス、ミラノ、スペインは熱心に彼を支持する。枢機卿ジョヴァンニ・デ・メディチは彼に対する反対運動を繰りひろげる。九十五歳の老人であるヴェネツィア総大司教マッフェオ・ゲラルドはためらっているようだ。

八月十日、金曜日、ようやくロドリゴ・ボルジアは最も貴重な票を獲得するのに成功する。ヴェネツィア総大司教の票であり、彼は総督の指示に背いて反対陣営に移る。しかし宗教から独立した共和国ヴェネツィアは総大司教に何も言えない。枢機卿は自由な人間であり、また教皇選挙会議は秘密を原則としているのだ。

八月十一日、土曜日の朝、聖座〔ローマ教皇庁〕の煙突から白い煙が立ち昇る。ロドリゴ・ボルジアが四回目の投票で選出される。彼はアレクサンデル六世という名前を選ぶ。六十歳の彼には魅惑的な愛妾と四人の子供がおり、その中にチェーザレとルクレチアがいる。その当日に彼は、それぞれの使者に三百五十ドゥカートを出して、ヨーロッパ各地にその報せを伝え、また自分の肖像を刻んだドゥカート金貨を鋳造させる。

八月十二日、日曜日、〈ニーニャ号〉と〈サンタ・マリア号〉がカナリア諸島のひとつ、ゴマラに到着。マルティン・アロンソ・ピンソンの指揮する〈ピンタ号〉は次第に遅れる。

コーキングが十分でなく、船が浸水する。コロンブスはパロスの人々をののしりながら、その船に代わる別の船を求めて島から島へと移動するが、徒労に終わる。一行はテネリーフェ島で火山の噴火を目撃する。(47)

八月十六日、木曜日、シャルル八世がヘンリ七世にアンヌ・ド・ブルターニュの借金、しかも彼と戦争をする目的で借りた借金を払うつもりのないことを知らせる。

八月十八日、土曜日、ヴェネツィアでボエティウスの論説『音楽教程』がはじめて印刷される。これは六世紀に書かれた重要な書物で、聖地の建築構造と典礼聖歌の構造とを照応させており、中世を通じて注解を施されたものである。

八月十九日、日曜日、スペインのユダヤ人たちの出発がつづく。本当にひどいこともいくつか起こっている。当時のある話によると、《イタリアに向かうために乗船した人々の中にヨセフ・ギボンと呼ばれるユダヤ教会堂の聖歌隊員がいた。彼にはひとりの息子と数人の娘がいたが、娘のひとりが船長に愛されてしまう。それを知らされた娘の母親は死を選び、娘たちを海に投げ込み、つづいて彼女自身も海に身を投げた。これを知った水夫たちは恐怖に捕らえられ、彼女たちを船につれ戻そうと海に飛び込み、何とか娘のひとりをつれ戻した。その娘の名前は鳩を意味するパロマだった。娘たちの父親はこんなふうに語って彼女を悼んだ。「奴らは鳩を捕まえ、その鳩を海に投げ込んだ」[83]》。

こんな話もある。《プロヴァンス地方に近い島々に放り出された人たちの中に、餓死寸前の年老いた父を連れたユダヤ人がいた。彼は一切れのパンを恵んでくれと頼み歩いたが、この見知らぬ土地では誰ひとり彼にパンを与えようとしなかった。そこでこの男は老人を元気づけようとパンを手に入れるために一番若い息子を売りに行った。ところが彼が父のそばに戻って来たときには、もう父は死骸となっていた。彼は服を引き裂いて悲しみ、息子を取り戻しにパン屋に戻ったが、パン屋は息子を返そうとはしなかった。男は悲痛な叫び声を上げ無念の涙を流したが、彼に救いの手を差しのべる者は誰ひとりいなかった[49]》

八月二十日、月曜日、コロンブスはカナリア諸島のサン・セバスティアンに接岸する。彼は相変わらず〈ピンタ号〉に代わる船を探すが、徒労に終わる。周辺にはこの大きさの船はない[47]。

八月二十五日、土曜日、コロンブスは三隻の船で再びグラン・カナリアに接岸する。彼が〈ピンタ号〉の面倒をみなければなるまい。彼は一瞬航海に乗り出すのをためらう。

八月二十六日、日曜日、アレクサンデル六世が壮麗な式典のつづく中でサン・ピエトロ大聖堂の階段で戴冠する[79]。

八月二十八日、火曜日、教皇選出を知らせるべくローマから派遣された使者のひとりがボルジア家の出身地ヴァレンシアに到着する。その報せに民衆は喜び、大変なお祭り騒ぎとなる。(29)

八月三十一日、金曜日、アレクサンデル六世は約束どおり、自分を支持してくれた人々に大修道院、司教区、封土からの収入八万ドゥカート余りの金を分配する。彼の息子チェーザレはヴァレンシアの大司教区とヴァルディーニャの大修道院を貰い、全部で二万ドゥカートの収入を得る。(29)彼の甥フアンは枢機卿の地位を得る。彼を大いに助けたルドヴィコの弟、ミラノの枢機卿アスカニオ・スフォルツァは教皇庁尚書院副院長となる。彼に投票しなかったジョヴァンニ・デ・メディチまでが俸禄を受けるが、それはフィレンツェの新しい君主ピエーロにフランス王を支持させないようにするためである。(32)フランス王は相変わらず自分のナポリ介入をアレクサンデルが邪魔しないことを期待している。教皇は沈黙を守るが、のちにある人たちが裏切りと呼ぶ新しい同盟関係を準備する。

八月末日、ソンガイ族の皇帝アリ・ベルが不慮の最期を遂げる。遠征から帰る途中ニジェールで溺死したらしい。将軍のひとりサラコッロ・モハメド・トゥーレが皇帝となり、アスキア家のイスラム教王朝を創始する。かなり大きな帝国が解体する。ソンガイ帝国はマリ帝国から解放され、全面的にイスラム教を受け入れる。ヨーロッパから追い出されたイスラム教はアフリカに進出し、アフリカ大陸の西側を支配する。

## 九月

九月一日、土曜日、ヴェネツィアの使節たちは、指示された期間よりもはるかに長くパリに滞在したあと、そこを離れる。彼らは一四九二年のフランスについて報告書を作成するが、これは外国人から見た当時のフランスの地誌に関する数少ない記録である。《フランス王国は実際には非常に大きく、私の考えでは、ふつうに思われているよりもまちがいなく大きい。それはフランスの領土には、九都市が司教区を持ち二都市が付属教区を持つブルターニュ地方を含めて、全部で四十七の地方もしくは地域があるからだ。大司教区のある都市が三十六、司教区のある都市が百二十八を数え、それを全部合わせると百六十四都市になるが、その中でも最も威厳のある都市はパリである……そこはきわめて富裕な都市で、あらゆる種類の仕事にあふれ、ものすごく人口が多い。そこの人口は、最も少なく見積もる人々の話でも三十万になるという(6)》

後背地を持たない臨海都市から来た人たちであるからもっともだと思うが、彼らの感嘆の念から出た過大評価だ。

九月二日、日曜日、コロンブスはゴメラ島に戻っている。やっとのことで船のコーキング作業を終えたのだ。[47]

九月六日、木曜日、コロンブスはようやく西に向けて出帆することを決心する。冒険が始まる。どのコースを取ろうか、どの風にしようかと迷うことはない。彼はトスカネリの地図を持っている。どこにどのように行くのかを知っている。今日でもなお、彼の取ったコースは考えられる最良の航路のひとつだ……

九月八日、土曜日、航海日誌——少なくともドミニコ会士バルトロメー・デ・ラス・カサスがのちに作成した要録によって知られているもの——の中にコロンブスは記している。《三時に風が北東から吹き始めた。そこで提督は西に針路を取った。船は船首から波をかぶり、そのため進行は困難をきわめた》

九月九日、日曜日、カナリア諸島が見えなくなる。この日から彼は乗組員に不安を与えないように計画的に進んだ距離を少なく勘定することにする。[47]

九月十一日、火曜日、船隊はどこかの船の残骸である木片がひとつ流れて来るのを目にする……不吉な予感(47)。

九月十三日、木曜日、ロレンツォの孫でピエーロの息子、メディチ家のロレンツォ二世が誕生する。彼は一五一三年に叔父ジュリアーノのあとを継ぐ。彼はマドレーヌ・ド・ラ・トゥール・ドーベルニュと結婚するだろう。フランス王妃となるカトリーヌ・ド・メディシスは彼の娘である。

九月十四日、金曜日、鯵刺《あじさし》と熱帯鳥が各一羽——理論上は陸地から百キロそこそこしか離れていないということだ——船の上を飛んでゆく。すばらしい兆候だ(47)。

九月十五日、土曜日、やはりラス・カサスによる要録だが、コロンブスは記している。《夜も昼も、提督は針路を西へ二十七海里《リュー》以上進めた。夜になる頃、彼らはすさまじい火の帯が空から四、五海里離れた海へ落ちて行くのを目にした(47)》

九月十六日、日曜日、船隊は濃い緑色をした《草》に覆われたサルガッソー海にいる……船乗りたちはおびえる。彼らは引き返すことを望む。しかし提督が彼らを落ち着かせる(47)。

九月十七日、月曜日、コロンブスは記している。《たくさんの藻類に出くわしたが、それは川から来たものと思われる。また一匹の生きた蟹に出くわし、提督はそれを調べた。この生きものは三十海里以上離れて存在することはないのだから、これは陸地に近い確かな証拠である、と提督は言った。また海の水もカナリア諸島を離れたときよりも塩分が少ないし、風も常にずっと穏やかなことに気づいた。全員が非常に陽気になって航海をつづけた(47)》

九月十八日、火曜日、辛うじてついて来る〈ピンタ号〉にいるマルティン・アロンソ・ピンソンは一群の海鳥が西へ向かって飛んで行くのを見かける。北の方は空が暗い。皆はまもなく陸地が見えると思う。マルティン・アロンソの船がコロンブスの船を追い抜く。皆は女王がどこか新しい島か半島を発見した者に与えると約束した一万マラベディーの報奨金を競って得ようとする(47)。

同じ十八日、ヘンリ七世はフランス王に対して、アンヌ・ド・ブルターニュの借金を即刻支払わねならば報復すると脅す。フランス王には返済のための先立つものがない。

同じ日、数学者ルーチョ・パチョーリがルドヴィコ・イル・モーロの注文した騎馬像に必要な重量を二十万リーヴルの合金と概算する。レオナルド〔・ダ・ヴィンチ〕はそのときこう書いている。《できるかぎりブロンズの馬に一層精を出すことをお約束します。これは閣下の亡き父君であられるいとも尊き主君の不滅の栄誉と永遠の名誉となりましょ

う》

九月十九日、水曜日、コロンブスの一行は水かきのある鳥を二羽見かける。この鳥も陸地から二十海里以上離れることはないと考えられている(47)。

九月二十日、木曜日、次第に鳥が多くなる。鰹鳥《かつおどり》が四羽と鰺刺が一羽。海藻が多くなる。陸の鳥のさえずりが聞こえる(47)。

九月二十一日、金曜日、海はほとんど固形物のようだ。それほど海藻が密生している……そこからたくさんの怪物が現れるのを見ようなどというのは船乗りたちの好むところではない(47)。

九月二十二日、土曜日、カトリック両王の書記官フェルナンド・デ・サフラがバヌ・アブド・アル・バール一族全員の追放を彼らに告げる（その一族からナルシド朝の首長がたくさん出ている）。

九月二十三日、日曜日、鳥の数が次第に多くなる。《海はとても静かで波も立たなかったため、乗組員たちはぶつぶつ不平を言い始め、この辺りでは大きな波もないのだからスペインへ戻るための風も吹かないだろうと言った。しかしそのあと波がかなり大きくなり、彼らは驚いた》。コロンブスは心配していない。まるで大西洋の風に関して最も近代的な情報を持っているかのようだ。(47)

九月二十四日、月曜日、フランスとイギリスの間の状況が悪化する。ヘンリ七世は支払いを迫るために、頑として返済を拒否している債務者に対して軍事行動に出る準備をする。本当に戦争をするのではなく相手を脅すためである。

九月二十五日、火曜日、マルティン・アロンソ・ピンソンは島を見つけたと思う。誤った思い込み。兆候は多くなっているのだが、乗組員たちは不安になっている。ピンソンが〈サンタ・マリア号〉に乗り込んできてコロンブスと会い、暴動が起きた場合に取るべき処置を話し合う。(47)

九月二十七日、木曜日、ヨーロッパ平鯛《へだい》〔鯛の一種〕を一匹釣り上げる。(47)

九月二十八日、金曜日、ヨーロッパ平鯛を二匹釣り上げる。(47)

九月二十九日、土曜日、一羽の軍艦鳥が羽ばたいて飛んでいくのが見える。(47)

九月三十日、日曜日、コロンブスは四羽の熱帯鳥の群れを一度、四羽の鰹鳥の群れを二度見たと記している。[47] 彼はチパングがカナリア諸島から七百五十海里のところにあると思っている。コロンブスの考えではこの距離を走ったのだから、彼が近いと〈確信する〉陸地を通り過ぎることのないように夜の航行はしないことにする。彼は船員たちに、この辺りには島々があるけれども立ち止まらずにインドへ向かわねばならない、それらの島には帰りに寄ることにする、と命じる。[63] 彼は羅針盤の磁針の変化を記録する。不思議なことに、彼は〈nordestear〔北東に傾く〕〉と〈noroestear〔北西に傾く〕〉という言葉を使っているが、これらの言葉はポルトガルでは次世紀のはじめにならないと他の航海関係の資料に出てこない。[47] 予感だろうか。それとも何人かのポルトガル人は、多くの知識の中でもこれらの知識をかなり早くから持っていたのだろうか。そしてコロンブスはそうした人たちのひとりだったのだろうか。

同じ九月三十日、日曜日、教会は計画的にユダヤ人墓地を破壊し、スペインにおけるユダヤ人の存在の思い出までも消し去る。フェルナンド・ペレス・コロネルとなった祭司アブラハム・セニョルがミサに出席する。イサアク・アブラヴァネールはナポリ王の宮廷において回想録の執筆に取り組んでいる。

## 十月

十月一日、月曜日、三隻の舵手《だしゅ》がそれぞれの航行里程を比較する。カナリア諸島からの距離を、〈サンタ・マリア号〉の舵手は五百七十八海里《リユー》、〈ピンタ号〉の舵手は六百三十四海里、〈ニーニャ号〉の舵手は五百四十海里と勘定する。コロンブスはその距離を七百七海里と推定するが、船乗りたちに不安を与えないように五百二十四海里としか言わない。

十月二日、火曜日、ヘンリ七世は一万五千人の軍隊をカレーに上陸させ、フランス王を脅す。

十月六日、土曜日、ヘンリ七世がブーローニュを包囲する。

同じ日、コロンブスはチパングを通過しなかったかどうか自問する。一部の船乗りたちは不安になり、ぶつぶつ不平を言う(47)。

十月七日、日曜日、今度は〈ニーニャ号〉から誤った警報が出る。南西から来る渡り鳥を見かけたのだ。それを見てコロンブスは針路を変更する。彼は南西へ向かう。そのために彼は大陸に上陸する機会を失うことになるが、そうしなければフロリダあたりに着いたかもしれない(47)。

十月八日、月曜日、海は静かだ。鴨を見かける(47)。

十月十日、水曜日、フランス王妃が王太子シャルル＝オルランを産む。この名前（伊）オルランド。イタリアの騎士道物語の英雄〉はまさしく王のイタリアへの憧れを示している。それはイタリアでは一種の脅迫のように響く。教皇は彼の擁護者であるカトリック両王と全く同じように、フランスの野心を阻止しようと決めている。この新生児の結婚がもう人々の関心事となるが、この子供はまもなく死ぬ。

同じ日、もう三十五日も寄港せず海にいる船乗りたち(47)は〈サンタ・マリア号〉の船上で暴動を起こす。ピンソン船長は彼らを海にほうり出すことにするが、コロンブスの方は話し合って解決しようとする。《ここで乗組員たちは長い船旅の不服を申し立てた。彼らはこれ以上先に進みたくはなかった。提督は彼らを待ち受けている諸々の利得のことを話し、できる限り彼らを元気づけた。もっとも彼は、どんなに不平を言っても自分の決心は変わらないし、インドへ赴くために出発したのだから、我らの主のお助けによりそこに着くま

では航海をつづけるつもりだ、と断固とした態度で言った》

十月十一日、木曜日、コロンブスは記している。《提督は西南西へと航行していた。彼らはこの航海中かつてなかったものすごい嵐に遭う羽目になった。海鳥が飛来し、船の近くを一本の緑色の枝が流れていった。カラヴェル船〈ピンタ号〉の乗組員たちは一本の竹と棒を見つけ、また刃物できれいにカットされたと思われる他の棒切れを拾い上げた。さらに竹の端切れと陸地に生えている他の草と小さな木片を目にした。カラヴェル船〈ニーニャ号〉の乗組員たちも、陸地が近い証拠となるようなものや実のついた小枝を目にした。こうして全員が希望を取り戻した……》

夜の十時にコロンブスは海面の高さにかすかな光を見かけた。彼はそれが幻覚でなかったことを確かめるために同行者の二人、〈サンタ・マリア号〉のグティエレスとサンチェスにそれをそっと伝えると、二人もその光をはっきりと認めるが、沈黙を守る。(47) コロンブスは自分が恩賞を得ようとしてそれを秘密にしておきたいのだ。ある人たちによると、十一時頃〈ピンタ号〉の水夫ロドリゴ・デ・トリアーナが《陸だ!》と叫んだという。別の人たちによると、その水夫の名前はファン・ロドリゲス・ベルメホで、その男が船首楼から海岸を見つけたのは午前二時頃だという。いずれにしろコロンブスは、最初に陸地を見たのは自分だと日誌に記している。彼は一万マラベディーの恩賞を自分のために取っておくつもりなのだ。どんなに小さくとも儲けは儲けだ。

十月十二日、金曜日の朝に、彼は《王冠を戴いたフェルナンドとイサベルの頭文字を組み合わせた十字架を刺繍した旗を右手に持った》羽根飾りをつけた記録係と一緒に上陸する。そこには数世紀前にオリノコ川からやって来たアラワク語族に属するタイノ族が住んでいて、彼らはその島をグアナハニと呼んでいる。コロンブスはその島をサン・サルバドール〔救世主〕と名づける（この小島はバハマ諸島の東に位置し、一九二六年までワトリング島と呼ばれた）。コロンブスはひざまずいて祈る。《永遠にして全能の神よ、創造的な言葉の力によって空と海と陸を生んだ神よ！　あなたのお名前があまねく祝福され讃えられますように！　あなたの威厳と権威が代々讃えられますように！　あなたの下僕《しもべ》の中でも最も卑しい者によって、あなたの帝国でこれまで隠されていた〈この残りの半分〉にあなたの聖なるお名前が知られ広められることを、あなたはお許しになったのですから！》(63)

おとなしい先住民が会いに来る。《彼らは母親から生まれたときと同じように裸である。誰も皆姿がよく、美しい体つきをしており、顔立ちもなかなかよく、髪の毛は馬の尻尾の毛のように剛《かた》く、しかも短く、眉毛の上までのばしている》。彼らの《額や頭は非常に広く》《目はとても美しく、決して小さくなく》《脚は真っ直ぐで》《腹は出ていない》。《彼らはパン焼きが使う窯《かま》べらのようなもので漕ぎ、驚くほど速く進む》。提督が《彼らの幾人かに赤い縁なし帽やガラス玉や、その他それほど値打ちのないものをいくつか与えると、彼らは非常に喜んだ》。

先住民たち——彼は自分がインドの近くにいると思っているので、彼らを〈インディオ〉と名づける——は彼に煙草の葉を差し出して見せる。彼らは武器を持っていない。彼が彼らに剣を見せると、彼らは刃の方をつかんで手を切ってしまう。コロンブスは彼らを人間とは考えていない。しかし彼は自分がまさにアジアにいるのだということを自分自身で確信し、また部下の者たちにも証明するために、彼らの言うことを理解したいと思う。

同じ十月十二日、金曜日、盲目になったピエーロ・デラ・フランチェスカがトスカーナ地方とウンブリア地方の境界にある彼の生地ボルゴ・サン・セポルクロで死ぬ。形式《フォルム》と遠近法からなるひとつの世界《コンティナン》を発見したこの万能で穏やかで特異な巨匠は、もうひとつの大陸《コンティナン》がヨーロッパの歴史の中に入るその日にこの世を去る。

やはり同じ十月十二日、金曜日、公爵夫人の息子とその父で摂政としてオランダを支配していたマクシミリアンに忠実であったヘントが降伏し、フランス陣営に移る。アントワープは抵抗する。

十月十三日、土曜日、〔フランスの〕王太子が洗礼を受け、シャルル＝オルランという名前を授かる。

十月十四日、日曜日、コロンブスは六人のタイノ族を一緒に引き連れて〈ニーニャ号〉に乗って小島を離れる。彼は他の船をそこに残し、もっと南に位置する二つの島を探検しに出かける。彼はインディオたちの言葉からそこには金《きん》があると思ったのだ。インディオたちはそこをコルバ（彼はキューバと名づける）およびボイーオ（彼はエスパニョーラと名づける——今日のハイチとサン＝ドミンゴ）と呼んでいる。コロンブスはカタイ〔中国〕のすぐ近くにいると考えている。彼はあくまで自分の説を裏づけてくれるような証拠を何とかつかもうとする。(47)

十月十五日、月曜日、彼はいくつかの島に沿って航行し、それらの島をサンタ・マリア・デ・コンセプシオン〔受胎の聖母〕、フェルナンディナ、イサベラ、フアナと名づける。

十月十七日、水曜日、シャルル八世はヘンリ七世の代理人たちと交渉することにする。両王国とも割合早く合意に達したい意向だ。けれどもエタープルで行われる交渉にはどちらも出席しない。

十月二十八日、コロンブスはキューバに着く。彼はそこで新しい住民たちを発見し、彼らが玉蜀黍《とうもろこし》やジャガイモを栽培しているのを目にする。マルコ・ポーロのカタイにいるのだと確信している彼は、耳に聞こえてくる言葉に自分勝手な意味を当てはめようとする。インディオの言うことから、彼は大汗《グラン・カン》の巨大な船が定期的にそこに来ていると推論しようとする。彼らは自分に金《きん》のことを話しており、インディオたちは自分が彼らに言うことをすべて理解している、と彼はかたくなに信じている。

彼は自分が地上の楽園のすぐそばにいると感じている。《ところでこの土地の者たちは羞恥心を知らない。彼らは堕落以前のアダムに近いのではあるまいか》。早くもヨーロッパ人は自分勝手に新世界を語ろうとしている。そしてインディオたちをヨーロッパに汚されていない完全無欠な人間にしようとしている。

コロンブスには、ヨーロッパは文明化の促進者と同時に非難すべき存在と感じられる。自らの競争相手であった二つの一神教から純化されたヨーロッパは、いま無垢の大陸を占有しようとしており、そこでは世俗の文化に汚されていない〈新しい人間《オム・ヌーヴォー》〉が完全なキリスト教を受け入れようとしているからだ。

## 十一月

十一月一日、木曜日、コロンブスは〈ニーニャ号〉に乗って移動し、キューバの西のパルマス岬に上陸する。

十一月三日、土曜日、パリの有名な医師で、一四八一年からパリ大学医学部長のマチュー・ドレ(121)が死ぬ。

同じ日、エタープルでフランスとイギリスの交渉委員は、シャルル八世が七百四十五エキュ金貨を支払うことを承諾する条約に調印している。その代わりにヘンリ七世はブルターニュがフランス領であることを認める。この条約はイギリスの海外への領土拡張政策の方向転換、イングランド王国の大陸への挑戦の終わりを示すもので、チューダー朝支配の基礎を築く。

同時にシャルル八世は、借金を支払い保証金を取り戻すために、ルシヨン地方をアラゴンのフェルナンドに返却する。彼はその同じ日にペルピニャンの住民にそのことを書面で通知する。この合意は翌年一月十九日にバルセロナで条約として締結される。ペルピニャンは一四九三年九月十日に正式に再びアラゴン領となる。ヨーロッパ諸国で最も広大なフランスがやりくり算段して暮らしている。

十一月四日、日曜日、クリストファー・コロンブスはさらに移動して新しい島を発見し、そこをドミニカと名づけるが、それはその日が日曜日《ドミニカ》だったからだ。

その同じ日、あくまで彼がそうあってほしいと思う世界を見つづける。彼は次のように記載している、とラス・カサスは言う。《さらに向こうには一つ目の人間や犬のような鼻面をした人間がいることもわかった》。そこで彼はそんな危険な場所には決して行くまいと決心する。そろそろ戻る準備をせねばなるまい。

十一月十日、カトリック両王がポルトガルに追放されたユダヤ人に、即刻洗礼を施してもらうならば希望する者はスペインに戻ることを許可している。

十一月十四日、水曜日、コロンブスは彼が見つけた場所を命名しつづけ、先住民たちに根気よく金のことを尋ねる。彼は鉱山に近づいていると感じる。女たちが金の首飾りをしているからだ。彼はそれらを奪い取る。

十一月十九日、月曜日、コロンブスは新しい島々を発見しようとキューバの北西に向かって進んでみる。彼は嵐のために引き返し、こうして今度も大陸に到達する機会を逸する。

十一月二十二日、木曜日、食糧が底をつき始める。マルティン・アロンソ・ピンソンは〈ピンタ号〉に乗って最初にヨーロッパに戻って行く。

十一月二十七日、火曜日、ジュネーヴで市民代表のジャン・メリアールが《聖《サン》メアン病[120]》の治療をするために休暇を願い出る。つまりこれは梅毒のことだ。盲人たちが聖《サン》クレールに加護を祈り、耳の聞こえない人たちが聖《サン》ルイに加護を祈るように、手の不自由な人たち（ハンセン病、疥癬《かいせん》、皮膚病、梅毒）は聖《サン》メアンに訴える[120]。

もしかしたらこれが梅毒なるものを届け出た最初の事例かもしれない。《ジュネーヴの役人たちはまるで未知の疫病に直面したかのように、その病気の特殊な性質には全く経験がないかのように対処する[120]》。いずれにせよ、それ以前に他の事例があったと言えるようなものは何もない。

十一月二十八日、コロンブスは日誌に、航海の二重の目的をはっきり記している。《これらの地方において、すべてのキリスト教国、なかんずくそのすべてを支配すべきスペインは〈取引〉を行うことができるであろう……（しかし）〈よきキリスト教徒〉のみがこ

こに上陸を許されるべきである。というのはこの計画の主要な目的は常にキリスト教の繁栄と栄光にあったからだ》

抜け目ない彼はこの文章が読まれることを知っており、またイサベルとフェルナンドの意見が必要になるこの次の探検の資金調達のことをもう考えている。〈取引〉と〈改宗〉——これが彼の冒険の二重の動機なのだ。

## 十二月

十二月二日、日曜日、シャルル八世とイギリスとのいざこざに乗じて、娘の持参金を取り戻したいマクシミリアンがフランシュ＝コンテ地方に侵入するが、抵抗らしい抵抗には遭わない。

十二月四日、火曜日、コロンブスは〈ピンタ号〉より二週間遅れて〈サンタ・マリア号〉と〈ニーニャ号〉を引き連れてキューバを離れる。彼はいろいろな金製装身具や真珠を運び、六人のタイノ族を連れて帰る。

十二月六日、木曜日、コロンブスはヨーロッパへ向かう途中でエスパニョーラ島に接岸する。

十二月七日、金曜日、バルセロナでアラゴンのフェルナンドが襲撃される。フェルナンドは剣のひと突きでかなりの重傷を負うが、どうやらそれは精神異常者による仕業らしい[6]。ジャン・メリアールがジュネーヴを去る。どこに行ったのかはわからない。彼は一四九三年一月はじめに戻って来て、病も癒えて議会で再び元の地位に就く[121]。

十二月八日、土曜日、パウル・ヴァン・ミッデルブルグが『以前に居合わせた人々のうちの占星術師への非難』を出版し、その中でリヒテンベルガーの一四九〇年の『〔驚くべき予言あるいは〕プラッティカ』は自分の著した『今後二十年間の予言』の繰り返しと剽窃以外の何ものでもないと非難する。パウル・ヴァン・ミッデルブルグは、土星と木星が合《ごう》のときにひとりの小予言者が《到来する》ことを発見したのは自分だと繰り返している。土星とは農民たち、木星とは権力のことだ。もうすぐ《ひとりの修道士》が聖職者たちに対して立ち上がるだろう、と彼は繰り返していう[119]。

その年マインツで出版されたリヒテンベルガーの書物の版本のひとつには、今も同市の市立図書館に見いだされるが、肩までうずくまった悪魔と一緒にひとりの大きな修道士を表したデッサンがあり、その下に手書きで次のような言葉がドイツ語で記されているのを目にすることができる。《これがマルティン・ルターだ[119]》

十二月十日、月曜日、フィレンツェではサヴォナローラが《新しいキュロス》《メディチ家を処罰し、アレクサンデル六世・ボルジアの教皇選出を破棄するために神から遣わされた使者[74]》フランス王の到来を予言する。

十二月十一日、火曜日、コロンブスは自分がインディオの言うことを理解し、彼らも自分の言うことがわかる、とあくまで信じている。[47]《我々は日毎にこのインディオたちの言うことがよくわかるようになり、彼らの方もそうなった。もっとも彼らは意味の取り違えをしばしばしているけれども》。二度目の航海にも出資してくれるよう両君主を説き伏せるために役立てようとする説得手段だ。

十二月十三日、木曜日、シャルル八世がパリでエタープル条約に調印するが、一ヵ月前にロンドンで条約に調印したヘンリ七世と会うことはない。[74]

十二月十六日、日曜日、コロンブスはエスパニョーラ島に植民地を建設しようと考えて、まだその島に滞在する。彼はその植民地を〈ナティビダー（キリストの降誕の意）〉と名づけ、そこに残留希望者たちを残すつもりだ。

十二月十八日、火曜日、コロンブスは〈サンタ・マリア号〉の船上でその土地の首長を迎える。そこでも彼は首長の金製の品物を認め、ためらうことなくそれらを取り上げる。〈ニーニャ号〉が合流した。

十二月二十五日、火曜日の晩から二十六日、水曜日にかけて、〈サンタ・マリア号〉が島の北で座礁する。(47) コロンブスは記している。《提督の再三の注意にもかかわらず〈サンタ・マリア号〉の水夫長ファアン・デ・ラ・コサは船の舵取りを見習い水夫に任せる。その少年は眠ってしまい、操縦できなくなった船は砂洲の方に流され、そこで座礁する。起こされた提督はマストを切り落とさせ、二隻のボートとロープで船体を引っ張らせる。それも徒労に終わり、〈サンタ・マリア号〉は砂にはまり込み、どうしようもなくなる。人間と荷物を救うことしかできない。ファアン・デ・ラ・コサは泳いで逃げて行く》

コロンブスはハイチ湾にいる〈ニーニャ号〉一隻だけになったと思う。

骰子《さい》は投げられた。船がない以上、植民地を建設せねばなるまい。

彼は〈サンタ・マリア号〉の建材を使って、彼が〈ナビダー（＝ナティビダー）〉と名づける一種の要塞、新世界最初のヨーロッパの植民地を建設する。彼はそこに三十九人の残留希望者を食糧や種子類や若干の道具と一緒に残す。(47) 再び彼らを迎えに来よう。彼らは一年間《一トンの金といろいろな香辛料を集める》ことに専念するだろう。次の航海のときには全員が死んだ姿で発見されるのだが。

十二月二十五日、火曜日、アルバ公爵の城館のある広間——最初の屋内劇場——で詩人・音楽家・劇作家のファアン・デル・エンシナが二つの作品を上演し、屋内にいる観客の前で役者たちが演じる。〈最初の牧人劇〉はラテン語劇で、その主題からいって中世の聖史劇に非常に近いものであるが、福音史家を表す二人の牧人を登場させ、そのひとりが詩人の庇護者たちを称賛する。[42]〈二番目の牧人劇〉も福音書を言い換えて説明したものだが、今度はカスティーリャ語で行われる。——演劇の世俗化への新しい歩みだ。[42]

その後しばしば舞台化されるこの年が、こうして近代最初の屋内劇場での上演で終わるのはやはり皮肉なことだ。

# 第Ⅲ部　歴史を捏造する

『ゾーハル』〔モーセ五書の注釈書（十三世紀）〕によると、過去は唯一それに意味を与える未来によってしか理解されえないという。私はかなりそのことを信じている。実際、ひとりの人間の行為はその結果によって判断されるのだし、同じように、ある一年の歴史もそこから生じたことに照らしてしか真に理解されることはないだろう。

一年一年が新しい出来事の舞台であり、新たな岐路となりうる場所である。今日から見ると一四九二年は、もし人々が次につづく何十年、何世紀を通じて、この年から別の結論を引き出していたならば、たぶん全く違った様相を呈しているだろう。実際に展開されたように、その年はいくつかの扉を開き、取り返しのつかないやり方でそれ以外の扉を閉じたのだった。もし事態がそのとき違ったふうに運んでいたならば、ヨーロッパは地中海の方に向き、イスラムと東洋とに開かれたままであったかもしれない。アメリカとアフリカは、のちに中国や日本の帝国がそうなったように、自分たちの帝国がヨーロッパとほぼ対等の相手となるのを目にしたかもしれないのだ。

〈仮定の話〉で歴史は作られないが、仮定の話はそれについて考えるのに役立つ。

いずれにせよその年は〈避けて通ることのできない〉年なのだ。次の十年間はその年に予測されていたことを完全に裏づけた。けれども同時代人のほとんど誰もがその重大さには気づかなかった。

フランスではフィリップ・ド・コミーヌがその世紀の最後の三一年間の出来事を実に詳しく述べているが[33]、その年には数行しか割いていない。――それも、イタリアにおけるシャルル八世のその後の野望を分析するのに役立つミラノ大使のパリ訪問のことを語るためである[33]。また一五三四年にも、クリストファー・コロンブスとアメリゴ・ヴェスプッチの名前は、ガルガンチュワが《サテンの国[35]》で会ったと自慢する地理学者や探検家たち――たとえばマルコ・ポーロ、ジャック・カルティエ、ペドロ・アルヴァレス・カブラル――の中には出てこない。〔この一文は正確さを欠く。該当箇所はラブレーの作とされるが、偽作の疑いのある『第五の書パンタグリュエル』第二十章（一五六四年刊）〕

イタリアでも同時代の重要な回想録作者は――マキャヴェリもグイッチャルディーニも――一四九二年の出来事を話題にしていない。スペインにおいてさえアメリカ発見のことは、詩人ガルシア・デ・レセンデが、少し前に出たフランスの一人の著作家ジョルジュ・シャストランとジャン・モリネの『当代の驚くべき事件集』に想を得て一五三四年に出版した『世界の出来事の年代記』の中に挙げている当時の主要な出来事のリストに載っていない。そこには種々雑多でめちゃくちゃな出来事が見いだされるので、彼の選択がとくに厳しいというわけではないのだが。たとえば《スペインのカトリック両王、地域住民の反乱やバレンシアの暴動、ローマ劫掠《ごうりゃく》、オスマン帝国の領土拡張政策、それにたとえばロードス島攻略、さらには僧侶《ソレートル》ジャン、インド洋でのポルトガルの進出によって引き起こされたエジプトとヴェネツィアの荒廃、マニコンゴ〔コンゴ国王の称号〕の改宗、マレー人の〈アモック〔精神錯乱〕〉、マラバル、ペグー、カンバル、その他の地方の性習俗、喜望峰の未開人たちの間で貨幣として通用している鉄、セイロン、シャム、コロマンデル海岸、アンボン島、スマトラ島、セレベス島で行われていること、インドにおける寡婦の供犠《くぎ》の慣習ならびに商業活動、ペルシアの〈スフィ〔苦行者〕〉、ナルシンガの国、ビンタオ攻略、ブラジルの食人の風習[57]……》。

他の文化の発見を前にしたヨーロッパ人の驚き、しかも同時にこうした発見を可能にした出来事全体に対する無関心を反映している驚くべきリストだ。

ヨーロッパが〈一四九二年を考える〉ことを始めるのは、ずっとのちのことにすぎない。それはアメリカ諸州が独立を獲得し、歴史の支配権を争い、自らその問題に関心を抱くときであり、ヨーロッパが新世界の生みの親として自らの立場を明確にしようとするときである。

今日から見ると一四九二年は、世界の占有、〈大陸＝歴史〉の誕生、というひとつの長いプロセスの加速度的展開をはっきり示している。回顧録や信仰・信条に対するヨーロッパの支配を推し進めるのにさっそく使用される〈概念〉〈言語〉〈軍隊〉が配備される。

何よりもこの年は、同時代人に何か心を揺さぶる目覚ましい証拠をもたらす。〈新しいこと《ヌーヴォー》〉が可能なのだ。もはや世界は同じことの無限の繰り返しを余儀なくさせら

れることはない。自由に使える富の量は今や無限にある。〈開発することは今や必ずしも破壊することにつながらないのだ〉

実際、一四九二年以降の変化は急激である。距離は長さの単位ではなく時間の単位で測られる。発見から征服へ、次いで征服から開発へと移る。外の世界は周辺地域、活用すべき原料、作り出すべき新しい人間となる。

だから一四九二年は、あえて実際に言い表すことはないが、ずっと以前から堂々巡りしているひとつの考え、〈進歩《プログレ》〉という考えを具体的なものにするのだ。そこでヨーロッパは〈よりよいもの〉の源泉として自らの価値を認めさせるのだ。ヨーロッパ自身に対しても、その支配を蒙り、一時《いっしき》の死刑執行人たちの犠牲《いけにえ》となる、遠い過去の犠牲者たちに対しても。

## 1　所有の論理

ヨーロッパは三つの大陸に到達したあと、それらを占有する。ヨーロッパはまず——自らの言葉と偏見でもって——場所や住民を〈命名する〉。そのあとヨーロッパはそれらに〈痕跡を残し〉、最後にそれらを〈占領する〉。しかしやり方はそれぞれ異なる。新世界では、ヨーロッパの君主たちが土地や鉱山、人間や富を〈分配する〉。アフリカでは、ヨーロッパの商人たちが金《きん》を〈運び去り〉、人間を連れ去るだけにとどめ、そこには沿岸の商館以外のものは建設しない。この二つの場合は、民族全体、諸国家、諸帝国、諸文明が消滅する。アジアには、まず聖職者たちが〈改宗させる〉ために来て、入れ替わって〈取引する〉だけの商人たちがつづく。東洋諸国は大事にしてもらえよう。何よりも人口的な威圧があったことは明らかだ。いずれにせよ、それもさしあたりのことだ。

こうして隷属状態による《文明化》、民族大虐殺による《進歩》が根を下ろし始める。解放闘争を行なっても、こうした状況はほとんど至るところで食い止められなくなるだろう。歴史は教えてくれる。人々は暴君たちからは解放されるが、彼らの言語からは解放されないことを、彼らの兵士たちからは解放されるが、彼らの取引の対象となるものからは解放されないことを。

### 痕跡を残す

不思議なことに当時の書物の中で、一四九二年には、コロンブス以外には発見の旅の記述は見当たらない。まるで世界が彼の帰還を息をとめて待っているかのように、切け過ぎてゆく。実際にはその年に、他の探検、少なくともポルトガル船の探検がアフリカに向けて行われているが、そのことは話題にならない。年代記作者たちの注意を引くような本当に新しいものは何もないようだ。今や重要なことはディアスよりも遠くに、彼が嵐の岬と名づけたインド洋の岬の先まで行くことだ。ただそれにはなお十年を要する大変な準備が必要になるだろう。

その十年の間ずっと、スペイン人とポルトガル人は互いに競って航路と陸地の支配権を獲得し、それらに命名《ノメ》し、そのあと植民地化《コローゼ》するだろう。

一四九三年一月二日、コロンブスはエスパニョーラ島にいる。〈サンタ・マリア号〉の遭難のあと、彼は乗組員の半数を〈ニーニャ号〉に乗せ、他の者は上陸させて急造の要塞に残す。彼はピンソンと一緒に〈ピンタ号〉に乗って出発し、彼がひそかに《女たちの島》と名づける島に沿って進み、一月二十五日には彼がマルティニックと名づける別の島の前で停泊し、そのあと礼装した六人のタイノ族と鸚鵡《おうむ》を連れ、キューバで得た少々の金と若干の真珠を持ってヨーロッパへ戻る。また謎が出てくる。彼はまるで貿易風の動きを知っているかのように、行きと同じコースに沿って進んでいないのだ……彼は帰りの航海中にスペインの両君主に報告書を書く。自分がまさしくインドに到達したこと、できるだけ早く自分を再びそこに行かせる必要があることを説明しなければならないのだから、彼にはとても大切な文書だ。彼はまずアソーレス諸島に寄り、暴風雨に遭って――暴風雨の季節だ――二隻の船が別々になり、そのあと不思議なことに、一四九三年三月四日にリスボンに寄港している。――それは《食糧などを補給し、船を修理するため》、と彼はのちに述べている。実際には彼はジョアン二世に謁見を願い出て、ただちにバルパライソで謁見を許されている。

なぜスペインの提督は真っ先に出資者の主たる競争相手に今回の航海を報告しているのだろうか。今もなお腑《ふ》に落ちない行動で、彼がそのあとセビーリャに到着するとそれを激しく非難される。いずれにせよ、彼の話を聞いたポルトガルの君主はびっくり仰天したにちがいない。というのは、もしコロンブスが西回りでインドへの航路を本当に発見したのならば、隣の王国は早速にもその所有権を教皇に願い出てそれを獲得するだろうし、そうなればエンリケ航海王子以来アフリカの迂回路にすべてを賭けているポルトガルは、この独占権から得られると期待していた商業利益を失ってしまうからだ。そこでジョアン二世はディアスの探検につづく探検の準備を進め、西の航路を――もしそれが存在するとしたら――スペインが利用しないうちに、できるだけ早く東の航路から収益をあげるようにしようと決心する。もしかしたらジョアン二世も、アジアの一部かどうかまでは知らないにしても、西の向こうに広大な陸地がいくつか存在していることを知っているのかもしれない。

コロンブスはスペインの両君主のもとに陸上から使者を送らずに、カディスに向けて出発する。たぶん彼は自分でその報せを二人に伝えたいと思っているのだろう。けれどもそのときには、ジェノヴァの商人たちは、ポルトガルの宮廷と接触があるため、当然そのニュースを知る。ただちにスペインの宮廷にそれが知らされるだろう。

ほぼ同じ頃、やはり暴風雨で道に迷った〈ピンタ号〉がガリシアに接岸する。なぜピンソンはまずバスクの隣人たちのところに赴かないのだろうか。これも謎だ。彼もよくわからない人物だ。

三月十五日に〈ニーニャ号〉がパロスに到着する。三十一日――枝の主日《しゅじつ》、また当時は一年の最後の日――ユダヤ人追放の決定からちょうど一年後にコロンブスは成功者としてセビーリャに戻り、両君主に報告書『発見された島々について』を提出する。今日知られているのは後世のひとつの版だけだが、それの信憑《しんぴょう》性は疑わしい。その中でコロンブスは、カタイやチパングのちょうど前に位置する島々に到達したこと、そこで黄金を見つけたこと、《しかもそれは両王が三年以内に準備し、聖なる家を征服しに行くことができるほどの量である》[63] ことを明言している。だからそこにできるだけ早く戻り、大汗《グラン・ハン》の国と中国にキリスト教を広め、エルサレムを奪回するために必要な黄金を見つける必要がある、と彼は述べる。宮廷は彼の提案を真に受けなかったようだ。《エルサレム征服に捧げられた私のこの計画から得る利益を私は目にしたいのです、と両陛下に申し上げると（……）両陛下はお笑いになった[115]》、と彼はのちに書いている。二人はコロンブスの大ぼらを笑ったのだろうか、それとも無邪気さを笑ったのだろうか。

その一方で、彼は《これらの発見をさせてくれた神に感謝しながら》このインディオたち――この《怪物たち》――を奴隷にすることを提案している。女王はそんな話は聞こうとしない。奴隷制はイベリア半島では日常的に行われていることだが、宮廷は知らないふりをしている。タルチュフ〔偽善者〕はカスティーリャ人なのだ。

カトリック両王はそれよりも彼の最後の忠告を重要視する。つまり、ただちに教皇に訴え出て、このインドの航路の所有権も、その航路に点々と沿って並ぶ島々の所有権も――すなわち《アソーレス諸島から百海里《リュー》の地点を通過する線》、コロンブスによればそこから《大西洋の気候》が変わる線の《西側の全海域》も――スペインのものと認めてもらうことだ。カトリック両王はただちにこの要望をローマに伝え、コロンブスの報告書をローマ教皇に送ることまでしている。この文書は四月十八日、すなわち両君主がセビーリャでその内容を知ってわずか二週間後にローマで受理されている。その報せは聖座〔ローマ教皇庁〕では神の恩寵、グラナダ奪回とユダヤ人追放の褒賞のしるしとして受け取られる。しかもそれは同時代人の見方でもある。たとえばフランドルの船乗りウジェーヌ・ド・ラ・フォッスは早くも一四九三年四月に書いている。《グラナダの都市が征服されて以来、我々は魔法の島と言われるその都市に全く自由に、しかも何らの危険もなく行くことができる。以前はそこを見ることも見つけ出すこともできなかったのだが[57]》

四月二十日、——すなわち彼の報告書が教皇の手に渡った二日後——コロンブスは両君主からバルセロナの王宮に招かれる。彼は王家の一員として扱われ、女王のそばでミサに列席する。詩や称賛演説が彼に捧げられる。詩や宗教作品を著したジュリアーノ・ダーティとかいう人物がコロンブスをたたえて、街頭歌手向けに《スペイン王が新たに発見した島々の便り》を書く[63]。

しかしこうしたうわべの称賛の裏で、宮廷の人々は動揺している。発見がこの怪しげな異邦人に委ねられるには余りに重大な事柄だ、と誰もが考えている。五月二十日、すなわち彼が戻って二カ月もたたないうちに、諸々の発見を管理する新しい役所〈通商院《カーサ・デ・コントラタシオン》〉が設立される。コロンブスはそこの管理人にすぎず、バダホス司教でセビーリャ司教代理のファン・ロドリゲス・デ・フォンセカが実際の所長である。そのとき彼はやがて最悪の敵となる人物と知り合うのだ。だが彼は二回目の航海の準備で頭が一杯で、そのようなことはほとんど気にかけない。

同じ頃に教皇が要望を実行に移す。六月二十八日に公表されたが、繰り上げて五月四日付にされた〈インテル・ケテラ〉と言われる勅書の中で、教皇ボルジアはずうずうしくコロンブスの報告書の文章を書き写し、アソーレス諸島の西百海里《リュー》の向こう、地球の反対側までの全域をカトリック両王のものとする。この報せを聞いたポルトガル王の怒りが想像される。七月十四日にマルティン・ベーハイムの手紙を受け取ったときに王の怒りは倍加する。――彼はニュルンベルクを脅かすペストを逃れて最近ナポリに避難してきたのだ。コロンブスの帰還をまだ知らない最初の地球儀の発明家は、西に向かうカタイへの航海に出資するよう王に勧める。《アソーレス諸島沿岸の海流のもたらす葦《あし》が示しているように、数日間の航行でそこに到達することができる》、と彼は言う。この手紙を読むと――地球儀を作っていた時期に、たぶんコロンブスに出会った一四八四年から、ベーハイムがこのコースを知っていたことをこの手紙は十分裏づけている――、ポルトガル王は教皇に対して抗議し、子午線境界から西に三百海里移動することを要求し、コロンブスよりもずっと前に自分の船がそこまで行っていると主張する。

不思議な要求だ。この移動がなされると、まだ知られていないブラジルがポルトガル領となるのだ。この要求からすると、たぶんポルトガル人は彼らが言う以上に、また当時の地図学者たちよりも、はるかに詳しい知識を持っていたと考えられる。実際、一四九三年十月の――ハルトマン・シェーデルが彼の『ニュルンベルク年代記』に添えた――当時の最良の地球全図にはインド洋、インド、インドシナ、マラッカは出ていない。またペルシア湾が異常に広がり、その位置もまちがっており、アメリカのある場所に大陸がない(57)。しかし一部の人々はかなりのことに気づいている。たとえば十一月にセビーリャでピエトロ・マルティーレ・ダンギエーラの最初の著作『大洋の迷宮』が出るが、その第一巻でカスティーリャに仕えるあるミラノ人は次のように記している。《クリストファー・コロンブスはキューバを発見したあと、ソロモンの船団が黄金を探しに行ったオフィル島〔『聖書（列王記・上・22）』に記されている〕を見つけたと考えている。その島と近隣の島々は、〈アンティリア〉である》

いずれにせよ教皇は何も聞こうとはせず、ジョアン二世の要求を退ける。そこでジョアン二世はスペインと直接に交渉することを決め、どうなろうとボルジアはきっとカトリック両王の指示に従うだろうと考える。

一方コロンブスの頭の中にはひとつの考えしかない。再び出発することだけだ。船乗りである彼には、好きでもないこの宮廷は窮屈で、日毎にそのように感じられてくる。国土回復運動《レコンキスタ》というスペインの狂信的雰囲気の中で、コロンブスは女王に、自分は神の使いであり、その使命は西へ戻ることだということを何とか証明しようとする。そのために彼は大急ぎで自分の冒険を予言しているような章句を聖書から集めて文集にし、十年後にはそれに「預言の書」という題をつけている。彼が書いた序文の中で、彼はほとんどひとりの預言者として現れる。《インドの計画の実行については、理性や数学や世界全図は私には何の役にもたたなかった。かってイザヤが預言したことを実現することだけが重要なのだ》。彼は死ぬまでこの書に取り組むだろう。

預言者にして提督、聖人にして副王たる彼は、フォンセカのうるさい監督下にあって、ルイス・デ・サンタンヘルからすぐにでも出発できる資金を得る。そうして彼は一四九三年九月二十三日にカディスを離れるが、今回は十七隻で、その中には〈ニーニャ号〉とアントニオ・デ・トーレス（最初の航海のときに彼について来たユダヤ人通訳の一族かもしれない）が指揮する新しい〈サンタ・マリア号〉もある。彼は千五百名の男たちを連れて行く。彼と一緒に行こうと、イベリア半島の各地から人々が押し寄せた。財産がなくて困っている貴族、船乗り、正規兵、農民、それにセビーリャの著名な医師でコロンブスに仕えるべく王から任命された船医ディエゴ・チャンカである。彼は六カ月分の食物、鏡やおびただしい数の鈴を積み込む。航海は三年間に及ぶが、提督はそこで自分がみじめな管理者であることがわかるだろう。

十月一日にグラン・カナリア島で家畜、オレンジ、ベルガモット、メロンの種子を買う。そのあとは支障なく大西洋を渡る。今回もまた驚くべき正確な航海だ。十一月二日、日曜日の明け方にドミニカ島、そのあとコロンブスがマリア・ガランテと名づける島、そしてスペインのサンタ・マリア・デ・グアダルーペ修道院の修道士たちにした約束を守って名づけたもうひとつの島のグアダルーペ島と再会する。彼はそこに接岸するが、息子のフェルナンドによると、――彼は航海に参加していない――それはまさに驚きだったという。《提督が自ら上陸すると、（……）提督は数軒の小屋を見かけたが、その中に人間の頭やたくさんの人間の骸骨があちこちにぶらさがっているのを見つけた》。それは最初の航海のときに出会ったおとなしいタイノ族の宿敵カリブ族である。そこで彼はそこを離れてエスパニョーラ島を再び訪れるが、十一月二十七日に前の年に残していった三十九人の死骸を発見する。それでも彼はスペイン人が自分たちの災難に責任を負うのは当然だと考え、タイノ族に復讐しようとはしない。コロンブス伝説を作り上げるときに、彼の弁護者たちが利用できる彼の数少ない寛大さだ……。彼は自分が島の総督であると宣言し、さらに東の方に新しい要塞を築き、それを〈イサベラ〉と名づける。(想像力の欠如!)ラス・カサスによると、彼は日誌に次のように記している。《三位一体の名において私はそこに私の拠点を築くことにする》。そしてコロンブスは先住民たちから見つけられる限りの金《きん》を集める。ほとんどは身近な宝飾品だ。一四九四年一月三十日に彼はアントニオ・デ・トーレスを乗せて〈サンタ・マリア号〉をスペインに送り返すが、それには三万ドゥカート金貨相当額の宝飾品を積み込んだらしい。彼にとっては悪い結果となる。帰国する者たちは提督について不平不満を言い[47]、また金を目にする者はそれを欲しがるからだ。彼は航海をつづけ、探検し、命名し、百以上の島を占有する。インディオとは大きなもめごとはないが、カスティーリャ人とアラゴン人、ジェノヴァ人とカタルーニャ人との対立は数知れない。

同じ頃、二月にトルデシリャスで、ポルトガルのジョアン二世は領域の境界線の移動についてスペイン側との交渉を終える。彼は境界線をアソーレス諸島の百海里《リュー》から三百七十海里に、すなわち西の方に千三百五十キロ移すよう要求する。その代わりにアフリカ探検から持ち帰った大量の金を払うことを提案する。コロンブスの使者の到着を待つスペインの交渉委員たちはその提案を受け入れるが、もし提督から二十日以内に新しい発見の報せがあったならば、境界線はアソーレス諸島の西二百五十海里の地点に戻すことにすると明記する。

トーレスが一四九四年三月にスペインに上陸すると、彼はこうした発見のことは何も知らせない。一四九四年六月、がっかりしてスペイン側は条約をそのまま調印せざるをえなくなる。

いんちきの取引だ。〈分割するつもりでいるのはアジアなのだ。ところが分け合うのはアメリカなのだ〉[20]

カトリック両王は、コロンブスが接岸した島の西からちょうど始まると思っているアジアを獲得したと考える[20]。実際には、彼らはアメリカ――ブラジルを除いて――と間もなく呼ばれるところとその先を獲得するのだが、その先には何もない。むしろ両王が獲得するのは、のちに太平洋として知られる広大な海の砂漠のすべてなのだ。

ポルトガルの方は、境界線の東に位置するところ、すなわちブラジルとそこに至る航路およびアフリカ、アラビア、インド――その名は記載されていない――、東南アジア、インドネシア諸島、中国の土地を獲得する。

まだそれと知らずに、スペインはアメリカから金を獲得し、ポルトガルの方は、公式には六年後に発見されるブラジル、それから三十年後のことになるが、とくにインド洋の香料諸島を横取りしたのだ[20]。一四九四年以降、まるでポルトガル人は自分たちが求めていたものを前から知っていたかのように、すべてのことが運ぶ。それは何ら驚くに当たらない。一世紀前からポルトガルの行政機関は、カトリック両王のそれと比べてこの種の議論をはるかによく練り上げており、アフリカでの人的つながりによって東洋について多くのことを知っているからだ。ちなみにその年にドイツ人ヒエロニムス・ミュンツァーは、全面的に南に関心を振り向けているリスボンの都市を実に見事に描き出している。この都市では商人たちが《奴隷、胡椒、マラゲッタ胡椒、ギニアの象牙》[20]、それから《麝香《じゃこう》、没薬《もつやく》、鸚《おう》鵡《む》、海豹《あざらし》、猿、椰子の繊維でできた織物、籠《かご》、木綿やその他の産物》[20]を夢中になって取り扱っている。

イタリア、フランス、フランドル地方あるいはイギリスでは誰もこの条約を重要視しないし、そのパートナーになりたいとも言わない。彼らは取引と儲けにしか関心がない。発見の喜びは他の人たちに任せている。彼らはのちに折をみて儲かることが確実であるかどうかを調べに行くことにする。

しかし、実際には何の発見なのだろうか。

一部の人たちは、コロンブスはインドのすぐ近くに達してはいないし、香辛料のアジアがすぐにスペイン領にはならないと考え始める。あのジェノヴァ人が発見したのは広大な大洋の間に姿を隠していたいくつかの島々、何世紀も前から噂になっていた島々にすぎないとも。またアジアははるか遠くになってしまったとも。たとえばトルデシリャス条約の調印からわずか数カ月後の一四九四年十月二十日に、カトリック両王の宮廷にいたフィレンツェの大使ピエトロ・マルティーレ・ダンギエーラは、発見された島々を示すのにはじめて〈新世界〉という表現を使っている。ひとつの概念が発せられる。この〈新しい《ヌーヴォー》〉世界の中で〈新しい《ヌーヴォー》〉人間が可能なのだ。そこからすべてが生じるだろう。

その間にエスパニョーラ島では、コロンブスが相変わらず大汗《グラン・ハン》の王国は遠くはないと確信しているが、次第に彼は航海仲間といざこざを起こすようになる。ジェノヴァ人の彼はスペイン人から怪しい人物と見られる（《あの国の者たちはもう派遣しないでほしい》、と宮廷にいるあるカスティーリャのフランシスコ会士は書いている(35)）。平民の彼は貴族たちから蔑視される。

しかしある思いがけない幸運が、状況を彼に有利なほうに逆転させる。一四九五年はじめにカリブ族の小集団がキューバ島に建設したばかりのサント・トマス要塞を襲撃する。彼らの首長が捕虜になる。スペイン人はその金鉱を発見する。コロンブスは大喜びする。そこで大きな十字架の下に〈コンセプシオン（聖母受胎）〉と名づけた新しい要塞を建設し、先住民たちに鉱脈を採掘させ始める。一三七八年のスペインの鉱山法を適用して(35)、集められた金の五分の一は国庫に割り当てられ、残りがそこにいる人たちの間で分けられる。

しかしその鉱山を採掘するのにますます奴隷が必要になり、彼らと先住民――当然彼らは《インディオ》と名づけられる――との関係は悪化する。コロンブスと一緒に行ったスペインの軍隊長ペドロ・マルガリーテは彼らを面白半分に虐殺さえしている。聖職者たちもコロンブスもそれを強く非難すべきことだとは思わない。インディオたちは《信仰も王も法律もなく》生活しているからだ、と彼らは言う。提督は彼らを《野蛮人》《未開人》《政体のない者ども》と見なしている。彼らが鉱山で働いている姿を見て、彼は彼らをスペインに売って次の航海資金にしようと考える。彼は両王に書いている。《これらインディオたちのひとりだけで優に黒人の三人分に匹敵します。私は大がかりな黒人売買が行われるヴェルデ岬諸島にいたことがありますが、彼らが八千マラベディーで売買されるのを見たことがございます。今のところインディオたちは死んでいきますが、今後もずっとそうではありますまい。それは黒人たちやカナリア諸島の者たちにも最初に起こったことですから》[35]。この種の文章は数世紀にわたる三角貿易および奴隷経済の時代に再び見られる[4]。彼は自分の計画を受け入れてもらおうと、見本として二百人のインディオを女王に送ることさえしている。しかしイサベルはおびえて受け入れを拒否し、彼らを送り返している。女王にとって奴隷制度は——すでにコロンブスにはそう言ってあるが——嫌悪すべきことであり、王国内ではそれに目をつぶっているが、彼女自らそれを実行することなどできそうもない。コロンブスは誤りというよりもむしろ戦術の失敗を犯したのだ。

　だからファン・ロドリゲス・デ・フォンセカにとって、コロンブスの独り占めを打ち砕き、一四九二年の協約を廃止にして、これからは王国だけの利益となるように自分の役所である〈通商院〉を〈経由〉して航海を準備すべきときが来たのだ。フォンセカは、コロンブスがポルトガル王に仕えるスパイ以外の何者でもない——彼が最初の航海から戻ったときにリスボンに足を止めたのはなぜだろうか——とほのめかし、彼の威光をやり玉にあげようとする。

　コロンブスはそうしたことが画策されているとはつゆ知らず、拠点としたエスパニョーラ島にわがままな王として滞在し、弟のバルトロメウをそこの《先遣都督《アデランタド》》に任命する。

また彼はそこに来て滞在する人たちにそれぞれ土地や仕事や奴隷を分け与え、そのあと〈分配《レパルティミエント》〉という名のもとに大陸全体で行われている慣行を開始する。[35] しかし彼は周りにいるスペインの小貴族たちの怠惰をののしる。彼は記している。《世話をしてくれる二、三人のインディオや、狩りをする犬を持たない人は誰もいないし、あまり言いたくないのだが、驚くほど美しい女たちを何人か持たない人も誰もいない。こうしたやり方は私には大いに不満で、神に奉仕することとは思われない。そういうわけでインディオたちに信仰をもたらすというよりもキリスト教徒たちの信仰を本来の姿に立ち返らせるために、幾人かの敬虔な修道士たちがいれば我々には非常に有益であろう。一隻につき五、六十名の人間を私のところへ送ってよこし、私の方はそれと同数の怠惰で言うことを聞かぬ者たちを送り返すことが必要だろう[35]》

このような話をすれば、彼に多くの友人ができないのは明らかだ。スペインに戻った人たちの数々の不平不満を前にして、フォンセカは一四九五年末にエスパニョーラ島に王室調査官フアン・アグアードを派遣することを決める。その調査官はコロンブスに《意見聴取のために》カディスに戻るように告げる。コロンブスはカトリック両王の前で自分の立場を弁護するために、古くなった《ニーニャ号》に乗って一四九六年六月十一日にカディスに到着する。しかし宮廷はその頃ブルゴスにあって、王女フアナとハプスブルク家のマクシミリアンの息子フィリップ端麗公《ル・ボー》との結婚準備に大わらわだった。スペインが神聖ローマ帝国と縁組みをするのだ。きわめて大きな出来事だ。提督は冷遇される。人々は彼には関心を示さない。冒険家の時代は過ぎたのだ。その頃ポルトガル人は、自分たちがすでに発見し、トルデシリャス条約の文面によればその所有権を獲得している新しい大陸のそばをコロンブスが通過したのだと言い始めている。提督の方は、そんなことは全くのでたらめだし、自分が発見したのはまさしくインドで、それはスペインの所有であり、それを証明するためならいつでもそこに戻る用意がある、と繰り返して言う。彼は意固地になり、すぐに人を怒らせる。それにキューバで金が発見されて以来、コロンブスの諸々の発見を彼ひとりに独占させることは今や問題外となる。六年の間あれほど激しい交渉が行われた末の合意も、ほぼその三年後には無効になる。

ヨーロッパでは今や誰もがそれらの島々を見に行こうとしている。旅は危険でもないし、それほど遠くもないからだ。それに金《きん》がある。たくさんの金があるということだ。そこでは、女たちは気高くて気さくだというし、植物も動物もすばらしいということだ。一五五三年になっても、ロンサールは《ヨーロッパとその戦闘から遠く離れたところ》に行きたいと書いている。

当時多くの者が西へ向かう。やがて第二世代の探検家たちのひとり、アメリゴ・ヴェスプッチが現れる。それからジェノヴァ人のジョヴァンニおよびセバスティアーノ・カボート父子の名前も忘れることができないだろう。一四九六年にイギリス王は西へ向かう彼ら父子の航海に出資する。十八人の船乗りとブリストルを出帆した一人は森林で覆われたある海岸――たぶんラブラドル――に達し、彼らもそこを大汗《グラン・ハン》の国だと考える。二人は一四九七年にニューファンドランド島まで戻って自分たちの航海を立証する。彼らはそれぞれ再び航海に出かけ、その後もあちこち航海している。厳密な意味で最初に大陸に達した近代人は彼らかもしれない。

しかもそれらの土地は、誰もその価値を称賛せず、一周するだけで滞在することなど考えないアフリカよりもはるかに人々の関心を引く。折からポルトガル人はアフリカの先端まで行ったディアスの探検旅行——ちょうど十年前になる——をインドへの交易路に変えようとその準備に忙しい。彼らは沿岸地帯に長く留まることはしないで、アルギムやサン・ジョルジェ〔・ダ・ミナ〕の基地を強化する。また潮流やアフリカ東海岸のアラブ人やホルムズ海峡やマラバル海岸について彼らが知っている、あるいは知っていると思っていることをすべて細かく研究する。彼らはあわてずゆっくりやるのだ。ジョアン二世のあとを継いだばかりのマヌエル一世自らが探検の指揮官を選ぶ。それはヴァスコ・ダ・ガマという経験豊かな士官で、王は彼に、世界最高の胡椒のある地方で今後ポルトガルの商人が参加する条件について、マラバル海岸のカリカットの君主との交渉を任せる。ヴァスコ・ダ・ガマは一緒に出帆するディアスの助言を受け、息子や兄弟に助けられて、ディアスの船よりも重く頑丈な船を用意し、また帆は長方形の帆と三角帆を組み合わせる。しかし出帆直前に提督〔父〕が死ぬ。息子〔ヴァスコ・ダ・ガマ〕が探検隊の指揮をとり、四隻の船団と百五十人を率いて一四九七年七月八日に出帆する。ディアスが船の一隻を指揮する。しかし彼はヴェルデ岬諸島に寄港したときに病気になり、下船せざるをえなくなる。

二度目も岬の発見者はそこを通過することができない。

一四九七年十一月二十二日にガマはやがて喜望峰と名づけられる岬を通過する。彼はザンベジ川、次いで一四九八年四月にはモンバサに到達した最初のヨーロッパ人となる。彼はイスラム教の強大な商業諸都市できちんとしたもてなしを受ける。強い陸風が吹きつける未知の海をアフリカ東海岸に沿って遡航《そこう》するときが航海中で最も困難なときだ。アラブ人の船乗りイブン・マージドがガマの案内役となり、そうしてマージドは知らないうちにインド洋におけるアラブの勢力を一掃する協力者となる。それからガマは自力で航海に乗り出し、モンスーンになる前の一四九八年五月二十日にケララ地方のカリカットに着く。彼は外海で九十三日を過ごしている――コロンブスは三十六日だったが。ガマはヒンズー教の中に一種の異国的なキリスト教を見ているような気がする。〔僧侶《プレートル》〕ジャンの王国が再び現れる。彼は各地方の君主たちと交渉し、トルデシリャス協定に従ってポルトガルが胡椒の独占権を獲得できるような契約を結ぼうとする。

アフリカでのディアスやアメリカでのコロンブスの場合とは非常に異なる行動だ。ディアスはアフリカを〈迂回し〉、コロンブスはアメリカに〈植民を行い〉、ガマはアジアで〈取引する〉。

ちょうどそのとき――一四九八年五月三十日――クリストファー・コロンブスは、宮廷から許可を得て、親切なサンタンヘルから三回目の航海に出資してもらい、今回は三十人の女性を含む二百七十人の入植者と一緒に再び出帆する。彼は《ポルトガル王が赤道近くに存在すると強く主張する大陸》など存在しないことを明らかにしようと思ったので、先の航海のときのようにすぐに西のコースを取らず、まずヴェルデ岬諸島に南下して、それから反対側に針路を転じる。すると、何と驚いたことに、ヴェネズエラのオリノコ川の河口と同緯度にある南アメリカの海岸に到達する。のちに見るように、数カ月の違いであるが、たぶん彼はそこに到達した最初の人物ではない。結局彼はそこに接岸せず、一四九八年八月四日にオリノコ川をさかのぼろうとしてパリア湾に入り込む。これほどの量の淡水は大きな川、つまり大陸からしか来るはずがないことを彼は十分承知しているのだが——その存在を否定し、そこに地上の楽園を見ているのかもしれない！—— 航海日誌には次のように記している。《そこに注ぐ川が海を四十八海里のところまで淡水にするほど大きいとは。これは驚くべきことだ。すべての学者たちにとってもそうだろう。私は地上の楽園がきっとそこにあると確信している》。選択はコロンブスに任されている。彼の理論がまちがっていて、それは新大陸か、少なくとも大きな半島なのだろうか。それとも地上の楽園なのだろうか。自分自身に忠実な彼は二番目の仮説を取り上げる。どちらにしてもすでに新しい大陸は、新しい人間、完全なキリスト教徒の汚れのない誕生の場所として感じ取られている。

　数日後の一四九八年八月中旬にコロンブスは不安になる。彼は下船せず、むしろ引き返そうとする。どうして彼がそのような誤りを犯すことがありえよう。彼は病気でマラリアにかかったと言われている。コロンブスは十五年前から主張している自分の仮説がまちがいであることがわからなかった——あるいはわかろうとしなかった——のだろうか。けれども彼は日誌のもう少し先で次のようにつけ加えている。《私はそれが広大な、今日まで何も知られなかった〈陸地〉であると確信している。私にこのような考えを強く抱かせるのは、このかくも大きな川と淡水の海という事実である。第二に『エズラ第二書』第六章にあるエズラの言葉である。その中で彼は世界の六つの部分は乾いた地で、ひとつの部分が水であると言っており、その書は『ヘクサメロン』の中で聖アンブロシウスによって、また聖アウグスティヌスによって認められている[35]》

自らの信念に固執する彼は、次第に理路整然と推論することができなくなる。一四九八年八月末に彼はエスパニョーラ島に戻っているが、そこでは彼がインディオと名づける部族同士とスペインの小貴族たちとカタルーニャ人との緊張が頂点に達している。それぞれが自分たちの小王国を作っている。コロンブスはロルダンが連れて来た暴徒を吊るし首にする。その執行を遅らせようと告白を拒否していたその中のひとりを、彼自らがある塔の上から投げ捨てる。もう我慢できない。人々は彼を監視し、彼に対して陰謀を企てる。十月五日に提督は、イサベラ市の彼の執務室にアラゴン王の代理として来た二人の来客を迎える。メディチ家の事務員アメリゴ・ヴェスプッチと二回目の航海で彼と一緒だったスペインの船乗りアロンソ・デ・オヘーダである。彼らもまた、彼の直後に——一四九八年九月に——オリノコ川を通っている。しかし彼とちがうのは、彼らはそこに接岸していることだ。また彼らはそこでディアスの仲間、ドアルテ・パチェーコ・ペレイラとかいう人物に会っている。この人は地理学者で宇宙形状誌学者、航海家で軍人であるが、彼らの直前に《西洋の諸地域を探検に出かけ、実に壮大な大海を横断し、そこで〈ある大きな陸地〉を見つけ、そこに沿って航行している[20]》。このペレイラが、たぶん一四九八年のはじめ頃にアメリカ大陸に接岸したと確認されている最初のヨーロッパ人である。

というのはヴェスプッチは——たぶんペレイラも——それが大陸という名にふさわしい、かなり広大なひとつの集まりであることを理解したからだ。彼はそれについてコロンブスと話し合ったのだろうか。それを知る者は誰もいない。いずれにせよこのフィレンツェ人〔ヴェスプッチ〕は、一四九八年末に大急ぎでカディスに戻り、さっそくこの発見を知らせる——この発見を我が物とする——ことにする。

コロンブスとヴェスプッチがエスパニョーラ島で会っているちょうどその頃、ヴァスコ・ダ・ガマがインドを離れ、帰路のひどい航海が始まる。三隻の船上で壊血病により多数の犠牲者が出る。モンバサ近くでは〈サン・ラファエル号〉を焼く羽目になる。他の二隻〈サン・ガブリエル号〉と〈ベリオ号〉は一四九九年三月二十日に喜望峰を通過する。彼はわずか八十人と一緒に九月九日にリスボンにたどり着く。西洋で少なくとも三世紀前から夢見ていたインドとの海上のつながりがようやく作られる。

一四九九年半ばにヴェスプッチは、今度もアラゴン王の代理として再びカディスを離れて西に向かう。彼はインドではなく新しい《陸地》に到達することを知っており、それについてより多くのことを知り、帰ってからそれを語りたいのだ。一五〇〇年三月十三日に今度はペドロ・アルヴァレス・カブラルが、ジェノヴァの船主たちから資金を供与されて、十三隻の大型船とともに公にはインドに向かって出帆する。バルトロメウ・ディアスが再び航海に出る。しかし四月二十二日に、カブラルは喜望峰の岬へ南下する前に急旋回を行い、ブラジルに到達する。――単なる偶然だったのか、それともそれが航海の本当の目的だったのだろうか。大陸が公に発見される。

カブラルはそれだけに固執しない。彼はそこに発見の痕跡《マルケ》を残したあと、今度はディアスと一緒に最南端の喜望峰を回ってインドへ向かおうとする。その岬のところで暴風雨に遭い四隻の船が姿を消すが、その中にディアスの指揮する船もある。この偉大な船乗りはどうしてもその岬を越えられない運命にあったのだ。

そこでカブラルはポルトガルに戻って、自分の発見を知らせようと決める。たぶん彼の探検の真の目的はそこにあったのだ。ただ、二人のジェノヴァ人バルトロメオ・マルキオンニとジローラモ・セルニジが乗り込み、バルトロメウの弟ディエゴ・ディアスが指揮する大型船〈アヌンシアーダ号〉一隻だけは航路を進みつづけ、喜望峰を通過し、一五〇〇年八月にインドに到達する。やがてこの船はジェノヴァの市場向けに香辛料を持って戻ってくる。それ以降、取引が船乗りたちの頭を離れることはない。

ヴェスプッチやペレイラと同じく、多くの者はコロンブスが島以上のものに遭遇したし、そこにはインドへの西の航路を妨害する何か広大な半島のようなものが存在していると考え始める。新しい大陸は発見される前ですら邪魔なのだ。そこで人々はこの半島を迂回しようとし、そのために再び北上する人たちも出てくる。一五〇〇年にカトリック両王は、アソーレス諸島出身の二人の兄弟ガスパルおよびミゲル・コルテ＝レアルに《これら高緯度のすべての陸地と島々を発見し、支配する》[47]特権を与える。彼らはグリーンランド、ニューファンドランド、カナダ、セント＝ローレンス川およびハドソン川に到達し――それらに痕跡を残す。のちにスペインはトルデシリャス条約を持ち出してそれらの権利を要求する。

その間コロンブスは、彼の行く島々でにっちもさっちもいかなくなる。怠惰で言うことを聞かない入植者たちの間で、彼は次第にひどくなってゆく状況を管理する。報告を受けたフォンセカは新たに王室調査官フランシスコ・デ・ボバディーリャを派遣し、彼は一五〇〇年八月二十五日にエスパニョーラ島に上陸する。彼はそこにインド総督、つまり副王コロンブスよりも高い地位の人物として現れ、コロンブスを逮捕し、両足を鎖につなぎ、スペインに送還する。やむなく二度目の帰還となった提督は十一月二十五日にセビーリャに着く。ひどい屈辱を受けた彼は、のちに書いている。《王と女王は、ボバディーリャが両王の名において私に命じること一切に従うべしと私に厳命なされた。彼が私に鉄鎖をかけるのは両王の名においてであり、私は両王自身から鉄鎖をはずすように命じられるまでそれをつけているだろう。私は、私が両王のために行なった奉仕に対する報償の記念として、その鉄鎖を聖遺物のように持ちつづけるつもりだ》

宮廷でコロンブスはボバディーリャに非があることを認めてもらうが、副王の称号とあらゆる特権を失う。今や彼は何者でもない。病み、ほとんど目も見えない彼には、もはやたったひとつの望みしかない。海に戻ることだ。偽りの皇帝は何よりもまず本当の船乗りなのだ。

同時に地理への理解が進む。コロンブスの最初の航海のときに〈サンタ・マリア号〉に乗ったバスク人舵手《だしゅ》で辛い日々をともにした友人フアン・デ・ラ・コサが、一五〇〇年の日付を付した地図の上にはじめて広大で漠然とした集まりからなる東海岸を描かせる。だからコロンブスは彼の最も身近な仲間から否認されるのだ。一五〇二年の「デ・カンティノ」と呼ばれるポルトガルの地図にはブラジル、アンティル諸島、アフリカ、インド、極東が描かれている。スカンディナヴィアの沿岸地方は最もひどい形になっている。三世紀前から、もはやそこにはそれほど多く行き来していないのだ。

一五〇二年にガマが大船団を編成してカリカットに再び出帆するが、それは公然と取引を目的とした航海である。彼はそこにポルトガルの商人の植民地を作り、それを守るために彼の伯父が指揮する五隻の大型船をそこに残す。アジアの海に常駐するヨーロッパの国の最初の海軍である。(47) 彼は三万五千キンタルの胡椒、生姜《しょうが》、シナセン、ナツメグ、宝石をリスボンに持ち帰る。それまでヴェネツィアが管理していた胡椒の市場をポルトガルが勝ち取る最初の足掛かりである。

老いて悲壮なほど気違いじみてきたコロンブスは意固地になる。今や彼の望みは西回りでヴァスコ・ダ・ガマと合流することだ。今日ホンジュラスやパナマと呼ばれているところ――彼は島々だと思っている――のどこかにインドへの通路があることを明らかにするのだ。彼は誠実な後援者ルイス・デ・サンタンヘルからこの四回目の航海に必要な資金を得て、一五〇三年五月十一日に四隻のカラヴェル船とともにカディスを離れる。彼はコルドバでベアトリスとの間に生まれた十二歳になる次男を連れて行く。

一五〇三年八月に提督はジャマイカで座礁し、ほとんどが囚人である百人ばかりの男たちと一緒に七カ月間そこにとどまるが、その間に彼の仲間のひとりが小舟でエスパニョーラ島にたどり着く。一五〇四年二月二十九日の月食のとき、彼はインディオたちにこの現象は神の恐ろしい徴《しるし》だと告げる。

コロンブスは救出される。彼は一五〇四年六月にエスパニョーラ島に着くが、疲れ果て、病になり、失明寸前であった。運命の皮肉だろうか、彼は港でスペインに戻る総督ボバディーリャの船団の遭難を目撃する。彼自身はスペインに一五〇四年十一月七日に戻るが、それはイサベル女王の死の十数日前であった。

その間にヴェスプッチは二度にわたり大西洋の向こうに行っているが、今回はポルトガル王国の代理としてである。彼は新大陸の沿岸に沿って進み、のちのマゼラン海峡のすぐ近くまで南下する。戻ってくると、彼は期待を裏切られる。ポルトガル王は彼をあまり好まず、スペイン王国と同じく彼の功績も認めないのだ。のちに彼は書いている。《私はそこで多くの幻滅を味わい、利益はほとんどなかった。というのは私は大きな褒賞を受けて当然であったのに、ポルトガル王は私の発見した土地を改宗したユダヤ人たちに与えているからだ》(9)。コロンブスはこんなふうに非難の標的になるのだろうか。それはペレイラかもしれないし……あるいはカブラルかもしれない。

提督には反駁《はんばく》するだけの時間は残っていない。一五〇六年五月二十日、彼は目が見えず、辛い思いを抱き、あらゆる権利を失い、すべての人と係争中に、インドに行ったという確信を抱いたままバリャドリッドで死ぬ。コロンブスはフランシスコ修道会に埋葬される。そのあと彼の遺体は一五四四年にセビーリャ近くのラス・クエバスにあるサント・ドミンゴ大聖堂に移されたという。そして一七九五年にはキューバに移されたらしい。実際には、彼がどこにいるのか誰も知らない。コロンブスは死んでからも、その謎に包まれた部分を失うことはないのだ。

新しい探検家たちはインドへの通路を探しつづける。一五〇八年にスペインの一隊が大西洋上のパナマ地峡に到達し、大陸で最初の要塞ウラバを建造する。一五一三年九月二十五日にはヴァスコ・ヌーニェス・デ・バルボアが徒歩でパナマ地峡を横断し、未知の大海を発見し、その広大さに怯える。

人々は今やヨーロッパとアジアを隔てている広大な障壁が相手であり、だから一世紀前にアフリカを一周しようとしたときのように、北や南への通路を探す必要があることを理解する。一五一六年にインドへの《通路》を探していたフアン・ディアスは、のちにブエノスアイレスとなる場所の基礎を築く。新大陸は結局〈思いもかけない困った事態〉なのだ。いずれにせよそこは、唯一の関心事である香辛料へ通じる航路には障害なのだ。そこには香辛料が見つかる気配など全くないのだから。

その間アジアでは、ポルトガルの船団が香辛料のある土地土地に自分たちが現れた痕跡を残してゆく。一五一〇年にはアルブケルケがゴアに駐留し、そこを焼き払う。別のポルトガル人たちが一五一三年にシナ海やマラッカに到着する。一五一五年に彼らはホルムズ海峡を占拠し、ヴェネツィアに向かう胡椒の輸送船団の航路をふさぐ。やがてインド洋全域が彼らの支配となる。植民地化するのではなく、支配するのだ。そして他国の人々が東へ行く通商路はふさがれる。

発見の時代は終わる。それは一五一九年に、あらゆる時代を通じて海上での最も偉大な快挙によって締めくくられる。三十九歳のポルトガルの船乗りフェルナン・デ・マガリャンエス〔マゼラン〕がアメリカを南から迂回して世界一周を試みる。彼はのちにそこで死に遭遇することになるが、その最初の企ては成功するだろう。最初ポルトガル王に断られた彼の計画は、一五一八年三月にアラゴンのフェルナンドに受け入れられる。あらゆる冒険に参画したらしい君主の死の数カ月前のことである。単にアメリカを迂回することだけではなく、地球を完全に一周するという途方もない大胆さの中に、一気に、最後まで身を投じることが重要なのだ。

マゼランは五隻の大帆船と行く先々の国の言葉を話す二百六十五人の男たちを率いて――その中にはポルトガルの他の航海者たちからマラッカで買い求めた奴隷たちもいる――一五一九年八月十日にカディスを離れる。彼と一緒に行くのは、太平洋の大きさについてもそこで出会う人々についても何も知らない、実に向こう見ずな連中だ。一五一九年九月二十六日にマゼランはテネリフェ島にいるが、そのあとヴェルデ岬諸島、赤道を通過し、ブラジルに沿って進む。そしてパタゴニアに到着し、一五二〇年十一月二十一日には、のちに彼の名前がつく海峡をはじめて越える。彼は暗礁に乗り上げた船を一隻失い、またもう一隻はスペインに戻る。十一月二十八日に彼は太平洋を航行する最初のヨーロッパ人となる。そのあとチリ沿岸をさかのぼり、インカ族のところでは食糧補給に苦労するが、彼はピサロよりも十一年前にインカ族に出会った最初のヨーロッパ人となる。マリアナ諸島に到着したあと、彼は南太平洋を横断し、一五二一年十二月十七日にやがてフィリピン諸島と名づけられる場所に着く。彼はその諸島を命日に当たる聖人の名前ラザロと命名する。出迎えは最初は平和的である。島のひとつのセブ島では、ある奴隷が住民たちの話す言葉が理解できるのに気づく。この男は自分の家の近くに戻ったのだ。つまりこの男は世界一周をした最初の人間なのだ。

まもなくマゼランは、セブ島に隣接したマクタン島の浜辺で先住民たちともめ事が起こったときに殺される。彼の船の一隻〈ヴィクトリア号〉だけがバスク人のセバスティアン・デル・カーノに指揮され、十八人の男たちを乗せて、一五二二年九月六日にポルトガルに到着するだろう。

セウタ攻略以後、一四一六年に始まる発見の時代は終わった。それを終わらせるのは、またしてもひとりのバスク人だ。

こうして今やヨーロッパが描き出し、命名し、自分の好きなように歴史を物語ろうとする世界が踏破されたのだ。

### 命名する

誰が名前の潔白を信じられようか。たとえばフィレンツェは《都市であり花であり女である。それは同時に、花なる都市であり女なる都市であり花なる娘である[119]》、とジャン＝ポール・サルトルは書いている。

所有すること、それはまず命名《ノメ》することだから。

一四九二年よりずっと以前に、征服者たちは彼らが占領した土地に名前を書き入れ、そこに言語を押しつけている。すでにヘブライ人は、彼らにまだ残っている名前で彼らの敵を指し示していた。ローマはヨーロッパの一部と中国とアフリカを命名した。中国の方は日本を、朝日を意味する名前と、のちにマルコ・ポーロが取り上げるチパングというもうひとつの名前で呼んだ。

ほとんどすべての国が、すべての人たちのために、どこか別の国によって命名されている。ただその国が自らに与える名前では誰からも呼ばれない一部の国は別である。たとえば不思議なことに、ドイツ、フィンランド、ハンガリー、アルバニアは、その国自身にとってのみドイチュラント、スオミ、マジャール、シュキペリヤなのだ。

一四九二年に命名と言語の押しつけのすさまじい時代が始まる。早くもこの年から、コロンブスは彼が出会うものすべてに命名する。しかし中世人である彼は、そのためにマルコ・ポーロがつけた名前を利用し、自分の訪れた島々の地名をポーロがつけた中国や日本の地名と一致させようとする。また彼は自分がインドにいるつもりなので、それらの島々の住民たちを《インディオ》と命名する。先住民たちはこのように呼ばれることを承知しない。彼らは理解できるときには、《どうしてあなた方は我々をインディオと呼ぶのですか》、と尋ねるだろう。彼らは自分たちを《人民《プープル》》あるいは《原住民《プープル・レエル》》と呼び、他の人たちを《友人《アミ》》あるいは《敵《エヌミ》》という名で呼んでいる。

少しあとになると、先に見たように、コロンブスはそこにもっと確かでもっと純粋な、新しいヨーロッパを築こうとして、ヨーロッパの名前をつける。新エスパニョーラ、イサベラ、フェルナンディナ、フアナ、等々がそれだ。

そのあと本当の大混乱が起こる。発見者たちは一部の場所を、もはや有名でも何でもない名前で呼ぶ。このときがまちがいなく中世から近代に移動するときであり、最近出会ったものこそ紛れもなく新しい《ヌーヴォー》ということをついに認めるときなのだ。

このときは驚くほど早くやって来る。コロンブスの航海から十五年後に、第二世代のひとりの航海者の名前から、さしたる重要な意味もなしに、ひとつの〈大陸〉の名前が作り出される。一四九二年から六年後に、二番目に大陸に上陸したアメリゴ・ヴェスプッチである。しかもそれはヴェスプッチとは無関係なのだ。それにはひとりの無名のフランス人修道士が決定的な役割を果たす。彼の大胆さによって、このありそうもない名前が信じられないくらい全世界で受け入れられることになる。

ヴェスプッチはひとりの近代人である。航海に出るのは信仰の勝利のためではなく、自分自身の栄誉のため、《自分の名声を不朽のものとするため》《自分の老年の名誉(115)》のためである、と彼はのちに書いている。フィレンツェのサンタ・マリア・デル・フィオーレ大聖堂の参事会員の甥、裕福な家庭の子息で、大貴族たちとも親しく、自分自身のイメージを気にする彼は、船の装備品販売という最初に就いた職業から得た航海器具の知識を吹聴する。のちに彼は書簡の中で書いている。《私は（旅の仲間たちの間で）尊敬されている。というのは実際に経験はなくとも、船乗りたちの海図から得た知識のおかげで、私は世界中のすべての舵手よりもすぐれていたからだ。彼らは自分が航行した海しか知らない(115)》。一五〇四年に四回目の航海から戻った彼は、二通の書簡――『新世界』と『四回の航海』――によって四回の航海を語り、彼自身の公的な旅行記をまとめる。彼は『新世界』を彼の最初の雇主ピエーロ・デ・メディチの息子である若きロレンツォに献呈し、それを伝統的な上奏文で始めている。《閣下は公の仕事で絶えずご多忙であられますが、休息の時間も多少お取りになり、暫《しば》し楽しく愉快な事柄でお過ごしください(115)……》。実際には、彼は当時の知識人たちに向けて書いている。この二通の書簡はラテン語で書かれているが、そのあとフランス語、ドイツ語、イタリア語に翻訳されて大変な成功を収める。自分の目的は《毎日毎日驚くべきことがどれだけ発見されるのかを知ってもらう(115)》ことだ、と彼は主張する。そして彼はほらを吹くのだ。最初の航海の日付を実際より前にする。自分が新しい大陸を発見したのだと主張し、一方《コロンブスは単に島々を発見したにすぎない[115]》、と彼は言う。あらゆることを誇張し、インディオを捕虜や妻や子供たちをむさぼり食う《食人種《カニバル》》として叙述する。また《三百人以上の人間を食べた》、と彼に打ち明けたらしい男のことに触れる。《我々の家の豚肉のように梁《はり》に吊るされた塩漬けの人間の肉[115]》を目にしたと言う。インディオたちは《百五十歳まで生き[115]》《女たちはヨーロッパの男たちと同じくらい大きく、男たちはそれよりもはるかに大きい。彼らには上も総督もおらず、誰もが他人に従属することはない[115]》、と力説する。

しかし私の考えでは、この著述の中で最も重要な、また成功を収めることになる面は、先住民のどの叙述の中にも不思議と〈性《セックス》〉のことが執拗に出てくることだと思う。《彼らは好きなだけ妻を持ち、息子は母と、兄弟は姉妹と、従兄弟は従姉妹と、男は最初に来た女と生活を共にする。結婚を解消したくなると頻繁にそうするが、その点ではいかなる掟も守らない。彼らは神殿も宗教も持っていないし、偶像崇拝者ではない。これ以上私に何が言えようか。彼らは自然に従って生きているのだ[115]》。彼は嬉々として先住民とヨーロッパ人との恋愛を叙述する。《彼女たちがキリスト教徒と性関係を持てるようなとき、激しい淫欲に駆り立てられた彼女たちは堕落し、売春婦となる[115]》。その効果を高めようと彼は表現をわざと抑える。《……羞恥心からこれ以上詳しく述べることはすまい[115]》とか、《彼女たちが自らのふしだらな色欲を満足させるために使う技巧を申し上げることは、恥ずかしいので省かねばならない……[115]》とか。

とにかく私には、こうしたどことなく猥褻《わいせつ》な記述が二通の書簡の成功を確かなものにし、のちに新しい大陸の名前を選択するのに大いに関係があるように思える。すでに言ったように、これらの書簡けたちまちヨーロッパ中の人々に読まれる。トマス・モアはすぐさまそこに彼の『ユートピア』の着想を見いだすだろう。二年後の一五〇六年に——コロンブスが盲目になり、おそらく落ちぶれて、たぶんヴェスプッチのこれらの文章を知ることもなく死んだとき——ロレーヌ公ルネ二世がサン゠ディエのある小さな団体《ヴォージュ・ギムナジウム》にそれらの書簡を渡す。そこは聖堂参事会員で印刷業者のゴーティエ・ルートや印刷物の校正係のマティアス・リングマンやフライブルク・イム・ブライスガウ出身の印刷業者で地図学者のマルティン・ヴァルトゼーミュラーを集めている。翌年（一五〇七年）にこの団体は「世界誌序説」と題する最初の世界地図を一千部ほど印刷する。(9) そこでは新世界は、まさにコロンブスが晩年に想像していたように、まだアジアの延長部分として描かれている。しかしサン゠ディエの地図ではその部分をひとつの大陸と見なし、《アメリゴ・ヴェスプッチがそこを発見したのだから》そこを《アメリガ》あるいは《アメリカ》と命名したいと提案する文章が添えられている。この名前は《ラテン語的でかつ女性的な響きがあり、ヨーロッパ、アジア、アフリカという他の大陸の名前と調和している(9)》という。

二年前からセビーリャの〈通商院〉の航海局長となっていたヴェスプッチは、あるいはそのことを自慢したかもしれない。彼はその二年後に死ぬ。

そのときから、骰子《さい》は投げられたのだ。たとえ一五一三年——すなわちヴェスプッチの死の直後——に同じヴォージュの団体がストラスブールで出版するプトレマイオスの『地理学』の増補新版に付した《新しい土地》の地図の中に〈アメリカ〉の名前が出ていないとしても、スペインでは相変わらず《西インド諸島》、そのあと《インド王国》のことが話題となるとしても、また同じ時期にデューラーが《新しい黄金の国》[35]のことを語るとしても、アメリカという名前は徐々に、まず北ヨーロッパに定着する。

当時の驚くべき知的流動性を雄弁に物語るいっぷう変わった征服だ。一五一四年にレオナルド・ダ・ヴィンチは——彼はずっと前からヴェスプッチ家と知り合いで、その絵も描いている[119]——《アメリカ》の名前を使っている。フランドル地方では、一五三八年にメルカトルもその投影図法の中で大陸全体を〈アメリカ〉と呼んでいる。そのあとこの名前は北ヨーロッパで、まずイギリスとドイツで完全に認められる。スペインの方は依然として《インド諸島》を主張する。スペインで《アメリカ諸州》という言葉を用いるのは十九世紀になってから、《ラテン・アメリカ》に言及するのは二十世紀になってからである。忘れ去られた発見者たちには割りが合わない妥協……

だからアメリカは、ロレーヌ地方で、当時の経済゠世界を支配しているイタリアとフランドル地方を経由して選ばれた名前であり、海を支配しているスペインやポルトガル経由ではないのだ。何かの巡り合わせだろうか、新しい大陸の名前は〈印刷術〉が発明され、最初の〈地球儀〉が作られた場所のすぐ近くで選ばれている。

はじめて一五二八年に、金色の地球儀の上に新しい大陸が——命名されていない——まだアジアにつながっているとはいえ、正しく描かれる。[135] 一五五九年にポルトガル人アンドレアス・オーメンはアメリカ西海岸の輪郭を描き、命名する。一五六〇年の地図には、アメリカはアジアから切り離されてはっきりと示され、そのどちらも命名されている。同じ頃ニュルンベルクでも、地理学者ヨハネス・シェーネルがアメリカの土地を示す最初の地球儀を作っている。[135]

同時に新しい地方の名前がはっきり示される。ときにはその土地の名前がつけられる。……たとえば〈ブラジル〉で、これはその土地の木の名前であるが、すぐにカブラルの〈サンタ・クルス〉に取って代わる。また〈メキシコ〉はテノチティトラン〔《月の中心に》を意味する〕のナウワトル語の愛称である。またずっとのちになるが、アメリカ合衆国の二十六州——アラバマからワイオミング、アラスカからウィスコンシン、カンザスからミネソタまで——はインディオの言語から生まれた名前である。アフリカでは、ポルトガル人がそのまま採用した〈ギネー〔ギニア〕〉は《黒人の国》を指すトゥアレグ語に由来する語である。東洋ではヨーロッパの旅行者たちが選んだ名前を恒久的に受け入れる国は少ない。ただしフィリピンというのは、一五五六年に王となる、カール五世〔スペイン王カルロス一世〕の息子、のちのフェリペ二世をたたえてヴィラロボスが一五四二年につけた名前である。

アメリカの先住民は、自分たちの名前を持ちつづけることもあったが、多くの場合は自分たちの言語が消失するのを目にする。

一方ヨーロッパでは、同じ頃にラテン語がどこでも各国語に席を譲る。フランスでは一五三九年に、フランソワ一世がフランス語を司法関係の公用語とする。ドイツではマルティン・ルターが近代ドイツ語の規範を確立する。イギリスではカクストンが英語の価値を知らせる。スペインでは、ネブリハのおかげでカスティーリャ語がカタルーニャ語を押しのけて認められる。それと並行して巨大な産業である書物産業が発展する。ヨーロッパの二百三十六都市に印刷所が見いだされる。書物は八つ折り判となって非常に使いやすくなり、より保存しやすくなる。

アメリカでは、のちにはアフリカでも、征服者たちが先住民族をその地方の行政に組み込もうとするときから、諸言語が消滅し、ヨーロッパの言語が広まり、現地語に取って代わる。今日、百万人足らずの人々がナウワトル語およびコロンブスやディアスやカブラルが耳にした言語を話している。少なくとも五億の人々が英語を話し、四億の人々がスペイン語を話し、およそ一億の人々がポルトガル語かフランス語を話している。

不思議なことに、これら勝利者たちの言語は今日、猛烈な勢いで敗者たちの中でよみがえっている。これら北の言語は南の言語となり、そこで新たな活力を得ている。今や米語が英語に対して優位を占めている。北アメリカのスペイン語はこれからどうなるのだろうか。そしてまたヨーロッパのアラビア語は。

敗者たちの復讐には時間がかかるかもしれない。しかし北の武器や言語や概念を利用する南は、おそらく持てる力をまだ出し切っていないはずだ。

### 植民地化する

一四九二年に近代的な意味での植民地化《コロニザスイヨン》が始まる。他の世界に痕跡を残し、命名したあと、キリスト教ヨーロッパはそれを占領する。

実際のところ植民地化は、ただ取引だけを始められないときには、それをするための厄介な前提条件である。アフリカを迂回するのはアジアに取引に行くためだが、アメリカを植民地化するのは、この無用の、すぐには人の住まない大陸が金や銀を埋蔵し、砂糖黍《さとうきび》の栽培に好都合な魅力があるからだ。

キリスト教ヨーロッパはまず自らを植民地化し終え、その後五世紀にわたってつづく宗教的な境界を定める。一四九三年一月にボアブディルはカトリック両王に会うためにバルセロナに赴こうとするが、人々は彼にそれを思いとどまらせる。最後の裏工作が三月から行われる。フェルナンド・デ・サフラはボアブディルの代表者たちを《うまくだました》と自慢する。協定は六月十五日にカトリック両王により、七月八日にはボアブディルにより正式に承認される。ボアブディルは六千三百二十人と一緒に十月中旬頃スペインを離れる。[116] 一四九四年からイスラム教徒の状況は悪化する。ナスル王国の住民は一四九二年頃には全体で三十万人いたが、結局のところ半世紀で少なくとも十万人が移住した、とベルナール・ヴァンサンは推計している。[116]

カトリック両王は、一四九九年の夏にはグラナダの人口の圧倒的多数が依然イスラム教徒であり、〈背教者《エルチェ》〉——一四九一年の協定により保障を与えられたイスラム教に改宗したキリスト教徒たち——がそこにまだ自由に暮らしている現状を確かめると、両王の忠実な友タラベーラを解雇し、彼に代わってシスネーロスにイスラム教徒の子供たちの洗礼を授けさせる。東では、キリスト教ヨーロッパはオスマン帝国とギリシア正教会の存在を容認するが、そのどちらもヨーロッパが自らに与えた定義からは締め出す。

自らを定義したヨーロッパは、今後はいつでも他の世界を植民地化する態勢が整う。モロッコでは、友好的な取引は不可能だという理由から、ポルトガル人が沿岸地帯のいくつかの都市を——早くも一四一五年にまずセウタを——支配している。もっと南では、最初の数少ない要塞——たとえばアルギムや〔サン・ジョルジュ・〕ダ・ミナ——は孤立しており、大陸の植民地化には橋頭堡《きょうとうほ》として役に立たない。人々はそこに立ち寄って金や奴隷やマラゲッタと名づけられる例の胡椒の売買の細目を決める。またインドでも、いかなる大規模な侵攻も行われない。

アリ・ベルの領土にコルテスが、あるいはマラバル海岸にピサロがいなかったのはなぜだろうか。たぶんそこの気候風土と植生に大いに関係があるのだろう。アフリカは入り込めず、インドは人口が多すぎるのだ。そこの社会はアメリカの社会に比べてもっと地方地方に分散し、もっと漠としている。だからそこの社会は侵略者にもよく耐えうるのだ。それからまた、とくに、一方は迂回し他方は取引するだけで十分であり、取引による収益を考えるとあえて戦争をするには及ばないからだ。

アメリカの場合は、事情は同じではない。香辛料がないので、白紙のページ、いかなる汚れもない社会、新しい人間という夢が実現可能になる。たとえユダヤ教徒とイスラム教徒を追放しても、自分のところで純潔であることは不可能だ。過去がそれを許さない。だから他のところに汚れを知らない社会を作り出す必要があり、そしてインディオたちが全く申し分のないキリスト教徒を生み出すのに理想的な《人間資材《マテリオ・ユマン》》となる。それまでいかなるヨーロッパ人も接触したことのないこの予期せぬ人間たちは、いわば地上の楽園から生まれたのだ。だから彼らは理想的なキリスト教徒のすばらしい実験材料なのだ。

まるで一四九二年の追放が舞台稽古として役立ったかのように、教皇はさっそく一四九三年に、インディオたちの改宗に出資する目的でカトリックの君主たちが教会財産に課税することを許可する。その同じ年にエスパニョーラ島ではコロンブス――コロン〔入植者〕?……――がインディオたちを〈無理やり改宗させる〉が、かつてスペイン人が最初からこうしたことをユダヤ教徒やイスラム教徒に断行したことはなかった。

そのあと植民地化はより具体的な行動となって現れる。新しい人間、それはそうだが、でも奴隷なのだ。人々は土地を横領し、その土地の政治権力を破壊し、インディオたちをアンティル諸島の鉱山に送って強制労働をさせる。たとえ一五〇〇年にイサベルが、インディオを奴隷にしたり、その土地を収用したりすることを禁止し、インディオたちが法的にはスペイン人と平等の、王国の自由な臣民として見なされるようはっきりと要請しても、ローマ教会は――一部のドミニコ会士とフランシスコ会士を除いて――生まれつきの奴隷に関するアリストテレスの教義を認め、インディオを劣った野蛮な存在と見なす。

一五〇四年にカスティーリャ女王が死んだあと、議論の火ぶたが再び切られる。アラゴンのフェルナンドは一五一二年にブルゴスで、インディオには所有権は認められないこと、また奴隷制は合法であることをはっきり認める。

そのとき、すべてが爆発する。開発が始まって早くも数年で、キューバの鉱山が奴隷たちを死滅させている。しかしエスパニョーラ島がまさしく最初の民族大虐殺の場所である。予想もしていなかった民族大虐殺だ。病原菌の侵入によって加速されるこの死滅に関心を抱く者など誰ひとりいない。コロンブスが到着したときに島にいた三十万の住民――最も低い算定による――は一五一〇年にはもはや五万人、一五四〇年にはおよそ一千人だけになる。十六世紀の中頃にそこに砂糖黍を植えつけるときには、恒常的により多くの奴隷が必要となり、アフリカから奴隷を運び入れている。一トンの砂糖黍の値段がひとりの労働者の命の値段となる。

このような破綻があってもやはり植民地化はつづき、まさしくこの大陸で大虐殺が行われる。

けれどもこの大殺戮《さつりく》はヨーロッパには気づかれずにすむ。エスパニョーラ島の出来事は、一部の人たちには単なるかすり傷と感じられさえする。何のためにインディオを虐殺するのだろうか。何のためにアフリカ人をそこに送り出すのだろうか。何のためにそれらの言語や文化を破壊するのだろうか。

最初に――修道士たちから――抗議の声があがる。一五一一年にエスパニョーラ島でドミニコ会士アントニオ・デ・モンテシノスが説教の途中で言明する。《インディオたちもあなた方と同じ人間ではないのですか。あなた方には自分たちの兄弟と同じように彼らを愛する義務がないのですか》。憤慨した植民者たちは彼のことで宮廷に苦情を言う。しかし修道会はその宣教師を支持する。

ローマ教会の代表者とは無関係にこうした最初の反発が起こっても、アラゴン王はかまわず植民地化をまず島々から推し進める。

一五一一年にスペイン人ゴンサルボ・ゲレーロが遭難してマヤ族に引き取られ、その首領となる。そのすこしあとに別のスペイン人ヘロニモ・デ・アギラールも同じようになる。一五一七年、スペインによるユカタン地方の最初の探検のときに、手つかずの、おそらく理由もなく見捨てられていた諸都市が発見される。チチェン・イッツァ、パレンケ、ウシュマルである。

一五一九年二月にコルテスは、七百人の男たちと十四門の大砲を乗せた十一隻の船団を率いてタバスコに接岸する。彼は先駆者たちとは異なる人間である。ある住民を別の住民と敵対させ、派手なしぐさで大勢の人に強い印象を与え、[115]権力を欲しがり、それ以外のものは何も望まない。コルテスは探検家でもないし金や香辛料を探す人でもない。征服者なのだ。金を探すように勧められたとき、彼は《私はそんな小さなことのために来たのではない、と笑って答えた》。ちょうど彼が下船するとき、皇帝モクテスマ二世はアステカの暦の新しい季節の初めを祝ったところだった。そのときには、そこでは十一世紀からずっと、到着した彼らと同じ髪、同じひげ、同じ十字架を持った《地上の支配者たち》の到着を待っているのだ。ある丘が《海のほうへ突き出ている》ことを教えられると、彼はそれが神ケツァルコアトルだと考え、新しい到着者を迎えに行き、神として歓迎する。《あなたはここであなたとお供の者たちに必要なものはすべて所有するでしょう。ここはあなたの家であり、故国なのですから》。コルテスは彼のあとについてテノチティトランに行き、その光景を目にして呆然とする。《その都市にはサラマンカの都市の二倍も大きな広場がある》、と彼は書いている[115]。そのあと彼はこの文明が大量の人間の犠牲の上に支えられていることを知り、そのことに目がくらむと同時に慄然《りつぜん》とする。彼はアステカ人の仕事に感嘆するが、彼らを人間とは認めず、平然と皆殺しにする[115]。

コルテスはモクテスマを逮捕する。モクテスマは傷つき、征服者を神と見なしつづけ、宮殿の地下室で死んでゆく。コルテスはインディオと同時にスペイン士官たちとも戦うことになるが、テノチティトランを破壊し、こうしてアステカ帝国に終止符を打つ。彼は一五二六年に現ホンジュラスの最後の皇帝を殺し、一五三五年には《ヌエバ・エスパーニャ》と名づけられる場所の初代総督兼司令官となる。

征服後はあまり人が住みつかない。一五二四年からドミニコ会士やアウグスティノ会士たちがメキシコに入植する。一五二九年にはわずか八千人のスペイン人だけがそこで生活している。一五三六年にトラテロルコにフランシスコ会の最初の学院《コレージュ》が開設される。一五三五年にカール五世は、一五二七年に召喚されたコルテスに代わって《ヌエバ・エスパーニャ》の初代副王にアントニオ・デ・メンドーサを派遣する。

その頃に征服から植民地化に移行する。一五四八年のサカテカスの銀山発見はアメリカ発見にひとつの意義を与える。人々がそこに殺到する。一五六〇年にはスペイン人の数が五万人になり、また一万五千人のアフリカ人がアフリカから連れて来られ、インディオに代わって鉱山で働かされるが、彼らは重労働や病気のためにすぐに死んでしまう。

結局メキシコのインディオたちは、一五一九年の二千五百万人から一六〇五年には百万人そこそこになる(117)。

ペルーでは植民地化は十五年遅れて始まるが、メキシコの場合と同じ道をたどる。急速な破壊である。一四九三年に第十一代インカ皇帝となったワイナ・カパクは帝国を拡大し、当時その領土は現在のペルー、コロンビア、エクアドルに及ぶ。彼はクスコを離れ、テメバンバ〔現クエンカ〕に住む。彼が一五二七年に死ぬと、帝国は二人の息子ワスカルとアタワルパに分け与えられる。内乱が二人を対立させ、後者が勝利を占める。一五三一年に現在のパナマから来たピサロは神ヴィラコチャと見なされ、ワスカルと縁つづきのマンコが彼ら《白人の神々《ヴィラコチャ》》と同盟を結ぶ。一五三二年にアタワルパはわざわざキートを離れて外国の侵略者を迎えに行き、カハマルカで彼らと会っている。しかし彼はスペイン人がふつうの人間であることがすぐにわかる。ピサロは彼を誘拐して金品を強奪し、その翌年には彼を殺害し、そのあとインディオの組織的な奴隷制度を作り、彼らの土地を仲間に分配して帝国を滅亡させる。

一五三〇年には一千万人に達していたインカ皇帝の臣民も、一六〇〇年にはもはや百三十万人しかいなくなる。

その当時、植民地化は素人に委ねられるには重大すぎることなのだ。一五三六年にコロンブスの後継者たちは、提督の称号や年に一万ドゥカートの年金やジャマイカ侯爵位やベラグア公爵位を手に入れるが、新しい土地は放棄せざるをえなくなる。

けれども虐殺に対して新たな抗議の声が上がる。まずアメリカをよく知っているバルトロメー・デ・ラス・カサスの声である。一四九四年に彼の父と兄はコロンブスの第三回目の航海に参加し、エスパニョーラ島に住みついている。一五一〇年には彼自身が新しい土地の司教に任命される。最初は彼も他の人たちと同じように、インディオを改宗すべき存在、潜在的カトリック教徒、神が予定されたキリスト教徒と見なし、そのためそこでの彼らの奴隷状態に何ら支障はないと思う。彼は書いている。《他の時代でも他の国民でも、この改宗にこれほどの適性ならびに素質と才能とが見られたことはなかった。キリストの支配を受けるのにこれほど従順で逆らわない、これ以上ふさわしいというか才能豊かな国民はこの世にいない[115]》。これがまさしく当時の精神なのだ。インディオは新しい人間を作り出すのに理想的な材料なのだ。しかし一五二〇年にドミニコ会士たちが彼らの修道会の精神に則って、ラス・カサス自身が奴隷を所有しているという理由で彼の聖体拝領を拒否するとき、彼は激しい動揺を感じる。彼は一五二二年にドミニコ会士となり、一五四〇年に完成される『インディアスの破壊についての簡潔な報告』を作成する。メキシコおよびペルーの植民地化の最中にあって、彼はインディオの奴隷制度と闘い、カール五世に対して抗議し、しかもアメリカにあってそれを行う。一五三七年に教皇パウルス三世は彼らを《ほんとうの人間》と語る。一五四〇年のブルゴスの宗教会議では、インディオたちは自由な存在だがまとまることができない、だからヌエバ・エスパーニャ全土において彼らに奴隷化を強いるのは当然だ、と結論づける[115]。ラス・カサスはカール五世に宛てた『インディアスの破壊についての簡潔な報告』の中で、のちに人権と呼ばれるものを認める原則をはじめて提出して反駁《はんばく》する。《自然の法と規則ならびに人間の諸権利は、キリスト教国であれ非キリスト教国であれすべての国々に共通であり、宗派、法律、政体、肌の色、身分のいかんを問わずいかなる違いもない[115]》。一五四二年に彼は《インディアスの新法》を制定させ、植民地の被支配者たちの人間的かつキリスト教的な尊厳を取り戻させる。状況が進展したのだ。たとえば騾馬《らば》を飼育することによって、今やあの荷担ぎ運搬の告発が聞き入れられる[35]。しかしさらに一歩前進する。彼が最終的にスペインに戻った三年後の一五五〇年に、バリャリッドで開催されたスペインを揺り動かすさまざまな公開討論会のひとつにおいて、人間を生《い》け贄《にえ》にする点を持ち出してアステカ人の壊滅は正当だと考えるコルドバの司教座聖堂参事会員セプルベダに対して、ラス・カサスは「むしろそうした生け贄の蛮行自体がこの民族の人間的価値を示すものだ」「というのは自分たちが持っている最も貴重なものを自分たちの神々に捧げようとする人々は間違いなく信心深いからだ」と答えている。次の文章はすばらしい。《自分たちの神々に人間の生け贄を捧げていた国民は、道を間違えた偶像崇拝者として、神の卓越性や自分たちの神々の価値についてこのようにすぐれた見解を示し、彼らの神性崇拝がいかに気高く立派なものであるかを示した。（……）また彼らは宗教心において他のあらゆる民族を凌駕《りょうが》している。彼らは、自分たちの民族の幸福のために自分の子供たちを生け贄として捧げる、この世で最も信心深い国民であるからだ[115]》

またさらに、発見の歴史においてはじめて、ヨーロッパ人に対するインディオたちの感じ方について自問する人が出てくる。《我々がインディアスの人々を野蛮だと考えるように、彼らも我々を同じように判断するのだ。なぜなら彼らは我々を理解していないのだから[115]》。〈理解し合うこと〉、それがまさに〈出会い〉の本当の問題点であり、植民地化の根本的な躓《つまず》きなのだ。マルセル・モースやクロード・レヴィ＝ストロースをはじめとして二十世紀の人類学者は、その問題をとび越して先に進むことのないように気をつけるだろう。

ラス・カサスはそこから過激な政治的結論を引き出す。メキシコのインディオたちは自らの威厳を取り戻し、承認され、聞き入れられ、しかも再び自由になり、誰からも支配されることなく完全に自由であらねばならない。彼はスペイン王――当時はフェリペ二世――に書簡を送り、王にアメリカから撤退し、かつての統治者たちを復帰させ、《地方の首長がそれぞれ完全な自治権を持つ一種の連邦の中に彼らを受け入れる[115]》ようにしてほしいと頼む。インディオの奴隷制については、それは〈福音伝道〉と相いれないとする。とはいえ三十年の間、ラス・カサスはインディオたちを保護するために、黒人奴隷売買を強く勧めたのだ……

同じ頃にフランシスコ会士サアグンがアメリカ・インディアンの文化を認識しようと闘い始める。メキシコの地でラテン語の教師となった彼は、彼自身によると《キリスト教を効果的に広める》ために、彼らの言語であるナウワトル語を学ぶ。実際サアグンはアメリカ・インディアンの世界に夢中になる。彼はアステカ文化を理解し、それをスペイン人やアメリカの人々に理解させようとする。彼はナウワトル語で『ヌエバ・エスパーニャ諸事物概史』を書くが、そこにはアメリカ・インディアンの宗教儀式について目撃者によるはじめての叙述が見いだされる。この話《レシ》はとりわけマルセル・モースやジョルジュ・バタイユを魅了するだろう。

しかしこの闘いも最初から負けときまっている。インディオの人口破壊がつづけられるのだ。結局半世紀で七千五百万人のアメリカ・インディアンが滅び、一方わずか二十四万のスペイン人だけがそこに住みつく。四世紀の間に千三百万のアフリカ人が、皆殺しにされたインディオたちに代わって奴隷としてそこに上陸するだろう。

十七世紀には、イエズス会士たちがパラグアイで前哨《ぜんしょう》に参加し、そこでペルナンブーコの農園やミナスジェライスの鉱山に働き手を売るためにインディオたちを探しにやって来る《奴隷狩り》から彼らを保護するだろう(35)。当時イエズス会をやっつけたいと思っていたヴァチカン〔教皇庁〕は、これらの人々とその理想、つまり南アメリカにおけるキリスト教ユートピアの最後の夢を見捨てるだろう。すでに商人が聖職者より優位に立つ。

地方の住民がほとんど姿を消したので、植民地の支配者たちは、今度はスペインだけの純然たる大陸をつくることが可能になる。彼らはそこに実に愚劣な行為まで持ち込み、あちこちに〈民族の祝祭〉を押しつけると同時に、いつの間にか地球で最も混血の多い大陸を作り出す。[35] 全体でおよそ五十万の人々が十六世紀と十七世紀にスペインを離れてアメリカに向かう。一四九三年から一六〇〇年までの間にアメリカに着いた五万五千の入植者に関するある研究によって、これらの入植者の出身地が明らかになる。三九・六パーセントがアンダルシア、一六・六六パーセントがエストレマドラ、二八・五パーセントがカスティーリャ出身である。ユダヤ教徒、イスラム教徒、〈改宗者《コンベルソ》〉、ジプシーは、さらに一五五九年からは新教徒も、アメリカ行きの船に乗る権利がない。それにもかかわらずアメリカに異端審問所が一五六九年に設立される。一五七〇年から一六三五年の間に、異端審問所は八十四人のユダヤ教的キリスト教徒に有罪判決を下すが、そのうち六十二人はポルトガル出身である。

もっと北では事態はいくらか遅れる。一四九二年にヨーロッパの領土問題が決着すると、フランスとイギリスは中央アメリカおよび南アメリカから退き、時化《しけ》のために到達がより困難な北部地域に関心を抱く。一五三四年六月にジャック・カルティエがフランソワ一世の命によりニューファンドランドとラブラドルの間を航行する。すでに一五二三年にヴェラツァーノは同じフランス王から派遣され、ディエップを出発して、ハドソン河口を探検している。植民地化が実際に始まるのは十七世紀である。スペイン人を追い払って一五四二年にカリフォルニアに着いた北の人々は、南の征服者たちが持ち込んだいろいろな病気のためにほとんど無人となった大陸を見いだすだろう。たとえば一六二〇年に〈メイフラワー号〉が到着する四年前には、伝染病のためにのちのニューイングランドの何万人という住民が死んでいる。イギリスの入植者たちはこの地に自分たちの信仰にふさわしい祖国を建設しようとする。だから彼らには人のいない土地が必要なのだ。同時に虐殺に拍車がかかる。一四九二年にアメリカに暮らしていた先住民族の三分の二以上は今日完全に姿を消している。新参者ジョン・ウィンスロップは言うだろう。《神はこの地に我らの運命を明らかになされた》。一七六九年にコブリリョは、アメリカ合衆国の独立直前にカリフォルニアをヌエバ・エスパーニャに併合する。一八二二年にそこがメキシコとなる。一八五〇年から西部が侵略され、カリフォルニアがアメリカ合衆国に再併合されると、インディオたちは白人たちから逃げる。シャイアン族がスー族をミネソタから追い払い、スー族はシャイアン族をネブラスカから追い払い、コマンチ族はテキサスで抵抗し、アパッチ族はアリゾナで抵抗する。

フランス人とイギリス人が占領された三つの大陸に関心を持ち始める。一六一六年にはイギリス人がカリカットに上陸している。

## 2 進歩の力

一四九二年が終わると、ヨーロッパでは〈進歩《プログレ》〉が具体的な現実となった。それまでは誰もが次のように考えていた。結局のところ一定量の善と悪が存在し、世界の資源は限られており、幸福も常にいつかはそのつけが回ってくることになるし、原罪は常に人間をその出発点に戻すし、戦争のあとには必ず平和がやってくるし、豊かさのあとにはペストがやってくると。

そのときから出生率や世界の規模や、繊維、小麦、書物の生産量が増大する。世界中にヨーロッパの船や商人や言語があふれる。代わりにヨーロッパは金《きん》や玉蜀黍《とうもろこし》、煙草《たばこ》や銀を受け取る。それ以降変化はただひとつの方向、〈よりよいもの〉へ進歩の方向に向かう、と人々は考える。時代の方向が決まる。動きのない安定した世界から不安定な、前進する世界へ移る。〈歴史〉が可能になる。

## 支払う

《金《きん》はすばらしいものだ！　それを所有する者は自分の望むすべてのものを自由にできる！　金の恵みがあれば人々を天国の門の中に入れることさえできる……》。コロンブスはすでに一四九二年に、彼の話に耳を傾けようとする人々にこう叫んでいる[35]。香辛料がないので、金がこの新しい土地の探検の唯一の理由なのだ。早くも一四九二年にインディオたちに目をつけて彼らから横領した金だけで、次の航海の資金源となり、香辛料を買い、植民地の総督府を運営し、聖職者なり司祭なりを傭うことができるようになる。金はますます必要になる。金は銀とともに一世紀以上にわたってアメリカの唯一の輸出品となるだろう。そのため新しいタイプの人々がそこに押し寄せる。この人々はもはや船乗りでも空想家でもなく大金持ちであり、商人ではなくただ単に泥棒だ。

インディオたちが長い年月をかけて装身具や偶像の形で蓄積してきた、ささやかな金のストックをスペイン人が探し集めるとき、あらゆることがエスパニョーラ島で始まる[23]。そのあとスペイン人は、彼らが発見した最初の鉱山であるシバオの鉱山を開発する。一五二〇年には神殿にある金を洗いざらい盗み取り、鉱山や川から三十トンから三十五トンの金を採取し、おまけに何万人という島のインディオを駆り集め、殺す[23]。

またコルテスもピサロも、大陸に到着するとすぐに墓や神殿を強奪し、そこから莫大な量の金と宝石を残らずかっさらう。そのあと一五四八年の中頃に、彼らはメキシコ中部に莫大な量の銀を埋蔵するサカテカス鉱山を発見する。征服の狂乱だ。貴金属の壁の教会を建て、植民地支配の中心となる壮麗な都市を建設する。一五六〇年から銀が本国行きの発送品の中で圧倒的に多くなる。そのあと銀がなくなり、一五七五年には多数の金山と銀山――中でも一五四六年に発見されたポトシのきわめて豊富な鉱山――を持つペルーが最も重要になる。

十六世紀には、全体で少なくとも百万人のインディオが鉱山の仕事だけで死ぬ。今日ではその仕事にアマルガムの技術が利用されている[23]。生産高は銀にして二万五千トン、あるいは金にして二千三百トン、すなわち当時ヨーロッパが他の場所から得ていた量の二倍である。七百トン相当量の金がアメリカに残され、そこでは聖母マリア像や祭壇を覆い、宮殿や大聖堂を装飾し、管理行政の資金に役立てる。スペインにはそこに送り出すだけの人口はなく、入植者は金や銀のある場所だけに限られる。鉱山が掘り尽くされると、都市は姿を消し、そこは豪奢《ごうしゃ》な廃墟となる。新大陸は貴金属のその場かぎりの源にすぎず、その栄華もほんの束の間のものにすぎない。

その残り、すなわち三分の二――千六百トン相当量――が、その大部分はセビーリャの〈通商院〉を経由して、ヨーロッパに届けられる[23]。この金は旧大陸を豊かにし、そこにまさに国際的な通貨制度をつくり出すことになるが、だからといってイベリア半島の支配者たちの利益にはならない。セビーリャとリスボンの銀行家たちはアントワープやジェノヴァでしか金を有効に運用できないのだ。カール五世とフェリペ二世はスペインを発展させるために何もしないだろう。やがて無敵艦隊が沈没することになるイギリス方面以外は、何か新しいキャンペーンを行うことさえしないだろう。

十六世紀末に金を掘り尽くし、土地の人々も絶滅したあと、アメリカは《新しい人間《オム・ヌーヴォー》》を作り出す資源もなく住民もいない厄介な大陸に戻る。今やそこは自らが新しい人間であろうとする理想を夢見る人たちが自由に使える征服地にすぎない。そこに想像上のインド、人々が発見できなかった地上の楽園を作り出そうとして、新たなアメリカ渡航が始まるのはそのときなのだ。今度は移民と奴隷と主人とが交じって。

## 混ぜ合わせる

ずっと以前からアフリカ、そしてとくにアジアは、その産物と貴重な品々をヨーロッパと交易している。数世紀前からヨーロッパは胡椒や香辛料をアジアから、あるいはその二次製品で代用品となるマラゲッタ胡椒や砂糖黍をアフリカから手に入れている。ヨーロッパは織物やアフリカから取り寄せた金をアジアに送っている。一四九二年から、このような産物の流通がもうひとつの大陸に拡大される。

その年は、それまで互いに接触のなかった二つの世界の間でのものすごい〈混交《メランジュ》〉の始まりを示す。動物や植物、人々や思想、金や銀の交換が行われ、おそらく人類史上で最もすごく激しい混合が行われる。一方の計り知れない豊かさのために、もう一方の住民の三分の二以上を殺すことになる不平等な交易だ。富裕な者たちの利益になるように行われる産物と人種の交雑だ。

ヨーロッパはアメリカにおよそ一千万人余のアフリカ人を送り込むが、彼らは初めからヨーロッパのためにだけ考えられたこの大陸にその最も美しい現実を与えるだろう。混血である。彼らはそこに来て、ヨーロッパがそこに持ち込むものを生産し育てる。馬や牛や小麦や砂糖黍である。

実際アメリカに運ばれたものは、ヨーロッパで消費するためにアフリカ諸島ですでに作られている産物である。その中でも主たる産物の〈砂糖黍〉はコロンブスの第二回航海のときにエスパニョーラ島に持ち込まれるが、そのとき人々はその気候とカナリア諸島よりもはるかに広大な土地から見て、そこで安く大量に砂糖黍を作れることを発見する。一五二〇年以降、金がなくなると砂糖黍はアンティル諸島で盛んになり、ブラジル産のものと競争となり、やがて北アメリカ産のものと張り合う。しかし砂糖黍の栽培は、アフリカより容易だとしても、その輸送費用がばかにならない。砂糖がヨーロッパ市場で《商品化しうる》には、生産のための労働に対して賃金を支払わずに砂糖を生産しなければならない。そのために奴隷制度が発達する。ヨーロッパに砂糖を輸出するためにアフリカの黒人たちがアメリカに買い入れられるのだ。

一方アメリカで発見された他の産物までもがヨーロッパを潤すようになる。コロンブスはそこで〈ジャガイモ〉〈煙草〉〈玉蜀黍《とうもろこし》〉〈カカオ〉〈バニラ〉〈ピーナッツ〉〈パイノップル〉〈七面鳥〉に出合う。のちに彼の息子は、人々が《栗の実に近い味のするゆでた根をいくつか》彼に差し出したことを語っている。実際にはジャガイモの最もよい用途が理解されるのはピサロによってである。インカ人はそれの用途を百種以上も知っていた。やがてヨーロッパではそれが労働者階級の基本的な食物となり、こうしてその塊茎《かいけい》は産業社会の形成に著しい役割を果たすだろう。

最初の航海のときにコロンブスは〈煙草〉も発見している。彼は航海日誌の中に記している。《男も女も燠《おき》と煙を出す草を持っている》。大陸でパイプが発見される。煙草は徐々にヨーロッパに入り込み、北アメリカにおけるイギリスの植民地の主要産物となるだろう。たぶん先住民族の破壊を早めるためにこの栽培をつづける必要があるのだ。実際、金が発見されるずっと前にヴァージニアやメリーランドの土地は煙草によって疲弊し、そのため入植者たちは西へ追い立てられる。

一四九二年にキューバに最初の滞在をしたとき、早くもコロンブスは〈玉蜀黍〉も発見している。彼はそれを《彼らがマイスと呼んでいて、ゆでたり焼いたり、あるいはピューレ状に砕いたりすると良い味がする雑穀に似た穀粒》だと判断する。この穀物――それが外国産であることを示すために、いくつかのヨーロッパ語では《トルコの小麦》と名づけられるだろう――は、数世紀前からマヤ人やアステカ人たちの基本的な食物であり、当時その生産量は小麦の二十倍である。それは一五四四年にポー川流域地方にもたらされ、そのあと十八世紀にヨーロッパ各地に持ち込まれ、トルコにまで広がる。

一五〇二年の最後の航海のとき、コロンブスは〈カカオ〉に出合う。マルティニック島で彼は、タイノ族が貨幣として使い、また飲料を作るのに利用している褐色の実を贈られる。のちにコルテスもテノチティトランでそれを見つけるが、そこでは薬や化粧品や貨幣として利用されている。その実の名前はナウワトル語で〈カカウアカウィティ〉、飲み物の名前は〈チョコアトル〉——今も使われている数少ないナウワトル語——と言う。最初の大きな船荷が一五八五年にスペインに着き、一五九四年にはイタリアに着く。スペイン王子がそれをフランスにもたらす。一六五七年にはそれがイギリスに達する。この産物はたちまち流行する。教皇宛ての書簡の中でピエトロ・マルティーレ・ダンギエーラは《チョコレートを食べても吝嗇《りんしょく》にはならない》、とすでに記しているのだが、それでもそれを深刻に考える人々がいる。

アメリカの植物種から見つけだされた最後の、しかもきわめて重要な発見は〈キニーネ〉である。人々を大量に殺すマラリアに直面して、ペルーの治療師たちは入植者たちにその地方の木〈キナの木〉の持つ薬効を知らせる。自分たちの虐待者の命をこうして救ってやるインディオたちのまれに見る寛大さ! 歴史のもうひとつの皮肉、それは南北戦争のときで、北軍は南軍にはないキニーネを自由に使うだろう。十七世紀のペルーのインディオたちは、彼らなりに北アメリカの黒人たちの解放に役立つことになる。

要するに《ホットな》食物に飢えていた北ヨーロッパは、アメリカの中にその住民たちが自由に手に入れ、安く大量にカロリーを増やすのに必要なものを見つけ出している。味覚と習慣、産物と味が多様化し混じり合う。そのときからこの混じり合いはつづいている。今日でもなお《冷ややかな》ヨーロッパは自分たちの食物を求め、是が非でもそれを手に入れようと旅をする。ヨーロッパはあらゆる種類の《ホットな》産物や音楽や新しい香辛料を探し、消化している。以前にもまして雑多で雑種の世界の中で、ヨーロッパはその成長を育むためにそれらを利用する。植民地開発がもたらした主要な、思いがけない寄与だ。人種を切り離す、つまり《純化する》という意欲にかり立てられた入植者たちは、自分たちの中にその意欲が育つ前に、まず他の場所で混血が進行する事態に屈せざるをえないだろう。

自分の周辺にあるあらゆるものを食べ、その犠牲者の中に住みつく残忍な人食いのヨーロッパだ。

しかし食物の場合も言語と同じである。ヨーロッパは自ら征服した領土に永久に送り込んだと思っていたものすべてが、変形され、活力を与えられ、意気揚々としてヨーロッパに戻って来る姿を目にするのだ。

**増大する**

この十五世紀末に経済=世界の支配は、その《中心》がセビーリャあるいはリスボンの方に移行するはずだった。ヨーロッパ文明を他の世界に知らせる役目を担った植民地や交易路の支配者たちが市場を掌握するはずだった。実際にはそうならない。現代の経済に対する教訓だ。一四九二年は、あるいは〈だまされた人たちの年〉と言えるかもしれない。

というのは《中心》がヴェネツィアを離れるが、その行く先はアントワープなのだ。

この移行においてコロンブスの航海の果たす役割は、それより三年早いディアスの航海よりも、もう少しあとにポルトガルの商人やフランドルの小売商をアントワープからカリカットへ運ぶ無名の人々よりも重要ではない。

この転換の歴史は今日の権力者たちにとって有益な教訓の代わりになる。国外の地域――今日では南の地域――を支配することは、栄光と同時に凋落《ちょうらく》の要因でもあるのだ。経済力は天然資源によるよりも、それがあろうと〈なかろうと〉、むしろ経済および技術の変化に対応する能力による。

一般に〈欠乏〉、つまりそれから生まれる挑戦意欲の方が、豊かさ以上に活力を与えるものだ。力を持ったイベリア半島がこのように約束をすっぽかされた歴史はその明らかな証拠だ。

当時の《中心》であるヴェネツィアは、商品の競争力を維持するのがますます困難になり、さらにその商品の安全も、ガレー船の航行に対して毎日のようになされる妨害に脅かされる。あらゆる危険、あらゆるトラブルがあるために余分な費用がかかる。一五〇一年三月十四日に一隻のトルコの私掠《しりゃく》船が四十隻の船と一緒に地中海をうろついていることがヴェネツィアに知らされると、ヴェネツィアとベイルートを結ぶガレー船の保険料は保証額の一・五パーセントから十パーセントになる。また一五一八年六月二十九日にプーリア沖でヴェネツィアの一隻のガレー船がトルコ船に包囲されているところを見かけたとの報せがヴェネツィアに入ると、東洋へ向けて出帆間際のヴェネツィア共和国のすべての大型船が埠頭《ふとう》に残る(118)。さらにポルトガルの船団がアラブの商人たちをカリカットから追い出そうとしてアデン湾と紅海の入り口を封鎖すると、アレクサンドリアでヴェネツィアのガレー船に食糧・必需品を補給するためにインドから来た船は、ホルムズ海峡を通過するのがますます困難になる。一五〇四年には、ヴェネツィアのガレー船は、南を閉鎖されたアレクサンドリアでは胡椒がほとんど手に入らなくなる。その途端にそこから来る香辛料は、ポルトガルのインドから直接に運ばれて来るものよりもはるかに高い値段となる。ポルトガル人がカリカットで積み込む胡椒の値段はアレクサンドリアを通過したものの四十分の一なのだ(118)。

ヨーロッパのすべての商人――最大の消費者がいる北ヨーロッパの商人たちを含めて――は当時リスボンに代理人を置いている。その都市は東洋の貿易組織の中心になろうとしている。

それでもヴェネツィアは、何よりも香辛料の資金となるチロルの銀の支配権を持ちつづけることによって、商業経済の中心にとどまろうとする。たとえば一五〇五年に商人ミケーレ・ダ・レッツェは、ヴェネツィアからチロルの銀を積んだ出帆間際のガレー船一隻に出資している。彼はチュニスでそれを金粉と交換し、バレンシアで金粉を貨幣に変え、その貨幣をヴェネツィアに持ち帰り、それを持ってアレクサンドリアに行き、そこで胡椒と交換している。しかしそれまでは地中海だけであったこの取引においてさえ、ヴェネツィアはその独占権を失うことになる。チロルの銀はフランドル地方に行き、そこで直接に東洋の産物と交換されるのだ。それ以後は香辛料の主たる取引場所がそこになる。そこで総督《ドージェ》は一か八《ばち》かの冒険をして、ガレー船にヴェネツィアには立ち寄らずに東洋とフランドル地方との間で直接取引をさせ、そこを新しい《中心》とする。たとえばあのダ・レッツェはアレクサンドリア――そこで丁子《ちょうじ》〔クローヴ〕を積み込む――からロンドンまで移動し、ロンドンから毛織物を積んでアレクサンドリアに戻るガレー船を編成している[118]。しかしアレクサンドリアの市場にもはや香辛料が全くなくなると、完全な屈辱感を味わうだろう。一五三一年にイングランド王は総督が急ぎ差し向けた五人のヴェネツィア商人に、香辛料がごくわずかになり値段も異常に高くなったので、ロンドンにガレー船を送り込むのをあきらめるよう言葉巧みに助言を与えねばならないほどになる。彼らイタリア人は弁解する。《それは我々のせいではございません。世界が変わったのです[16]……》

事実、世界は変わった。これからは地中海を経由せずにインドから北ヨーロッパの主要な市場まで船でまっすぐ行けるのだ。

そのときイベリア半島の二つの都市、セビーリャとリスボンはヴェネツィアに――取って代わるはずだったし――、代わることができたのだ。

まず〈セビーリャ〉とその港カディスである。コロンブスの冒険が始まったのはそこからであるし、そこはアメリカからのカラヴェル船の発着点であり、サカテカスの金と銀はそこにおろされる。ところが《スペインの時代》がやって来たのに、この都市はそれを利用できない。そこにはその金を運用して利益をあげることができる後背地もないし商人たちもいないのだ。そのうえユダヤ人追放、血の純潔の強迫観念、農業より牧畜優先といったことが仲買人、貯蓄家、改革者たちを遠ざけ、順応主義者や浪費家たちをはびこらせる。さらに金がスペインの産物の競争力をだめにし、努力する意欲を失わせる。巨万の富が楽に手に入るのに、企業家たちが押し合いへし合いすることはないのだ。アメリカの金がなかったならば、スペインはもっと幸運に恵まれていたかもしれない。しかしセビーリャは、カール五世と彼のジェノヴァの銀行家たちがいても、植民地とその入植者たちがいても、その後の世紀において東洋市場と大西洋の間の単なる中継地にとどまるだろう。

セビーリャよりもさらに、〈リスボン〉の方が新しい経済秩序の中心になるはずだった。エンリケ航海王子以来、そこの人々は発見に必要な驚くほどの粘り強さを示した。すべてがその都市に味方した。あちこちにそこの商人たちがいる。一五〇九年に彼らは武力でゴアを攻略し、そのあとマラッカを占領する。一五一三年に中国を、一五一五年にはホルムズ海峡を手に入れる。ポルトガルは一五二四年にバダホスで、いちいちトルデシリャス条約の適用を持ち出すことはせず、スペインからモルッカ諸島をアフリカ金三十万ドゥカートで買うことさえしている。こうしてリスボンの商人たちは香辛料のあらゆる産地に対して取引と航行権を独占する。一五五四年に中国と部分的に取引を始め、一五五七年にマカオの営業権を確立したあと、彼らは中国や日本の産物を手に入れさえしている[20]。

しかしポルトガル人も消費する後背地を持っていない。そのうえ北の市場を維持するにはそこに産物を運んで行く必要がある。それをしようとしてもリスボンにはフランス、ドイツ、フランドル地方への陸路がない。この都市には何とかそれを打開しようとする政治的意欲はない[12]。たちまち船はリスボンにはもうほとんど立ち寄らず、香辛料の配給がきちんと組織される、もっと先の北のほうに向かう。何とも腑に落ちない放棄だ。まるで征服のためにルシタニア〔ポルトガル〕の力がつきてしまったかのようだ。またいったん目標を達成したら、それから利益を得るのは断念するかのようだ。あるいは目的が征服それ自体にあったのかもしれないが……

セビーリャ、リスボン。まるでイベリア半島は、そこの作家たちの中でも最も天分のある作家〔セルバンテス〕より一世紀も前に、自分には風車こそがふさわしい唯一の敵だ、と世界に知らせているかのようだ。

フランスの都市であれば、そうした東洋の産物の上陸地となったかもしれない。たとえばそのころ重要な港であった〈ルアン〉である。《ルアンから人々はアフリカ、スマトラ、とくにニューファンドランドに行く[74]》。そこにはカスティーリャの羊毛、イギリスの錫《すず》、ニューカスルの石炭、中部イタリアの明礬《みょうばん》、アメリカの砂糖が持ち込まれ、そこからパリに運ばれている[74]。しかしルアンの企業は規模が非常に小さく、一五一七年に作られたル・アーヴル港もそれ以上大きくならないだろう[74]。とくにノルマンディー地方からヨーロッパ各地の消費市場への道路はひどく悪い。フランスは依然として農業国で、商業には向いていないのだ。畑はあるが都市の間を結ぶ道路はなく、川はあるが運河はない。それを物語るように、シャルル八世からフランソワ一世の時代に耕作地の価格が七倍に上がるだろう[74]。

商人たちの取引総額などない！

もっと北の〈ブリュージュ〉は、依然として世界最初の貨物の集散地というかつての地位を保持しようとしている。一四九四年十月にこの都市は、最後の力をふりしぼって、アントワープに立ち去る商人たちを呼び戻すのに成功さえしている。しかし砂に埋もれた港は当時の大変な輸送量に追いつけない。インドから来る大型船はそこに接岸できないのだ。十五年後にスペインの商人たちはアントワープに居を移す。

経済面では、〈アントワープ〉は一四九二年の思いがけない勝利者である。東洋の香辛料や胡椒にとって、この都市はそれまでのイギリスの毛織物と同じようになる。すべてがこの都市にプラスに働く。港はすばらしいし、国内への道路は立派だし、平和な市民生活がつづいている。もちろん一五〇一年にカリカットから胡椒とナツメグを積んだ最初のポルトガル船がアントワープに積み荷をおろすとき、そこはヴェネツィアに比べてまだ《駆け出し》[12]のように見える。しかし半世紀でこの都市は、北ヨーロッパ一帯を通じて香辛料と砂糖の配給の主要な中心地となる。当時この都市には十万人以上の住民がおり、およそ一千の商社がある。その都市の艦隊はスペインから来る商品も支配し、またその頃この輸送に出資するために、ハンガリーの銅およびフッガー家——キルヒベルク＝ヴァイセンホルン伯爵となった——の銀の半分、すなわちヴェネツィアに行く量の五倍を集めている。後背地はこの都市に商業力と銀行家たち——ポルトガル、次いでスペインの商人たちを相手にする——を与え、この都市の財政的な力を支える。ただし一五五七年のスペインの破産〔フェリペ二世の破産宣告（債務支払の停止）〕によって、《中心》はアントワープを外れ、財政に関しては〈ジェノヴァ〉に、商品に関しては〈アムステルダム〉に移行する。

ジェノヴァの商人たちは北アフリカ、リスボン、セビーリャに住みつく。ものすごい数の船乗りが他人のために航行し、商人たちが他国に投資し[12]、銀行家が他人の資金を動かす。ジェノヴァは、当時アントワープに代わって経済＝世界の《中心》となろうとして、惜しげもなく黒海の航路網を放棄し、大西洋へ目を向ける[12]。十五世紀はじめに設立された〈サン・ジョルジェ銀行〉が税金と銀行、船舶と融資を管理する。十六世紀の中頃にこの港はヨーロッパの金融《全体の中心》[12]となるが、商業的にはアントワープに比べると二番目にとどまる。それはこの港が国際的な貿易港となるために必要と思われる航路を北の方に持っていないからだ。一五二八年からジェノヴァ人はカール五世に、次いでその息子フェリペ二世にアントワープ以上に融資し、またスペインとアメリカの間の交易に出資し、アウクスブルクの銀行家たちを倒産させる。こうしてジェノヴァは、アムステルダムの市民《ブルジョワ》の時代が始まる一六二七年まで世界の金融経済を支配するだろう。

## 3　市民階級の表情

一四九二年は何人かの冒険家の勝利をはっきり示す。その勝利は人間ひとりひとりが異なっており、各人の自由が世界を豊かにしうるのだという証拠をもたらす。生まれがどうであろうと、誰もが金持ちで有名になれるのだ。ひとりの営業代理人がある大陸に自分の名前をつける。ひとりの私生児がその時代で最も有力な、最も尊敬される知識人となる。また別のひとりはその世紀で最も豊かで最も有名な画家となる。

一四九二年には、これら三人の近代の創始者はまだ過去の時代の仕事に没頭している。ヴェスプッチはスペインでメディチ家の代理人として船の装備品を販売し、エラスムスはステインの修道院で勉学を終え、レオナルドはミラノでルドヴィコ・イル・モーロが父のために注文した巨大な騎馬像に取り組んでいる。

運命は彼らひとりひとりに違ったふうに展開するだろう。ヴェスプッチは海に出る。エラスムスは修道院を離れる。〈騎馬像〉のために用意された銅塊は大砲製造に利用される。それでもほどなく彼ら二人ともがその時代の冒険をまとめ上げるだろう。ヴェスプッチは

《栄光は発見の中にある》と言う。エラスムスは《人間は人間に生まれるのではなく、人間になるのだ》と書く。そしてレオナルド・ダ・ヴィンチは《人間は宇宙の模型である》と書く。

こうしてほどなく新しい社会の理想が生まれる。それは市民《ブルジョワ》の理想であり、その後の世紀を支配するだろう。というのはブルジョワの近代性の鍵となる三つの要素が当時この三人の人物のまわりに比喩的に配置されるからだ。ヴェスプッチにとって、人間は世界について真理を発見すべきであって、その決定を自分以外の誰かに、聖職者や貴族に任せるべきではない。彼はそのように行動し、自然を〈神聖化しない《デサクラリゼ》〉。エラスムスによれば、人間は欲動を〈抑制し《コントロール》〉、それを社会的に価値あるものの方に向けねばならない。ダ・ヴィンチに言わせれば、人間は〈表現し《フィギュレ》〉、自ら夢想し、自ら演じるべきなのだ。

彼らとともに市民階級《ブルジョワジー》のモラルが動き始める。

### 神聖化しない

コロンブスはジャマイカに上陸すると、そこが地上の楽園だと思う。このようにして発見された世界はまさしく現実だ、とヴェスプッチは言うだろう。インディオたちの方は、スペイン人が神でないことにすぐに気づくだろう。そのときから〈発見することは神聖化しないこと〉になる。こうしてその後の自然の探検は、肉体や天の探究と同じになる。

一四九二年に最初の輸血が行われたことが嘘と思われようと、それを試みようとした事実——しかも教皇本人に対して行われたのだ——は重大な変化を示している。それは地球の空間を神聖化しないのと同じように、人間の体を神聖化しないことなのだ。人間は人間自身の体に興味を抱き、まるでそれを大陸のように調べ、ひとつの機械のように理解し、動物のように解剖する権利を我が物とする。

今や聖職者は、それぞれの出来事の背後に魔法のように不可思議な理由とか音声上の類似とかを探るのではなく、最初の、原因となる、科学的な仕組みを探し求める。今や人間は、人間に神秘的な役割を求めず、非宗教的となった宇宙の中で——取るに足らない——自らの位置を探す。

もちろん科学の進展が科学本来の信条を認めさせ、宗教上の信仰を霊的なものと啓示の領域に追いやるにはまだ数世紀かかるだろう。しかし一四九二年に始まるその進展は〈自然の非神聖化〉において重要な段階を示すだろう。

実際にその頃、二つのタイプの探検、神聖化しない二つの旅が始まる。ひとつは天と星々に向かい、もうひとつは人体の内部に向かう。

ガラス加工と眼鏡職人の技術のめざましい進歩のおかげで性能が改良された〈天体望遠鏡〉は、人間と宇宙の諸関係を一変させる未知なるものへの新しい旅のきっかけを作り、新しい地図、すなわち天球図の作成に役立つ。物理学がアリストテレスの質的《カリタティヴィスム》な見方と袂《たもと》を分かつ。コペルニクス——ポーランドに生まれ、一五〇〇年ころにローマ教皇庁の天文学者となった——とともに、やがて地球はもはや宇宙の中心ではなくなる。コロンブス

——スペイン提督となったジェノヴァ人——以降ヨーロッパがもはや地球という惑星の不動の中心ではなくなるのと全く同じように。ベーハイムの仕事がそうした変化を予告していた。

今や人間は地球の運命を持つことになり、その法則を探さねばならない。それぞれの出来事の背後には数学的な法則が存在するという、ダ・ヴィンチにとって非常に重要な思想の正しさが今や立証されるだろう。数学は、今度は商人たちの要請を離れて進歩しつづける。幾何学と代数学は大変な進歩を遂げるが、そうした進歩が実際に役立つのかどうかまだわからない。知識が宗教から独立し、それ自体としてひとつの価値を持つのだ。

もうひとつの発見の旅も始まる。人体の内部への旅だ。人間は人間自身にとって、もはや神聖で不可思議な、触れてはならない存在ではない。一四九二年にバレンシアに生まれたフアン・ルイス・ビベスが実験生理学の基礎を築く。人体は次第に領土のようなものと認識され、それを切り開いて調べることを許される。死体解剖が公然と行われ始める。一四九三年にボローニャの解剖学教授ベレンガリオ・ダ・カルピは、ローマの教皇付属医学校を含むイタリアのすべての医学校で死体解剖を認めるよう勧めている。十六世紀の中頃には当時最も偉大な解剖学者ヴェサリウスが、宗教裁判所の禁止令にもかかわらず人体を解剖している。彼は『人体解剖学』の中で、ガレノスの解剖分析に二百以上の誤りがあることを明らかにする。彼は《人間の仕組みは人間以外では観察できない》ことを説明し、それによって生物学と人類学の基本公理を述べている。ダ・ヴィンチ自身はその生涯の晩年のほとんどを体の筋肉の研究に捧げている。人間と自然との類似が明確になる。十七世紀には、ハーヴェーが地球上の水の循環にたとえて血液循環の原理を明らかにする。

このような探究が治療技術に大きな成果をもたらすには、まだ一世紀以上待たねばならないだろう。しかし人間はすでに、まさに人間が動かそうとしている機械の一種の付属物として考えられている。人間自体が修理し、予防し、手入れすべき一種の機械として思い描かれる。

## 抑制する

その当時は注意を引くことはなかったが、一四九二年のもうひとつの出来事が市民階級のモラルの形成に大きな役割を果たすだろう。人間が流行病に打ち勝てると思い、ペストやハンセン病が衰退して薄れるとき、ひとつの新しい病気が世界の果てから現れ、病気の伝染に対するヨーロッパでのあらゆる理解を一変させる。〈梅毒《シフィリス》〉である。その伝染の仕方が性交によることが理解されたとき、結婚に対する考え方が変わり、家族の重視とその基盤となる概念がうち出される。制限し、節約し、〈抑制する《コントニール》〉ことだ、――性的にも経済的にも。

マルティン・アロンソ・ピンソンはパロスに戻った数日後に死ぬ。〈根拠もなしに《ア・プリオリ》〉受け入れられているように思われるある説によると、マルティン・アロンソ・ピンソンが梅毒によるヨーロッパ人最初の犠牲者で、彼はエスパニョーラ島で感染したらしい(116)。先に見たように、[120] 梅毒は一四九二年にジュネーヴで現れたのかもしれないが、いずれにせよ一四九四年にはまちがいなく見つかっている。そのときアレクサンデル六世の侍医ニコッロ・レオニチェロはローマで発生した最初の梅毒を記しているが、彼はシャルル八世の軍隊がこの都市を通過するときにそれが発生したことを確かめ、それを《フランス病《モルブス・ガリクス》》と名づけている。実際、同時代の観察者たちによると、フランス王の軍隊がジェノヴァを経由してやって来て、そのあとローマから戻る道筋に沿ってその病気が広まっていることは明らかなようだ。リヨンでは一四九六年三月二十七日に、王の役人たちが《梅毒病みを市内から追い出す[120]》ことを決めている。同じ年の四月にブザンソンでは市議会がいろいろな人に手当を認めているが、その中にはいわゆる《ナポリの》病気にかかった《あわれな娼婦たち》も含まれている。[120] パリでこの病気に関する最初の言及はパリ市立病院の院長ジャンヌ・ラスリヌ伯爵によるもので、彼は一四九六年九月に病院に《ナポリの梅毒病み[120]》がいたと記している。

　人々がこの伝染病を知ると——たとえその伝染の仕方がまだわからなくても——、あらゆる種類の予防策を講じる。ローマでは同じ年に、理髪師が梅毒患者に瀉血《しゃけつ》を施したり、患者の誰かに使った道具類を再び使用したりすることを禁じる命令が出される。ジュネーヴでは、伝染病に感染したか、あるいはそれに汚染された都市から来たよそ者がこの都市に近づくことを禁じる布告を公示役人が触れ回っている。[120] 誰もまだ性交による伝染だとは考えない。他の病気と同じように《腐った有害な》空気がこの病気を広めるのだ、とあくまで思いつづける。医者たちは公衆浴場さえいけないと主張する。お湯が皮膚の毛穴を広げ、そこに《腐った有害な》空気が入るのだという。だから人々は医者の処方による以外は体を洗うことをやめているのだ！　この病気は尿から伝染するという考えが出てくると、壺を利用して……そのあと窓から尿を捨てるよう勧められるが、とにかくパリでは王令によって禁じられる一五三一年までそれがつづけられる[125]。

同じ年にヴェローナの医者ジローラモ・フラカストロが、梅毒の伝染は他の伝染病の場合と同じく目に見えない微生物を介して起こると考える。その証拠が示されるのは三世紀後のことである。この場合には、病原菌はあるいはヨーロッパのものかもしれないが、とにかくそれがアメリカのウイルスによって活発になったのだ。きわめて間接的にではあるが、一四九二年はこうして微生物病理学の発見の先駆けとなる。

この病気が性交によるものであり、コロンブスの最初の航海のときに島の女性たちと関係を持った船乗りたちから生じたことがわかると、梅毒は新世界の復讐と見なされる。実際、梅毒は敗者たちの二重の仕返しを示している。アメリカのインディオたちとイタリアのフランス人である。彼らの道の接点がコロンブスの生まれた都市ジェノヴァなのだ！

思いもかけない隣人関係だ。先に見たように、〈性的欲望《セクスュアリテ》〉は新大陸の名前の選択に無関係ではなかったのだ。この大陸が自分を犯した人々に復讐するのもそれによってなのだ。

混血、交雑――父の拒否……

こうして一四九二年以降は、ヨーロッパ一千年の間で唯一の性的自由の期間が終わる。

エイズが出現するまでの、一九七〇年代と八〇年代の、やはり同じように短い期間を待ちながら。

それ以後、性的欲望はもはや楽しいことではなく死の源となる。売春宿は徐々に禁止され、売春は違法となる。教会は語のあらゆる意味において〈禁欲〉、節制、倹約――時代の新しい価値観――を説く。宗教的権力が婚姻の秘跡を復活させ、その支配を教育や家族にまで広げる。

もちろんこのような変化は徐々に進む。十六世紀のヨーロッパでは――とりわけフランスでは――性的欲望は長い間自由でありつづけ、お互いの同意だけによる結婚もしばしば行われている。聖職者たちはまだ十分な教育を受けておらず、自分たちの〈モラル〉を認めさせる力もない(128)。一五二九年になっても、ボーフォールでジャンヌ・ルパージュがジャン・ラゴンに対して、聖体の日に《結婚の名》において《婚約者《クレアンア》》同士が取り交わす帯――〈取り交わし《シャンジョン》〉という名前はこれに由来する――を要求している、という証言がある(128)。しかし少しずつ、新しい家族の価値観が市民階級の中に認められるようになる。貞節、禁欲、節約である。

この新しい価値観の模範であるエラスムスは、一五一八年に『結婚礼賛』を、一五二六年には『キリスト教的結婚教育』を書く。三十年後にラ・ボエシが自分の妻を称賛する。マルグリット・ド・ナヴァールは、女性にとっての理想は《夫として恋人として(128)》ただひとりの男性を持つことだと書く。やがてカスティリオーネは女性に《文学、音楽、絵画の知識を持ち、ダンスと接待ができる》[128]ことを望む。

子供は得がたい大切な存在となる。フランスでは一五五六年二月にアンリ二世が、嬰児《えいじ》殺しをやめさせるために妊娠事実の隠匿《いんとく》禁止令を出す。市民の子供たちは家庭で育てられ、学校で教育を受ける。市議会は学院《コレージュ》の創設を促進する。一五〇一年にスタンドンクは〈貧しい学生たちの仲間《ファミリア・パウペルム・ストゥデンティウム》〉の規約を書いている。フランスで最初の学院がアングーレームに創設される。アルカラは十五世紀はじめに女学校を持ったヨーロッパ最初の都市である。フランスでそのような学校がウルスラ会修道女たちによってアヴィニョンに設立されるのは一五七四年になる。

市民階級の家庭のめざましい発展が遺産相続を促進する。今や教会にではなく、もっぱら子供たちだけに財産を譲渡するという遺言書がますます多くなる。

禁欲が広まるのに伴って、エパルニュ（épargne）という語の近代的な意味を示す〈倹約《エパルニュ》〉が広まり、裁判上の赦免というその封建制的な意味を失う。

梅毒から倹約の広まりへ、アメリカ発見から市民階級のめざましい発展への因果関係は明らかだ。この観点から見ると、一四九二年はひとつの重要な分岐点を示しており、また歴史に介在するたいていの分岐点と同じように、その性的側面はきわめて重要である。

ともあれ新しいモデルをまとめ上げ、それらを表現する必要があろう。

## 表現する

時代の転換期に現れる市民階級の重要な三番目の価値。それは表現することであり、芸術とその新しい出資者である商人が運んでくる価値である。一四九二年にピエーロ・デラ・フランチェスカとロレンツォ・デ・メディチが死んだあと、ヨーロッパの芸術はフィレンツェからローマに、工房から芸術家個人に、聖史劇から演劇に、儀式から上演に、王侯から市民に移行する。よく《表現する《フィギュレ》》ためには自分を見せ、知らせねばならない。画像《イマージュ》は寓意的であることをやめ、性別のあるものとなる。

教会堂としてケンブリッジのキングズ・カレッジ、ニュルンベルクの聖ローレンツ教会、バリャドリッドのサン・パオロのようないくつかの傑作がまだ建造されるとしても、イタリアの美学がヨーロッパの王侯や市民たちの間で認められる。シャルル八世、次いでルイ十二世およびフランソワ一世のアルプスの向こう側〔イタリア〕への遠征は、イタリアの思想を広めるのに一役買う。マドリッドからストックホルムまで、メキシコからモスクワまで、共通の美学が少しずつ作り上げられる。フランスでは王侯や成り金商人のために建造あるいは改造された十六世紀の城館《シャトー》――エクアン、シャンボール、ロッシュ、ブロア、アゼ＝ル＝リドー、シュノンソー、そしてアンボアーズ――がイタリア建築から大きな影響を受ける。レオナルド・ダ・ヴィンチやアンドレア・ソラリオはフランス、スペイン、フランドル地方へ赴く。

庇護者は、それらの芸術作品がたとえ自分や神をたたえるものでなくとも欲しがる。庇護者は〈目新しいもの《ヌフ》〉を望む。それが彼の美の基準なのだ。庇護者は〈貴重なもの《シェール》〉を望む。表現するためには、人を驚かすもの、価値のあるもの、特異性を示すのに役立つもの、自分の名前の代わりとなるものを所有し、見せびらかすのが一番なのだ。市民にとって、芸術作品は封建制の土地の代わりともなるだろう。

一四九三年に――あるいはすでに一四九二年に――デューラーが歴史上最初の自画像を完成する。今度は芸術家が人前に現れ、自分を表現し、自ら演出するのだ。芸術家が自分の作品の題材となる。だから芸術家は、今や呪われた者でも無名氏でもなく称賛に値する存在なのだ。創造することは積極的な社会的価値にもなる。一五四〇年にパウルス三世はミケランジェロを同業組合とのあらゆるつながりから解放する。一五七一年にはフィレンツェで、コジモ・デ・メディチがあらゆる芸術家に対して同様のことをする。自由な芸術家が公に誕生する。今や芸術家は自分の題材を選ぶのに言い訳をする必要などなくなる。出資者はますます商人が多くなるが、彼らはもはやそれ以前の作品の繰り返しを望まず、人目をひくような斬新さを芸術家に期待する。新しいことがひとつの価値となる。芸術作品が《価値をもつ》のは、まさにそれが売れるとき、つまりそれが市場を見つけ、多くの人がその値うちを認めるときなのだ。お金が美の基準となり、数量が価値のしるしとなる。

そこで近代演劇が出現する。(42) それはもはや特権的な人たちの宮廷の見世物ではなく、その価値は観客の規模から生じるのだ。芝居の価値は人々がそれを見物しているときだけである。そこで〈劇の上演〉は近代的な形態をとる。それはまた世俗的な上演であろうとする。そこで自分を見せ、表現しなければならないのだ。近代最初の喜劇『カランドリア』

は一五〇四年頃に創作される〔『カッサリア』か？『カランドリア』は一五一四年頃〕。プラウトゥスやテレンティウスの喜劇の発見によって——場所の一致が要求される——遠近法を用いた〈具象的な〉舞台装置が推し進められる。[42] 一五〇八年にはアリオストの『カッサリア』のための舞台装置が作られる。一五一三年にはウルビノの宮廷で、ベルナルド・ドヴィツィの喜劇『カランドリア』の上演のために、遠近法にのっとった舞台装置による最初の奥行きのある舞台が作られる。最初の近代悲劇——トリッシノの『ソフォニズバ』とジョヴァンニ・ルチェッラーイの『ロズムンダ』——が一五一五年に誕生する。一五二九年にはヴィチェンツァで、セバスティアーノ・セルリオがだまし絵を描いた支柱を使って絵画的な遠近法を舞台に利用している。[42]

役者が誕生するが、その職業は明らかに世俗的である。契約に基づいた最初の有名な劇団[42]が一五四六年にパドヴァに現れる。

市民階級が舞台に登場する。彼らは自分たちに向けて作られた芝居を望み、支払い能力のある者によってその美が云々される。芸術は商品となり、それは今日もなおつづいている。

## 4　曖昧さの眩惑

一四九二年はその四世紀半後に頂点に達するユダヤ民族根絶の執拗なプロセスのはじまりを示す。と同時に一四九二年の追放は、残虐行為の隙間を縫って、驚くべき精神の変革を推し進める。堆肥から突然花が現れる。

人々は自分が誰なのかを忘れるために追放する。人文主義《ユマニスム》の勢いに乗じて、ヨーロッパは自らがローマであることを望み、もはやエルサレムであろうとはしない。自らの父祖を選ぼうとするこの意思が、ユダヤの優れた知識人たちに改宗を強制するだろう。彼らは少なくとも二世代にわたって表裏のある言動、曖昧さを余儀なくされ、不安定で精神を隠す生活を味わうだろうが、それが彼らの批判精神に磨きをかけるだろう。やがて彼らは自由であろうとし、自分たちを受け入れる二つの教養とはかかわりなく思考しようと決心する。そこから〈近代知識人〉が誕生する。

だから私は、スペインのユダヤ人追放は、キリスト教ヨーロッパの純潔の強迫観念がもたらした結果であると同時に、逆に、近代知識人、つまりどっちつかずの、曖昧で表裏のある、冷ややかで仮面をつけた、不純で拒否的な人間を出現させたひとつの理由でもあると思う。

### 純化する

十五世紀の反ユダヤ主義は、ヨーロッパがその信仰を我が物とし、聖書が与えてくれた父、すなわちエルサレムを拒否して自分のためにひとりの父——ローマ——を選ぼうとする意思の表明である。大陸がその誕生に当たって果たした東方の役割を忘れ去り、自分とは無縁なその過去から身を清めるひとつの方法だ。この追放によって〈大陸＝歴史〉は勝手にひとつの歴史を捏造し、そのあと他者の歴史を語る権利を獲得するのだ。

　多くの脅威がその世上権に重くのしかかるのを感じているローマ教会は、教会をものともしない諸侯よりも一層ヨーロッパ的になり、改めて一神教を我が物とし、キリスト教をローマの宗教とし、世界の中心をエルサレムからローマに移し、しかも同時に当時イスラム教徒の支配下にもあったビザンティウムを否認することによってしか生きつづけることができない。すでに地図はこの意思《メッサージュ》を盛り込み、絵画や音楽や文学はそれを具象化し、言述《ディスクール》や所作《コンポルトウマン》や音声や名前をヨーロッパ化し、ずっと以前からそうであるが、イエスとその使徒たちを実際とはちがったブロンドの顔だちにする。

　だからキリスト教の東方起源の無視できない証人であるユダヤ民族は立ち去り、解体し、姿を消さねばならない。一四九二年の追放は、一三九一年のそれ〈スペインのユダヤ人虐殺〕のような一時的な出来事ではなく、まさしく《最終決着》なのだ。単に追放令が伝えられるだけではなく、その措置は繰り返し講じられ、ほとんどヨーロッパ全土に広がるだろう。

スペインを出たユダヤ人の多くはまずポルトガルに避難する。そこには友人たちや親類がいるし、言語は似ているし、そこならば出てゆく人々の財産を守るために残ることを決心した〈改宗者《コンベルソ》〉の人たちとも連絡をとりつづけることができるからだ。しかも王のジョアン二世は、ひとり当たり一ドゥカートの支払いで六カ月の滞在を認めている。ほとんど利益にもならないような額だ。他の人たちは隣接する国々のナバラ王国やフランス南部に避難する。

彼らの中には追放令がどこまでつづくのかを思い、悲観的になってもっと遠くへ行った人たちもいる。イギリス、フランス、北アフリカ、イタリア、そしておよそ百の共同体が教皇の寛大な措置を受けている教皇領だ。彼らはそこで独立した集団を形成し、自分たちの慣習や自分たちの言語であるカスティーリャ語と〈ラディノ語〔ユダヤ系スペイン語〕〉を持ち込む。彼らは自分たちが《他のユダヤ人》とは全く違うと思っているので、ロンドンやアムステルダムの教会堂《シナゴーグ》では仲間に入らない。ヴェネツィアでは、彼らが居住する地区から彼らより前にドイツから来ていたユダヤ人たちを追放さえしている。

彼らはイスラムの地で、そして何よりもオスマン帝国で最も歓迎される。オスマン帝国ではバヤズィト二世が《これほど役にたつ臣民を追放するキリスト教君主たちのばかさ加減》に驚き、行政機関と人民に彼らの入居を手助けするよう勧告している。のちにフレデリック二世も、これと全く同じように、フランスが新教徒を追放した《愚かさ》に驚いている。こうしてイスタンブール、サロニカ、アドリアノープル〔今日のエディルネ〕、ギリシアの島々、つまり混血の人たちの土地が、ほぼ五世紀の間、多くの自由なユダヤ人共同体にとって避難と活動の場所となる。早くも一四九三年からヘブライ語の印刷所がスペインのユダヤ人たちによってイスタンブールに開設され、その翌年にはそこで注釈付きの『モーセ五書』が印刷されている。すぐに医師や天文学者や金融資本家や王侯の顧問の中にスペインのユダヤ人が見いだされるだろう。

　またスペインから、いやとくにドイツから来たユダヤ人は、ポーランドで大地主たちから歓迎される。彼らはユダヤ人を進歩の促進者としてではなく、圧倒的多数の農民との格好の仲介役として見る。彼らはユダヤ人を広大な所有地の管理人や徴税人や税関吏にするが、そのために商業市民層の誕生が抑えられ、その結果ポーランド社会の近代化が遅れる。こうしてポーランドの貴族階級は、いずれ便利であることがわかるスケープゴートも所有することになる。

　そこで多くの共同体がこの国に住みつき、その国家《エタ》の中に徐々にひとつの国家《エタ》を形成する。ドイツ語起源の方言〈イディッシュ語〉がそこに根をおろす。クラクフの姉妹都市カジミルツが大きなユダヤ人都市となる。一五三〇年にはポーランドの祭司たちが政治的に全く独立したひとつの組織〈カハルト〉を作り出し、その国の主要な市《いち》が開かれるときにポーランド、ロシア、リトアニアのユダヤ人の代表者たちを集める。人々はそこで訴訟を裁定し、徴税し、困窮者に対する援助を行い、禁書にすべき書物を決める。カハルトは判決を施行させるために国家の軍隊に助けを求めることさえある。この自治はいつか高いものにつくだろう……

それ以外の場所では、スペインを追放されたユダヤ人はおおむね冷遇される。早くも一四九三年一月十二日にアラゴン王は、彼の臣民であるシチリアのユダヤ人に改宗するか、あるいは島を離れるかの選択をせまる。スペインを追放された人たちが一四九三年五月三十日にマルセイユに上陸すると、すぐに暴動が起こり、彼らはそこから追い出される。一四九三年七月には、シャルル八世がプロヴァンス伯として彼らをアルルから追放する。マノスクでは一四九五年五月二日から六日にかけて、その都市の托鉢修道士であるフランシスコ会士とカルメル会士が、タラスコンから追放されたユダヤ人の家を略奪するようそそのかしている。改宗する人たちもいるが、大部分の者は常に自分たちを受け入れてくれる教皇の支配下にあるカルパントラに向かって出発する。一四九六年十二月五日にスペインとポルトガルのユダヤ人は、隣国に後れをとりたくない新王マヌエル一世によってポルトガルから追放される。スペインのユダヤ人の夢が消えうせるのだ。一四九八年に、彼らは亡命したイベリア半島最後の王国であるナバラ王国から追放される。一四九九年にはニュルンベルクから追い出され、一五〇〇年五月二十三日にはプロヴァンス地方から追い出される。その年に彼らはスペインの圧力でナポリを離れざるをえなくなる。そこで彼らはイサアク・アブラヴァネールに率いられてヴェネツィアに引き返す。アブラヴァネールには三度目の追放であるが――以前にポルトガルとスペインから追放されている――、彼は一五〇八年にそこで死ぬまでになお宗教書をいくつか出版しており、その中には聖書の数巻に施した注釈もある。

結局十六世紀末には、ヨーロッパにある重要なユダヤ人共同体は、イタリアの数都市（教皇領、ヴェネツィア、ジェノヴァ、ピサ）、フランス南西部（ボルドー、バイヨンヌ）、それから一五七九年以降独立したオランダ連合州、ポーランド、トルコだけとなる。こうしてキリスト教ヨーロッパはその境界の見取り図を描き、自分だけの力で異端排斥を行い、自分の父を選ぶことができる地理上の境界をはっきり示す。その点からすると教皇領の保護はやはり謎であり、他の地域での教会の行動と矛盾しているように思われる。たぶんこの若干のユダヤ人受け入れは、他のすべてのユダヤ人排斥を隠蔽《いんぺい》するためであろう。ローマがピラトのような人物を演じるのだ。

そこでユダヤ人共同体の一部の指導者は――とくにフランスでは――パレスチナへの移住を考える。そこでは十万人の仲間が、最初はマムルーク朝、一五一七年以降はトルコの統治下に生活している。イサアク・シェロによると(83)、エルサレムにはすでに《たくさんの職人、とくに染物職人、仕立屋、靴職人がいる。あらゆる品物を売買して金持ちになっている人たちもいる。医学、天文学、数学といった学問に打ちこむ人たちも若干いるが、ほとんどの学者は聖なる律法とカバラという真の知恵の研究に日夜励んでいる。この人たちは共同体のお金で生活している。なぜなら律法は彼らの唯一の国家であるからだ》[83]。ヨーロッパの多くの不幸なユダヤ人は再び彼らと一緒になりたいと望む。救世主《メシア》到来の夢がふくらむ。アヴィニョンに生まれジェノヴァに追放されたユダヤ人医師R・ヨセフ・ハ＝コーヘンは一五二三年に、このような最初のもくろみを物語っている。《ダヴィデというひとりのユダヤ人がインドからやって来て、トルコと戦って聖地を奪回したいとポルトガル王に援助を要請する。王の秘書のサロモン・モルコというユダヤ人は（……）、このダヴィデに会うと、たちまち彼の心は神に動かされ、彼は我らの父たちの神である永遠者のもとに戻り、割礼を行なってもらった（……）。ポルトガル王が援助を断ると、この二人はスペイン、フランス、イタリアに行き、あちこちでユダヤ人たちに「私たちはあなた方をパレスチナに連れ戻す役目を神から負わされているのです」と告げる》[61]。もっと確かな話を取り上げよう。一五三四年にリスボンに生まれたファン・メンデスというマラーノ〔カトリックに改宗をよそおったユダヤ人〕の銀行家は一五三六年にアントワープに向けて出発し、そのあと一五五三年にイスタンブールに住みついてヨセフ・ハ＝ナッシという名前で再びユダヤ人に戻り、バヤズィトのあとを継いだ皇帝《スルタン》セリム二世の財務官の地位に昇進し、《ユダヤ国家を作り出すために》皇帝からチベリアス地方の権利を得る。しかし最初の船が海賊に捕らえられ、ナッシはあきらめる、という話である。のちにスペインの少数のユダヤ人がサフェドという小都市に住み、新たなメシア信仰の拡大に一役買うが、この信仰は十七世紀中頃にサバタイ・ツェヴィの騙《かた》り事によって再燃することになる。

こうして、スペインのユダヤ人追放から数年後にはヨーロッパは《純化》され、アラゴンはその口火を切ったことを誇りにする。それでも最も信仰熱心な人々にとってはまだ十分ではない。すでに一五〇〇年にエラスムスは枢機卿シスネーロスからアルカラで多国語訳対照聖書の編纂に加わるように勧められるが、彼はその誘いを断っている。《スペイン《ノン・プラ》は気にいらない《ケト・ヒスパニア》》——彼から見ると、この国はユダヤ教徒やイスラム教徒に対してまだ寛大さを示している。はっきり言えば、そこではキリスト教信仰がきわめて疑わしい、改宗したユダヤ人を容認している、と彼は考える。

ユダヤ人が作り上げるのは人種であって信仰ではない、と彼は言う。一五七二年の《血の純潔》と言われる法律は彼の主張を認めている。その法律によりマラーノは要職につくのを阻まれ、《昔からのキリスト教徒》との結婚を禁じられ、結局は自らそこを立ち去らざるをえなくなる。いかなるユダヤ人であれ、このようにその過去に捕まえられる。トルケマダが勝利を収めたのだ。一四九二年に彼が実行に移した方法は、今やその最終段階に行くことしかありえない。完全な追放だ。それには中途半端な手段は許されない。のちのナチズムの時代に再び示されるように、伝統完全保存主義《アンテグリスム》はいつまでも熱狂的信仰《ファナティスム》だけの蔭に隠れて仮面をかぶりつづけることはできない。それは何よりも完全な純潔を夢見るのだ。

新しい人間を作り出すこと。それがこの時代のもくろみなのだ。いかなる汚れも知らない、原罪から清められた純粋な人間を作り出すこと。勝手にひとりの父を捏造し、純粋で完璧な息子を手にすること。あらゆる過去から解放されたひとつの世界を建設することである。ところがユダヤ人は過去であり、彼らが存在するだけで、神がローマ、次いでスペインのものである以前にまずバビロニア、次いでパレスチナのものであることを思い出させる過去なのだ。忘れ去ることで自らの幸福を築く新しい人間にとって、厄介払いしたい遺産なのだ。

大西洋の向こうにいるインディオたちは、理想的な人間、ヨーロッパの信仰の起源が東方にあることなど何も知らない完全なキリスト教徒をこしらえる資材と見なされる。インディオたちはそのように取り扱われ、完全に破壊されるだろう。のちに新しい人間という同じ夢がナチスドイツとスターリンのロシアに再び現れ、新たな大量虐殺を引き起こすだろう。

トマス・モアは彼の『ユートピア』で、その言述《ディスクール》がオリノコ川で地上の楽園を見つけたコロンブスや血の純潔を語るトルケマダの言述と全く同じであり、彼のあとにも、自分の同時代人の遺骸の上に後世の人々の幸福を築こうと目論むデミウルゴス〔創造神。ときに悪の創造神ともみなされる〕たちの言述と全く同じだとは知らなかったのだ。

## 疑う

一四九二年以降、ヨーロッパのマラーノの生活ほど危険なものはない。改宗が本物であり、もはやユダヤ教信仰を実践していないあの《新キリスト教徒》の人たちに至るまで、全員が《昔からのキリスト教徒》に絶えず監視され、以前の宗教を実践しているのではないかと疑われ、また同業者や周囲の人たちに迷惑をかけると告発される。この告発によって彼らは拷問へ、そしてほとんどいつも火刑台へと導かれる。

それでも多くの人がまじめなキリスト教徒、しかも――生き延びるために――熱烈なキリスト教徒になる。たとえば十六世紀はじめに〈改宗者《コンベルソ》〉の家庭に生まれたアビラの聖女テレジアのように、エラスムスの思想に、原初の純粋さへ立ち戻る信仰に賛同する人たちもいる。異端審問所にかかわりを持つ人たちもいる。多くの人々は二つの宗教を熟知しており、ともかく聖書を読むことができ、多くの枢機卿や司教たちよりも聖書の言葉をよく話している。

十六世紀はじめには、これら何千人という〈改宗者〉の多くがまだひそかにユダヤ教信仰を実践している。彼らは日曜日に公然とミサへ行きながら、金曜日の晩には音を立てないように床に砂を敷きつめた地下室でこっそりと祈る。追放令が撤回されるのを待ちながら、彼らは教会堂や墓地を守るために居残る。彼らはユダヤ教から心が離れないように、またそれを自分の子供たちに伝えるためにできる限りのことをするが、それでもキリスト教文化が徐々に彼らの中に入ってきて、彼らの気持ちをその伝統的な宗教から離れさせる。ユダヤ教の法にかなった清浄な食品を食べ、断食日を守り、土曜日には働かず、教会で厳かに唱えられる祈りを信奉しないようにすることの難しさ。いつの間にか彼らのうわべだけの信仰の語彙や概念が彼らの中にしみ込む。彼らは知的にも宗教的にも二重の生活を送らねばならない。多くの人々にとって生涯を通じて、さらに一部の家族では数世代にわたって――今日までと言う人たちもいる――つづく曖昧な状況……

ユダヤ人であろうとなかろうと、コロンブスはこのように絶えず二股をかけ、このような曖昧さを保ちつづけた最初の人間のように思われるし、彼はそのように思わせる理由を残すだろう。ルイス・デ・サンタンヘルのように、一四九二年よりもずっと前からそうした状態に置かれている人たちもいる。のちに、真面目なキリスト教徒でありながら隠れて掟を守るユダヤ人が見つけだされる。たとえば一五〇五年にコルドバの異端審問官ルセーロは――当時の総異端審問官でコロンブスの主たる支持者ディエゴ・デーサがそれに反対しないとはいえ――コロンブスの敵エルナンド・デ・タラベーラ一家の全員を逮捕させている。イグナティウス・デ・ロヨラの後継者――かつて彼自身が選んだ――ディエゴ・デ・ラーニェスとその秘書は、誰も彼らの信仰の真摯《しんし》さを疑うことはできないのであるが、一四九二年以前の〈改宗者〉だったことまで明かされる。

数世代の人々がこうしてアラゴン、カスティーリャ、ポルトガルで何とか生き延びる。一五七二年にトレド大司教フアン・マルティーネス・シリセーオによって血の純潔の身分規定が適用され、マラーノ――少なくとも祖先に誰かユダヤ人がいる人たちと規定される――が国を離れることになるまでは。その二十年後の一五九二年には、ローマ教会の中にあってこの法律に最後まで中心となって反対していたイエズス会士自らが、自分たちの集団からマラーノを追い出し、ディエゴ・デ・ラーニェスには昔ユダヤ人の祖先がいたと言われないように彼の家系を偽造までしている。一六〇九年から一二年にかけて、イスラムのマラーノ、〈改宗したムーア人《モリスコ》〉も同じ運命にさらされるだろう。

やがてポルトガルでも、昔ユダヤ教徒であった人たちは他の土地へ向かう。その中には、たとえばモンテーニュの母方の祖父アントワーヌ・ロペス〔最近の研究書によるとピエール・ロペス〕のように、数世代前から正統的なキリスト教徒となっていて、追放されたあともキリスト教徒でありつづける人たちもいる。またバルフ・スピノザのようにユダヤ教に戻る人たちもいる。

彼らの誰もがその時代で最も自由な精神の持ち主《エスプリ》である。矛盾する事柄を尊重し、受け入れ、信じることができ、絶対的な説を拒否し、絶えず二枚舌を使い、疑うように育てられ、相ついで取り入れた二つの宗教の板ばさみになっているマラーノは、新しい哲学を探し求める。理神論者《ディスト》であれ合理論者《ラスイヨナリスト》であれ(122)、彼らは近代性《モデルニテ》の重要な源のひとつとなるだろう。アブラハム・セニョルからスピノザまで、エンシナからフロイトまで、モンテーニュからマルクスまで、ごく細いけれども明らかに一本の糸が存在しており、中でもイェレミアーフー・ヨヴェルがそのあとにつづいている(122)。哲学者になる者もいれば作家になる者もいるし、また先に触れたヨセフ・ハ＝ナッシのように外交官になる者もいる。ハ＝ナッシは、他の昔のマラーノたちが活躍するヴェネツィアの外交団に対して、トルコの外交団を代表するナクソス公として、一五七九年にその生涯を終えるだろう。

ユダヤ人共同体が最も繁栄しているオランダ連合州に向かう人たちもいれば、フランスやバイヨンヌやボルドーに住みつく人たちもいる。キリスト教徒でありつづけた人々の子孫の中に近代世界で最初の自由な精神の持ち主、自由の旅人、ミシェル・ド・モンテーニュが誕生する。彼は一五八一年にボルドー市長となり、アンリ・ド・ナヴァールの助言者となる。彼自身はそれを認めていないが、マラーノである祖先の血がしみ込んでいる彼は、その著作によって彼のあとにつづくすべてのマラーノの哲学を代表する。

彼と同じように、彼らは〈悲観論者《ペシミスト》〉である。《我々のまわりではすべてが崩れていっている。キリスト教圏であろうと、それ以外のところであろうと、我々の知っているすべての大国に目を向けてごらんなさい。するとそこには変化と崩壊の明らかな兆候が見てとれるだろう[93]》

彼と同じように、彼らは〈普遍主義者《ユニヴェルサリスト》〉である。《わたしはあらゆる人間をわたしの同胞だと思っている。（……）わたしは生まれた土地の甘い空気にそれほどのぼせていない[93]……》

彼と同じように、彼らは〈放浪者《ノマド》〉である。《旅はひとつの有益な訓練であるようにわたしには思われる。（……）歩きまわるために歩きまわるのだ[93]》

彼と同じように、彼らは自分自身に悩まされ、〈内省〉に向かう。《わたしにはほかに材料が何ひとつなく、欠けていたので、わたし自身を〈わたしの前に差し出して、これを材料とも主題とも〉したのだ[93]》

彼と同じように、彼らは絶えず〈あたりの様子をうかがう〉。《わたしの計画はどのよう

にも分割できる。それは大きな期待にもとづいてはいないし、一日一日がそれの終わりなのだ(93)》

彼の場合と同じように、書物が彼らのただひとつの財産である。《どなたもお気づきのように、わたしは一本の道を歩いて来たが、この世にペンと紙とがあるかぎり、これからもわたしはその道を倦まずたゆまず歩いて行くだろう(93)》

モンテーニュはこれらの文例のほとんどを、彼の作品で主要なただひとつの章「むなしさについて」〔『エセー』第三巻第九章〕の中に書き留めているが、その章は明らかに「伝道の書」の影響から生まれたもので、マラーノの深い影響が――はからずも！……――現れている。

他のマラーノの大半はアムステルダムに住みつく。多くの人がユダヤ教に戻ることを望む。中にはバルタサル・オロビオ・デ・カストロのように超《ウルトラ》正統派の祭司となる人もいる(122)。しかし多くは、自分たちには思い出せない、しかもこれまで実践してこなかった信仰を取り戻すことができずにいる人たちである。アムステルダムの祭司たちはそうした人々をユダヤ教徒とは認めない。数世代前から彼らは戒律に従って割礼も結婚もしていないからだ。自分がユダヤ教徒であることをぜひとも証明しようとして、奇妙な議論に訴えたり、《救いはキリストの中にあってモーセの律法の中にはない(122)》というキリスト教の救済の考え方に従ったりして、かえって立場を悪くする人たちもいる。

それに大部分の人たちはその都市の、とくに外の世界を受けつけないユダヤ人共同体の厳しい掟に従うことを拒む。たとえば一六五〇年頃、十七世紀はじめにアムステルダムに移住してきたあるマラーノの息子ウリエル・アコスタはユダヤ教徒に戻ることを望むが、共同体のユダヤ教の伝統的なしきたりに従うことを嫌がり、それに反抗する。彼は祭司たちに追放され、結局自殺する。《私をユダヤ教徒の方に追いやった悪魔は誰なのだろうか》、と彼はその悲壮な自伝の最後に書くだろう。(122)

他のマラーノの知識人たち——たとえば医師のファン・デ・プラード、哲学者のペドロ・ヌーニェス、作家のイサアク・デ・ペレイラ——も祭司たちの伝統教義を受け入れず、掟と共同体の課す義務に従うのを公然とやめ、教義から離れた哲学や科学や文学の仕事をつづける。

この道で最も成功した主要な人物は、アムステルダムのマラーノの若い息子で一六三二年に生まれたバルフ・スピノザである。彼はユダヤ教団所属の学校で勉強し、そこでヘブライ語、スペイン語を学び、マイモニデスとクレスカスの存在を知る。マラーノの医師ファン・デ・プラードの友人である彼は、祭司たちに従うことを拒否して一六五六年に共同体から締め出される。〈破門宣告《ヘーレム》〉によって彼はあらゆる社会生活から隔離され、異端者とされてしまう。結局彼は、アムステルダムでは巧みに二枚舌を使い、相手によって違ったことを話すマラーノのようになる。(122) 彼はハーグに引きこもり、そこでレンズみがき職人として暮らす。彼はオランダ連合州総督ヤン・ド・ウィットの支援をうけて聖書のオランダ語訳にとりかかるが、一六七七年に死ぬ。彼の考えによると、伝承と聖書の律法そのものは啓示の真理と見なされるべきではなく、それらはそれぞれ個々の〈理性の判断〉に委ねられるべきものである。《もしその教義が普遍的理性にもとづく自分自身の主観的意識と適合しうるならば、誰でも判断を下せるはずである》[122]。疑うことで彼は〈誤りを犯す権利〉を擁護するようになる。《誰でもまちがえる自由を持っている》[122]。また自らの救済の道については、知識であれ理性であれ至福であれ、各人が自由にそれを求める権利を持っている。誰もが神を見つけることができるが、それは人間の信仰と同一視された神ではなく、まさしく唯一可能なものである〈普遍的な神〉、すなわち〈世界それ自身〉である、と彼は考える。《自然は神から生じるのではなく神なのであるから、自然を愛さなくてはならない》[122]。マラーノ的な考え方《マラニスム》によって、彼は神性としての〈自然〉を称揚し、懐疑の名において真理を拒否するようになる。

近代知識人はモンテーニュとかスピノザのような人、潜在的であれ顕在的であれマラーノのような人でしかありえないだろう。出自が何であれ、知識人は隙間の中で思考し、アウトサイダーとなって、別の可能性が残されている空白《ヴィッド》の中に新しいものを見つけ出すしかなく、真実、正義、美、規範について一般に認められている定義を受け入れない。そのため知識人は、生き延びるために、二枚舌を使い、曖昧な態度を示さざるをえないのだ。

### 改革する

一四九二年にはローマ教会の威信が地に堕ちる。ボルジア家の人物〔ロドリゴ・ボルジア」がヴァチカンに君臨するが、シャルル八世は平気で彼を非難する。フィレンツェは領土争いでナポリと対立している彼に解決策を押しつけかねない。宮殿や大聖堂の費用を支払うために、お金を出せる者には贖宥《しょくゆう》状や聖職禄が売られる。キリストの名において、ポルトガルはアフリカで虐殺を行い、スペインもアメリカで同じことを行う。

このような堕落に対して多くの非難の声が上がる。一三〇〇年にボニファティウス八世が創設した贖宥状制度がドイツやスイスやイギリスで批判される。人々は七十人の枢機卿のほとんどがそれぞれ二十五以上の大修道院から収入を受け、莫大なお金を使って宮殿を建てたり、美術品を買ったり、謝肉祭のために祝宴を催したり、自分の子供たちに最もすぐれた教師をつけたり[132]、妾を囲ったり[132]するのを目にして怒る（チェーザレ・ボルジアは彼女のために月に千五百ドゥカートを使っている）。新しい知識人や真の修道士や潔癖な市民たちは激しい憤りを感じる。信仰はだんだん見せかけのもの、あるいは理不尽なものではなくなり、次第に培われていく。そこでは印刷術が大きな働きをする。一五二〇年以前に聖書のラテン語版は百七十、俗語の方は六十を数えるのだ。

フィレンツェでは、サヴォナローラが共和国の精神的指導者気取りでいる。教会は《汚らしい》、それは《忌まわしい怪物》《娼婦》だ、と彼は言う。群衆は彼のあとについて行き、彼は《虚栄の火刑台》であらゆる遊び道具、かつら、美術書を焼却させる。のちに彼はピサで、シャルル八世に説明する。《罪を償うように人々を導くためには、私はただ叫ぶしかなかったのです》

しかしこの懲らしめの修道士は他の騒乱の前触れである。エラスムスはロンドンで、トマス・モア、ジョン・コレット、オーストリア大公マクシミリアン、枢機卿ジョヴァンニ・デ・メディチ、ヘンリ八世に助言を与え、一五一一年にそこで『痴愚神礼賛』を執筆し、教皇とローマ教会を批判し、唯一《思慮分別のある》痴愚は《神の愚者たち》の痴愚であると主張し、潔癖な教会と禁欲的な市民階級を称揚する。

六年後の一五一七年十月三十一日には、別の修道士、三十四歳のアウグスティノ会修道者のマルティン・ルターがウィッテンベルク城付属教会の扉に〈教皇の贖宥状の効力に関する九十五カ条の論題〉を掲示し、ローマのサン・ピエトロ寺院造営のために教皇ユリウス二世――チェーザレ・ボルジアのあとを継いだジュリアーノ・デラ・ロヴェレ――が計画した贖宥状の大量の不正売買に抗議する。彼は教会が無益であることを明らかにしようとし、あらゆる啓示は聖書の中にあってそれ以外にはなく、救済は信仰から、しかも信仰のみから来るもので儀式は副次的なものだ、と主張する。印刷術のおかげで今後は誰もが聖書を読むことができるようになり、またローマ教会の統一の夢が遠のいていることから、ルターは諸国の教会の失地回復の感情に訴え、フランスであれドイツであれフランドル地方であれイギリスであれ、さらにはスイス諸州であれ、ずっと以前からローマの権力を認めることを拒否している反抗的な王国に訴えることに成功する。

ローマは一五二〇年以降、アウクスブルクの国会およびライプツィヒ討論の不成功のあと、かたくなな態度をとっている。教会分裂の危機を恐れたエラスムスは一五二四年に

『自由意思論』を出版する。ルターは一五二五年に『奴隷意思論』で彼に答え、一四九二年にミッデルブルグとヨハネス・リヒテンベルガーが予言した恐るべき修道士として登場する。しかも一五二七年には彼自身がウィッテンベルクのハンス・ルフト書店から再版されたリヒテンベルガーの予言書に序文を書き[119]、一五二四年の大洪水を予告しているのに、一五二五年がドイツで政治的混乱と農民戦争の年——予言書がほのめかしているように、木星と土星の〔合《ごう》の〕年——になることを全く予想していなかったこの予言を揶揄《やゆ》している。

一五三四年にヴァチカンはルターに対して力で応えることに決める。最初ルターに敵対していたヘンリ八世が、政治的理由および結婚問題を理由にローマ教会からの離教を勝ちとり、エラスムスの友人で、ヴェスプッチから想を得た『ユートピア』の著者、ローマ教会に忠実なトマス・モアを一五三五年に処刑して応酬する。分裂が決定的となる。翌一五三六年三月には、バーゼルに亡命を余儀なくされたフランス人ジャン・カルヴァンが『キリスト綱要』の中で、ルターと同じように、贖宥状や聖職者の独身の義務やマリア信仰を批判する。彼はさらに一歩進めて、修道院廃止を提案し、万人司祭を主張し、牧師の結婚を認めるよう提唱する。ローマ教会はイグナティウス・デ・ロヨラとその同志たちによるイエズス会の設立を一五四〇年に公認して反撃する。一般信徒向けの宗教書が増大し、《信仰団体》が盛んになり、宗教的な見世物、宗教行列、公衆の面前でのお祈りが行われる。しかし何の効果もない。離教と異端が進行し、それとともにヨーロッパの統一が遠のく。至るところで食い違いが目立ってくる。

ナショナリズムの大時計――この時限爆弾が――動き始める。

## 5　ナショナリズムの大時計

一四九二年にナショナリズムという新しい爆発の点火装置が始動し、それは五世紀の間ヨーロッパを不幸にするだろう。

連邦統一の夢は消え去る。各国――フランス、スペイン、ポルトガル、イギリス――は手に入る獲物、すなわち経済＝世界の《中心》（フランドル地方とイタリアの小都市国家《シテ》）も周辺部（大陸全体）もねらう。同時にこれらの国々は、種々雑多な国民《ナスイヨン》をひとつにまとめ上げ、純粋さという夢とは反対に寄せ集め《ラサンブルマン》を考えることが可能な唯一の道である近代国家《エタ・モデルヌ》を確立し終える。

### 争う

一四九二年からすぐに始まるさまざまな同盟関係と人目をはばからぬ野心とともに、すべてが明白になる。フランスはイタリアを欲し、シャルル八世の時代にそれに全精力をかたむける。スペインはネーデルラントを保持しようとし、フェリペ二世の時代にそれに全精力をかたむける。またイギリスは他の世界に目を向け、ヴィクトリア朝時代にそれぞれに全精力をかたむける。ハプスブルク家は生き永らえることしか考えず、フランツ・ヨーゼフの時代にその自信を失うだろう。その間に数々の虐殺や紛争がこうした主導権争いの中で続発することだろう。

一四九二年以後、世界の政治的状況はきわめてはっきりするようだ。ヨーロッパは世界の中心にいる。スペインは聖座〔ローマ教皇庁〕とイタリアとアメリカの一部を支配し、ポルトガルはアフリカ沿岸とアジアのいくつかの港と海を掌握する。またフランスとイギリスは自国のことに専念しているように思われる。

とはいえ一四九二年は、先に見たように、イベリア半島の経済が衰退する始まりを示している。政治的な面でも事情は同じになる。最初に両王は植民地の栄光が幻想であることを身をもって知る。そのあと他の王たちはその教訓に耳を傾けず、全く同じようにその幻想に取り込まれるだろう。

それでもその年の二人の勝利者には、すべてが驚くほど幸先《さいさき》がよい。当時最強を誇るフランスでさえ彼らの要求を断れない。一四九三年一月十九日にスペインの両君主はバルセロナで一四九二年のフィグラス条約を批准し、ナポリ征服のことしか念頭にないフランスの君主からルシヨン地方を取り戻す。九月十日にはペルピニャンがアラゴンの支配下に戻り、十三日には両君主がその都市に入城する。ヴァチカンも彼らの要求を断れない。二十日に教皇は次男のフアンとフェルナンドのいとこマリア・エンリーケスを結婚させる。教皇は娘のルクレチアをジョヴァンニ・スフォルツァに与え、スペインのためにイタリアにおける自らの権力を確立する。

神聖ローマ帝国は主人が変わる。その年に父が死んでマクシミリアンが皇帝となる。彼はアルトワ地方、エダン、エール川、ベチューヌを息子のフィリップ端麗公《ル・ボー》に与える。

フランスではアンヌ・ド・ブルターニュの戴冠《たいかん》によって新たな余波を受ける。サンリス条約によって一四九三年五月二十三日にフランス王は、マコン、オーセール、オーソンヌは保持するが、新皇帝の娘である最初の婚約者の持参金――アルトワ地方、フランシュ＝コンテ地方、シャロレー地方――をマクシミリアンに返す。その代わりにマクシミリアンはブルターニュ地方を要求することは断念する。アルトワ地方、フランシュ＝コンテ地方、ルシヨン地方は、ルイ十四世時代の一六五九年にフランスに戻るだろう。

フランスはかつてないほど東洋への入り口となるナポリを欲しがる。スペイン人の教皇が選出されたあと、シャルル八世は《ナポリに対する権利》の承認を期待する。シャルル八世は、エスケルデス元帥とナポリの旧宮廷を追われたアンジュー家の一族にけしかけられて、いとこのルイ・ドルレアンと和解し、ナポリ王フェランテとの戦争を準備する。しかし一四九三年八月にフェランテは、カトリック両王に頼み込んでアレクサンデル六世がフランスの意思に従わぬようにしてもらう。だから一四九四年一月にフェランテが死んで、シャルル八世がアラゴンの新王アルフォンソ二世に対してナポリの王位請求権がフランスにあることを知らせると、ローマはアルフォンソ二世を支持し、三月二十日にはナポリの代表団が教皇に服従することを誓う。烈火のごとく怒ったシャルル八世はそのとき、教皇選出に際して巨額の出費をしてやったにもかかわらずボルジア家が自分を裏切り、イタリアへの進路を遮るつもりであることを理解する。頑《かたくな》になって彼は構わず事を進めようと決心し、進攻に必要な二百万リーヴルを手に入れ、スフォルツァ家およびデラ・ロヴェレ家と同盟を結ぶ。そのあと彼はリヨンに滞在して遠征の準備をし、イタリアの銀行家たちをそこから追い出す。彼はそこで四万人の軍隊を集めるが、そのうちアルバニアの〈軽騎兵《エストラディオ》〉と数千人のスイスの歩兵を含む三万人の兵士たちは小銃を持ち、およそ六十門の大砲を備える。(74)

早く行動に移らねばならない。ぐずぐずしているとマクシミリアンが、フランスの二つの敵とそれぞれ同盟を結ぶからだ。一四九四年に彼は、一四八二年以降ネーデルラントの君主でまだ十八歳の息子のフィリップ端麗公をフェルナンドとイサベルの娘フアナと結婚させる。カトリック両王とハプスブルク家が結びつく。シャルル八世は早急に彼の野心を実行に移す決断をせまられる。フランスは新たな強国の両顎《あご》で押しつぶされないうちにそこを抜け出ねばならない。それにはイタリア進攻しかあるまい。

九月にシャルル八世は百隻の大型船を集めるが、そのうち十隻の大帆船はジェノヴァでオルレアン公に押さえてもらっている。正式にミラノ公となったルドヴィコ・イル・モーロはこの争いをうまく利用できると思い、シャルル八世を一四九四年十月三十日にミラノに入城させ、〈騎馬像〉用に準備したブロンズ――ダ・ヴィンチはちょうどその模型をつくり終える――を溶かして大砲を作ることにする。フィレンツェではピエーロ・デ・メディチがシャルル八世の介入を求め、シャルル八世は十一月十七日に入城し、サヴォナローラから救世主として民衆に紹介される。ピサは彼のために立ち上がる。栄光に包まれたフランス王はそこで教皇に、教皇領内の自由な通行、ナポリに対する権利の承認、場合によってはありうる十字軍の際に役立つ人質と考えているトルコ皇帝《スルタン》の弟ジェム皇子の引き渡しを要求する。教皇は拒否する。シャルル八世はそれを無視して事を進め、うわべは教皇の怒りを恐れるような様子を見せずに、一四九四年十二月三十一日にフランス王国の旗である サン＝ドニ修道院の旗を持ち、軍隊の先頭に立ってローマに入城する。(74) 二千五百人の騎兵と五千人の軽騎兵隊はギザギザのついた槍とたくさんの武器を持っている。(74)《兵隊たちは絹の袖なし胴着《セイヨン》を着て、羽根飾りをつけた帽子をかぶり、金の首飾りをして進んできた(74)》。王はヴァチカンに宿泊する。

一四九五年一月はじめに、王位についたばかりのナポリ王がその地位を《フェランティノ》と呼ばれる息子のフェランテ二世に譲る。教皇はイタリア諸侯の態度にすっかりまいっている。彼はだれかれなしにシャルル八世が《チョークでイタリアを奪い取る(16)》かもしれないとさえ言い、その言葉によって下士官が兵士たちの宿泊用に徴用する家々の扉に書く十字架のことをほのめかす。一月十五日にボルジアはぬけぬけと偽善的な策略を試みる。彼はシャルル八世を十字軍の指導者として承認し、そのことを翌月に教皇教書で布告することを約束し、またジェム皇子、それに自分の息子チェーザレまでも人質としてシャルル八世に与える。一四九五年一月二十八日、満足し勝ち誇ったシャルル八世はローマを離れ、ナポリに向かう。

しかしそれは彼の不幸の始まりである。その翌日チェーザレが脱走してローマへ戻る。二月二十二日にナポリ王がその都市を離れてシチリアへ逃亡する。こうしてシャルル八世は戦わずしてヨーロッパで最大の人口密集地域、《わが都市国家ナポリ》に――彼の不在中、王国を治める義兄ブルボン公に宛てて書いているように――《皇帝のマントを着て、フランス、ナポリ、エルサレム、コンスタンティノープルの四つからなる王冠をかぶり、平和を好む支配者として入城することを示すために木製の拍車をつけた靴をはいて(74)》入城する。彼はそこの体制を自由なものにしたいと宣言する。

三日後にジェム皇子が死ぬ。そのためフランス王は彼の十字軍の計画に不可欠な切り札を失うが、それでもその死を無理もないと思おうとする。同じ頃、教皇はアラゴンのフェルナンドとハプスブルク家のマクシミリアンの側について、シャルル八世に対抗してイタリアのいくつかの都市国家の支配者たちを同盟させるのに成功する。そこでシャルル八世はナポリで罠《わな》にはまる。今も彼に忠実なのはトスカーナだけだ。彼は五月十二日にナポリ王として即位するが、まもなく不安を感じてフランスに戻ることを決心し、彫像、絵画、斑岩《はんがん》の塊、大理石、タピスリー、象牙細工品、寄せ木細工、すなわち四トンの美術品とアラゴン君主の図書室から千百四十三冊の書物を一緒に持ち去る。彼はナポリの副王を従兄ジルベール・ド・モンパンシエの手に委ねる。〈フランスの神がかり《フリア・フランチェーゼ》〉――この表現はこれに由来する——によって彼は五カ月かかった道のりを今度は二カ月で走破することができる。彼は同盟軍を蹴散らし、フォルノーヴォの戦いではヴェネツィア軍とロンバルディア軍を撃破する。一四九五年七月五日には、相変わらずサン＝ドニの旗を立てて九千人の兵士と一緒にアペニンの山道を突破する。(74) ジルベール・ド・モンパンシエはフェランティノの求めに応じて援軍にかけつけたアラゴン軍に攻撃され、一四九六年二月にナポリを失う。

フランスに戻ってまもなく、シャルル八世はつまらぬ事故のため、一四九八年四月七日に跡継ぎを残すことなく死ぬ。それはただちにヨーロッパ中に伝えられる。ヴェネツィアは十四日にはもうそのニュースを知る。フランスの君主を大歓迎したフィレンツェでは、サヴォナローラが逮捕され、一四九八年五月二十三日に市政庁の広場で火あぶりになる。王のいとこルイ・ドルレアンがルイ十二世として王位を継ぐ。彼は急いでイギリスとのエタープル条約を更新し、フェルナンドとグラナダで協定を結び、ナポリ王国をアラゴンに返還する（アラゴンはそれを一七一三年まで保持するだろう）。そのあと新王は、十五歳のときに娶《めと》らされたルイ十一世の娘との結婚未了を口実にして教皇から結婚無効の許可を得て、その代わり聖職者の地位を離れるチェーザレ・ボルジアに対してヴァランティノワ公爵領およびフランス王公の娘との結婚を約束する。

一四九九年一月八日にルイ十二世は先王の寡婦アンヌ・ド・ブルターニュと結婚する。彼女はこうしてフランス王妃でありつづける。一四九九年三月に彼は各地方に王権の代理を務める総督を任命する。比較的楽な戦いをしたあと、彼は十月六日にミラノに入城し、ルドヴィコ・イル・モーロを追放する（ルドヴィコは一五〇〇年に捕まえられ、ロッシュの城館に閉じこめられるだろう）。十二月には彼と同盟を結んだチェーザレ・ボルジアがそれまでミラノのものであったイモラとフォルリーを奪う。同じ年にバーゼルの和平によって《高地ドイツ地方の都市同盟》の自治が認められる。一五〇〇年二月二十四日にヘントで、フィリップ端麗公とアラゴンのファナとの間に息子が生まれる。のちのカール五世である。

アレクサンデル六世はその年、ときおり目まいに襲われる。そこで彼は僧服を脱いだ長男チェーザレをローマ教会軍の総司令官、すなわち聖座〔ローマ教皇庁〕の世上権の頭《かしら》に任命する。教皇が一五〇三年に息を引き取っても、ルイ十二世は枢機卿ジョルジュ・ダンボアーズを教皇に選出することができない。結局ジュリアーノ・デラ・ロヴェレがユリウス二世としてサン・ピエトロの座〔教皇の座〕につく。イタリアへの道が再びフランスに閉ざされる。

一五〇四年にフランス王はブロワでおかしな同盟関係を結ぶことに決める。婚資としてブルターニュ、ブルゴーニュ、ブロワ伯爵領、アスティ伯爵領、ミラノ公爵領（イル・モーロから奪って間もない）を持たせ、まだ五歳にしかならないクロード・ド・フランスを、マクシミリアンの孫で四歳のカールと結婚させるという。そのあと彼はこの取り決め——彼の妻がシャルル八世と結婚する前にマクシミリアンに約束していたものを孫のカールに与える——を後悔してこの結婚の計画を破棄し、フランス王公の娘ジェルメーヌ・ド・フォワと再婚したいというアラゴンのフェルナンドの希望をうまく利用して、九十万フロリンと引き換えにナポリに対する権利を最終的にアラゴンに譲る。孫〔のちのカール五世〕をあまり好きでないフェルナンドはそれを非常に喜ぶ。

こうしてフランスは敗北し笑い者にされながら、少し前にピレネー山脈の東で行なったと同じように、イタリアにおける野心を換金して帳じりを合わせる。

一五〇六年に父のフィリップ端麗公が死ぬと、カールがネーデルラントの君主となり、父方の祖父マクシミリアンがその後見人となる。彼はまだわずか六歳である。一五一六年、十六歳のときに母方の祖父アラゴンのフェルナンドが死ぬと、彼はカルロス一世としてスペイン王となる。もうひとりの祖父がその三年後に死ぬと、彼はカール五世と名乗り、オーストリア、ネーデルラント、フランドル、ナポリ王国、スペインの統合を実現するが、もちろんトルデシリャス条約で約束されたあらゆる土地も加える。母方の言語がフランス語である彼は、こうして巨大なヨーロッパ全体を掌握するが、それをピサロやコルテスがアメリカに、他の人たちがアジアにまで広げるだろう。不思議な君主だ。――この熱心だが寛容なキリスト教徒はカトリックのスペインに君臨しながら、のちにプロテスタントとなるネーデルラントを強化し、アントワープを五十年間にわたって世界経済の中心都市とし、そのあと一五五六年に息子のフェリペ二世にスペインを、弟のフェルディナント〔一世〕に神聖ローマ帝国をそっと譲る。それはスペインの大きな経済危機の一年前であるが、彼はその翌年に故国のある修道院でひっそりと死ぬ。

三十年後の一五八八年、無敵艦隊の敗北はスペイン皇帝の支配力がはかなく終わったことを告げるだろう。そのときスペインは、ひとつの大陸を抱え込んだために金《きん》で覆われて死ぬのだ。

ヨーロッパの南東では、今やカトリック諸国とその他のヨーロッパ諸国の間にひとつの壁がそびえ立つ。一四九二年以降、オスマン帝国はイスラム教徒の擁護者としてふるまう。オスマン帝国はヴェネツィアに対して、今回は海上での新たな戦争に勝ち、エーゲ海の基地をヴェネツィアから奪う。バヤズィト二世が宗教的狂信に陥り、第三子のセリムのために一五一二年四月二十四日に退位すると、セリムは東洋に目を向け、一五一六年にはアレッポとダマスカスを、一五一七年にはカイロを、次いでエルサレムと聖地を奪う。オスマン帝国は東方の大国となり、一九一八年に崩壊するまで大国でありつづけるだろう。

その他のヨーロッパも東に目を向ける。一四九二年にカジミエシュ四世が死んだあと、彼の孫のひとり、ドイツ騎士修道会最後の会長アルプレヒト・フォン・ホーエンツォルレン、すなわちブランデンブルク公は修道会を世俗化し、一五二五年にプロイセンを彼の一族の支配する世襲公爵領に編入する。彼の息子のひとりジグムント一世は一五一八年にスフォルツァ家の娘と結婚する。この三男の支配のときにポーランドはリトアニアと合体してかなり大きな領土となり、やがてロシアと張り合う。その頃ロシアは一四九三年にイヴァン三世がスモレンスクを奪い、彼もまた東に、シベリアの広大な平原の方に目を向ける。カジミエシュが死ぬと、一四九五年にイヴァン三世の娘はカジミエシュ四世の息子でリトアニア大公、ポーランド王となるアレクサンデル一世と結婚する。すでに新しい帝国は自らのうちに閉じこもり、五世紀もの間、大部分は自らが引き起こした追放と包囲の感情の中に生きつづけるだろう。

骰子《さい》は投げられたのだ。ヨーロッパの西側は植民地主義に没頭し、東側は専制政治と帝政に没頭する。当分の間それに反対するものは何も現れないだろう。

**寄せ集める**

一四九二年は、ひとつの大陸が民族や人種を寄せ集め《ラサンブレ》始める時期として紹介されることが多い。それは正しくない見方だ。実際は、一四九二年がこれら〈混交の国々《ペイ・ド・メランジュ》〉の誕生の時期を画するとしても、この年はとくにヨーロッパでは諸都市と諸国、同一性と混交の政治的対立の中で重大な転換期となる。

国家＝国民《エタ・ナスイヨン》の宮廷が都市のそれに代わって増大する。[131] 近代国家が形をなして新しい支配階級の代表者となり、宣伝活動や経済介入の技術を発達させ、エリートたちを寄せ集める。そうする必要があるのだ。国境の錯綜状態、いろいろな民族や言語や文化の渦の中にあって、統一の源はもはや国家《エタ》以外にはない。国民《ナスイヨン》は民族《プープル》ではない。それはひとつの国家を中心に作り上げられる統一というひとつの理想である。〈（人種・文化の）るつぼ《メルティング・ポット》〉はアメリカよりも前にヨーロッパなのだ。それにはまさしくひとつの枠組み――国家――が必要なのだ。

その最初の理論家がフィレンツェで、次世紀はじめに出版される原稿を書き綴るのはたぶんその時期である。それによれば、《国家的理由《レゾン・デタ》》は次のように説明されている。《国家はそれ自体が目的であり絶対的価値である(70)》、とマキャヴェリは書いている。彼にとって《人民は凡庸であるから〔……〕、国家はそれ自身の偉大さのために休みなく自らを強化し、適応させ、働かねばならない。すべては国家的理由に従わねばならない(79)》。こうして彼とともに〈宣伝活動《プロパガンダ》〉のひとつの理論も現れる。すなわち権力を掌握するには、新しい権力の主たる敵に対して《人々の記憶に残るような》処罰を加えることが必要なのだ。

国家は、輸入品や産業や職業の経済的規制を練り上げ、民族の融合をより確実に行う高位の宮内官からなる一種の特権階級によって具現される。フランスでは、それはまずブルゴーニュ人〔フィリップ・〕ポのような大諸侯であり、次いで銀行家――フロリモン・ド・ロベルテ、ボーヌ＝サンブラセー――、金融の専門家、そして上層顧問会議の中で認められた(74)、国家の中で新しい支配階級を代表する商人たちである。そのあと彼らの仕事は地方において王を代表する行政官に引き継がれる。プロヴァンス地方にブルゴーニュ人の行政官、ラングドック地方にブルターニュ人の行政官……

混交と混合に基づくこの新しい統一を明示するためには、それを純粋な、民族が交ざり合った程度に純粋な新しい存在、すなわち〈国家〉によって具現させねばならない。

新しい人間《オム・ヌーヴォー》を夢見た人たちがいたと同じように、すでに《新しい国家《エタ・ヌーヴォー》》を夢見ている人たちもいる。一五一六年にエラスムスはカルロス一世に献じた『キリスト教君主教育』の中で、君主は徳を完成させることによってのみキリスト教的な政治を実践することが可能であろうと考えている。彼によれば、不正をして権力を行使するよりは権力を捨てるほうがよい。一五一七年には『平和の訴え』の中で、彼は勝者にとっても敗者にとっても大きな不幸となる戦争を強く非難している。彼の考えでは、戦争は《必要性》からではなく、人間の情念、野心、強欲、怒り、愚かさから引き起こされる。同じ年に彼の友人トマス・モアはヴェスプッチの話をもとにして、『ユートピアまたは政体の最善の状態について』の中で理想の都市国家《シテ》を思い描いている。私有財産もなく、肉体労働と知的労働の区別もなく、政府もない。そこでは市長も含めてすべての《役人》は、一般市民が指名した有識者の一団からなる元老院によって選出され、監督される。戦争は正義にかなった戦争以外は忌み嫌われる。[37] 人民は国家以外には文化的共通性を持たない。

　君主がこうした理想を具現しない場合、テオドール・ド・ベーズ、デュ・プレッシ＝モルネー、ユベール・ランゲといったフランスのカルヴァン派の人たちは《謀反の神授権》[27]という考えを展開させる。何であれ王が敬虔な心に欠けたり法律を尊重しない場合は、人民は王に服従しなくてもよい。[27] 彼らの考えでは、〈全国三部会《エタ・ジェネロー》〉は《下級行政官》が王を《監視する》ことができるものでなければならない。ミシェル・ド・ロピタル、ルイ・セルヴァン、ピエール・ド・ベロワ、ギー・コキーユ、ラ・ヌー、そしてもちろんジャン・ボダンも、この謀反の義務《つとめ》から結論を引き出すだろう。[27] ボダンは『国家論六編』の中で、「権力《プーヴォワール》」――君主制や貴族制や民主制――は法律を〈作り〉あるいは〈破棄し〉、役人を任命し、最終的決定を下し、税を徴収し、貨幣を鋳造する役目と特権を持つ、と主張する。「権力」を握る者はその名にふさわしく、終生、それを行使する。「権力」は、それが腐敗し無秩序になるときでなければ分割できない。「国家《エタ》」という統一以外に国民の統一はない。

このあとにもエメリック・クリュセからサリまで、ウィリアム・ペンからサン＝ピエール師まで、ルソーからジェレミー・ベンサムやイマヌエル・カントまで、他のユートピア思想が現れる。いずれも同じ方向に向かうだろう。「国民《ナスイヨン》」はそれを構成する諸民族を超越し、「国家」が「国民」を代表するのだ。唯一というわけではないが、「アメリカ国家」がその民主的な具現となるだろう。

しかしこれらのユートピアは最も危険な蛮行の前触れでもある。乱暴にも、「芸術」と「政治」、「地上の楽園」を権力の手の届くところにまとめようとするのだ。コロンブスはオリノコ川をさかのぼるときにそこに到達したと思った。重大な前触れだ。そのときから人間はたえず新しい、純粋な、理想的な人間を見つけ出そうとしている。まずインディオ、そのあとインディオに失望すると、移民あるいはイデオローグ。そして今日はゴーレム〔生命を与えられた人造人間（東欧ユダヤ伝説）。ロボット〕。

# 結び

歴史はそれを構成する断片を隠す。そして一四九二年も、他のすべての年と同じく忘れ去られ、その記念祭のときにしか姿を見せない。

葬儀が生きている人々を集める機会にすぎないように、どの記念日も現在について語る機会にすぎない。記念日は何よりも今日に合わせて語るもので、過去を意味づける未来、《真実の逆行運動》に関するベルクソンの指摘をよく説明している。

というのは一四九二年の《真実》はさまざまに変化するからだ。それは人々がそれを話題にする際、それについて知っている――また知ろうとする――ことによる。ミシェル・セールが言うように、もしかして幸福が《忘却に基づく》ものだとしたら、歴史の真実、それは判断をまとめ上げる過去の記憶いかんにかかっている。ところがその記憶が、そこには欠けている。一四九二年の研究には明らかに近代の歴史的情報が欠落しているのだ。一四九二年が同時代人からどれだけ無視されたのか、私はすでに述べた。研究がこれほど進歩した今日でさえ、この時代の主要な決定のメカニズムはよくわかっていない。コロンブスの航海の資金調達は今なお論議の的であるし、スペインのユダヤ人追放は依然としてほとんど謎であるし、シャルル八世とアンヌ・ド・ブルターニュの結婚の前もっての裏取引、エタープル条約に先立つ裏取引、ロドリゴ・ボルジアの教皇選出など、まだまだ不可解なことが多いのだ。またマルティン・ベーハイムの仕事も無から突然現れたわけではないし、彼とコロンブスとの出会いについても、それからコロンブスとヴェスプッチ、あるいはロレンツォとサヴォナローラとの出会いについても、当然明らかにされるべきだろう。もちろんあまりよく研究されていない他の出来事についても。アリ・ベルの死、インカ皇帝の死、カリカットでのガマの交渉取引、ポーランドにおけるカジミエシュ四世の継承……

さらに、ある明確な事柄に関して、最も広く認められている歴史家たちが採りあげる日付のわずかな違いで考察が困難になる。ある出来事が別の出来事の直前に起こったのか、あるいは直後に起こったのかが一日の違いで明らかになるのだが。その点に関して彼らは、たいていの場合は推測だけに頼っている。細かい点に立ち入ることを好まないようなのだ――とにかくあの時期については。

それでも歴史は、一四九二年から百年経過するごとにその出来事を思い起こし、時代の状況に応じてそれに特別な、皮肉なあるいは滑稽な、悲惨なあるいは輝かしい光を投げかけ、各時代を通じてその時代の人々の見方を変えてきている。

一五九二年にアメリカ南部は完全に征服され、破壊される。そこでは金も銀も底をつく。

砂糖黍がどんどん広まり、一トンの砂糖黍につきひとりの奴隷が死ぬ。アフリカでは一世紀前からソンガイ帝国が誇りとするアスキア朝が倒れる。日本では秀吉が十六万人の将兵を率いて朝鮮に攻め込む。これは大陸征服のはじめての企てであるが、完全な失敗に終わる。自由なオランダ連合州の中心都市アムステルダムは、宗教改革が大勝利をおさめ、マラーノを受け入れ、商業経済をほとんど支配する。フランスはすさまじい宗教内乱にもかかわらず強国である。スペイン——財政力と軍事力の二つとも衰退して間もない——ではイエズス会に《血の純潔》の規約を採用させ、新キリスト教徒をその身分から締め出し、会の中にあっても昔〈改宗者《コンベルソ》〉であった高官の名前を変えさせる。歴史は書かれるために消されるのだ。一五九二年十二月七日にパドヴァ大学の数学教授ガリレイがその就任の記念講義をし、ベーハイムの地球儀を太陽のまわりに回転させる。バーゼルでは、一四九二年に生まれ一五七七年に死んだポルトガルのマラーノで、天文学者、数学者、地図学者、宇宙形状誌学者であったペドロ・ヌーニェスの全集が出版される。ミシェル・ド・モンテーニュが死ぬ。セルバンテスはどん底生活の中で『ドン・キホーテ』の執筆に専念している。ハプスブルク家のルドルフ二世が支配するプラハでは、新しい人間ゴーレムを夢見るプラハの〈マハラル〉、祭司ロエヴの推進するメシア待望運動が再燃する。彼の弟子ダヴィド・ガンツはケプラーやティコ・ブラーエと協力して、最初のユダヤおよび世界の歴史年代記『セフェル・ゼマン・ダヴィド』を書く。金《きん》を探しに西ヨーロッパから来たわずかの人たちと、活力を失った先住民族が住んでいるだけの、アメリカ大陸の発見を祝う者は誰もいないようだ。

一世紀後の一六九二年には、世界は大きく変化している。ルイ十四世の支配するフランスが依然として政治的には最強国であり、「国家《エタ》」が二世紀前に予想されていたその絶対的な形を作り上げる。バイエルンのマクシミリアン二世がスペイン領ネーデルラントの総督となり、一方アムステルダムは今や完全に経済＝世界を支配する。金と銀は底をつき、南アメリカと中央アメリカはもはや貧困と砂糖黍の倉庫にすぎない。北アメリカでは、ヨーロッパからのわずかな入植者が、相変わらず「新しい人間」にふさわしい地上の楽園を求めて、メキシコから来た病気のために消滅したインディオの部族のあわれな生き残りを自分たちの前から追い払う。その年にマサチューセッツのセーレムで恐るべき魔女裁判が行われ、十九人が絞首刑となる。南の方はまだヌエバ・エスパーニャと呼ばれているアメリカの発見を祝う者は誰ひとりいない。

そのあと、のちに一四九二年について語る際に用いられる概念が明確になり始める。一七六五年にフランスで、博愛家を語るのに〈ユマニスト〉という語が作り出される。一七七六年に北アメリカでイギリスの植民地が独立を手にし、最初の議会制民主主義を生み出すとき、大陸の歴史についての考察が始まる。一七八七年には、《アメリカ発見は人類にとって有益であったのか、それとも反対に有害であったのか》という問題がアカデミー・フランセーズから懸賞論文として出される。(35) 一七九一年にはトーマス・ジェファーソンとジェームズ・マディソンが〈コロンビア特別区〉を作り、この地区はのちに首都ワシントンとなる。やっとコロンブスがアメリカに戻ったのだ。

翌一七九二年にはヨーロッパでいろいろなことがあり、三百年祭を祝うのは二の次となる。〈ドル〉が作られ――三世紀前にジェノヴァでリラが作られたように――、イギリスが経済=世界を支配し、アメリカ大陸の植民地を維持するのに疲れきったフランスは、ヨーロッパ全体を相手に戦争をする。それでもヴァルミー〔の戦い〕では勝利を収める。ルージェ・ド・リールが〈ラ・マルセイエーズ〉を書く。またギロチンがはじめて使用される。ユダヤ人がはじめて完全な市民となる。その年に神聖ローマ皇帝となったオーストリアのフランツ二世は、自分が最後の皇帝になることは知らない。大帝国のロシアとトルコが和平条約を結び、東欧の同盟関係を強化する。パンジャブ地方ではランジート・スィンフがシーク教徒の王となり、王国をかなり拡大する。アジアが歴史の中に戻るのだ。

新大陸はその過去に思いを巡らし始める。メキシコが一八二一年に独立する。一八二六年にはフェニモア・クーパーが『モヒカン族の最期』をニューヨークで出版するが、これは以後ずっとこの妙な名前がつけられるインディオに対する入植者たちの関心をはじめて示すもののひとつである。一八二八年にはイギリスから戻った青年ワシントン・アーヴィングがコロンブスの――偶像崇拝的な――最初の伝記を英語で出版する。その四年後に彼はインディオについて『極西部の草原』を書くが、ロッキー山脈で行われる悲劇は何も見ていない。一八四〇年頃に北軍の一青年フランシス・モーティマーは、一七六四年にフランス人によって建設されたセントルイスに来て、ヨーロッパ人がそこを通り過ぎる時期のインディオを研究し、『オレゴンへの道』の中で西欧の征服による惨状を述べ始める。一八四五年頃、〈ユマニスム〉は十五世紀末の哲学《フィロゾフィー》を意味している。そのあと〈ルネサンス〉と〈クゥアトロチェント（一四〇〇年代）〉という言葉が現れる。南北戦争の兆しが現れ、少なくとも公的に奴隷制度が終わるか終わらないかの頃に、コロンブスはその栄光の絶頂に近づく。一八六六年には、まさに戦争状態の中、コロンブスをヴァチカンから聖化してもらおうという考えさえ出される（彼は贖罪《しょくざい》の苦行のあいだ粗布の苦行衣を着ていたとの主張がなされる）。その計画は四百年祭直前の一八九一年に頓挫するが、それはインディオに対する彼の態度のせいではなく、彼が私生児を持ったためである。もしフェルナンドがいなかったら、聖人クリストファー・コロンブスとなるところだった。

一八九二年には、アメリカ大陸は世界のすべての貧しい人々にとって地上の楽園となるが、一方ヨーロッパ人はアフリカとアジアの最後の植民地を必死になって強化する。ラテンアメリカが政治的独立を勝ち取る。イギリスが絶大な力を持つ。ロシアは孤立し、労働者の反乱が勝利を得る。プロイセンに社会主義インターナショナルが結成され、クララ・ツェトキンが最初の婦人社会主義雑誌『平等』を創刊する。植民地共和国となったフランスでは、ゾラが『崩壊』を、ヴェルレーヌが『内心の祈禱の歌』を出版する。ヘルツルがユダヤ国家再建運動《シオニズム》に取り組み、ルドルフ・ディーゼルが最初の内燃機関を開発する。この年はラヴァショル事件〔アナーキストで、この年処刑〕の年であり、とくにパナマ運河疑獄事件があり、フランスで《アメリカ発見》を祝うことができない。ただコルシカ島のカルヴィでは十月十日に、たまたま両親がスペインとジェノヴァの間を旅行しているときに生まれた家らしいと想像されているコロンブスの《生家》跡で式典が行われている。[138]

その代わりアメリカ合衆国やスペインやイタリアで四百年祭が行われる。ジェノヴァでは《コロンブス展》が開催される。ニューヨークでは一八九二年十月九日と十日にセントラルパークでコロンブスの彫像の除幕式が行われ、数多くの宗教儀式、四万人の子供たちと五万人の兵士たちの行進、国際的な海軍パレード、それにブルックリン橋から打ち上げられる巨大な花火が企画される。ドミニカの大統領はコロンブスの遺品をアメリカ合衆国に十万ドルで売ろうとする。[138] そうしたものは一七九六年からキューバにもあるのだが……

スペインでは式典はもっと地味である。政治的状況のためにそれ以上はできないからだ。八月一日に〈ホアキン・ブレラード号〉の曳航《えいこう》する〈サンタ・マリア号〉の模型船がスペイン、フランス、イギリスの船に護衛されて――植民地の支配者たちの妙な同盟――カディスを離れ、ウェルバに向かう。ウェルバでは海軍大臣から歓迎を受ける。八月二日午後に闘牛が行われたあと、カラヴェル船は護衛艦につき従われて、提督の航海をもう一度行うためにその出航地となったはずのパロスに向かう。ミサを行う予定の司祭が遅れたために、[138] 出発は八月四日に延期され、パロス市長と合衆国大統領ハリソンとの間で電報が交換される。十月八日に幼い王アルフォンソ十三世と摂政の王母マリア・クリスティーナがセビーリャに到着する。さまざまな式典が大聖堂とアルカサルで行われる。十月九日には王室の人々が列車でカディスに到着する。一般大衆との触れ合いや大聖堂でのミサがあり、夜には市役所で舞踏会が催される。十月十日に王のヨットと護衛艦がカディスを離れてウエルバに向かい、そこで王妃は《アメリカ研究者会議》の閉会宣言をする。十月十二日にはラ・ラビダ修道院でコロンブスの栄誉をたたえる記念碑の除幕式が行われ、その日がスペインの国民の祝日となる。[139]王室の人々は（いわゆる式典のあと）しばらくの間グラナダに滞在する予定であったが、幼い王アルフォンソ十三世の体調がすぐれないため、この旅行は取りやめとなる。十一月三日にグラナダで暴動が起こり、祝典のすべての準備がぶち壊しになる。[116]

この一八九二年には、天然痘やアルコール、居住指定地やひどい条約によって破壊されつづけているインディオのアメリカについて真面目な批判的意見はほとんどない。少なくとも二つの大陸で現実にまだ存在している奴隷制度についても同様だ。ちょうど一八九二年にモーティマー自身が書いた『オレゴンへの道』の再版の序文があるだけだ。その中で彼は書いている。《インディオはその征服者の醜い戯画となっており、インディオを空想的な、恐ろしい、憎むべき存在にしてきたものは彼らから無理やり引き出されたものだ。熊もインディオも悪魔も恐れぬ者、あの大胆不敵な毛皮猟師はもう過去のものだ……我々はこうしたすべてのことを予測していなかった。だからもしそれを予測していたら、正道をはずれたという多少の後悔心が我々の喜びあふれる熱情を弱めてくれたかもしれない》

ヨーロッパでは一九二〇年代になると、人々はこれまでになくルネサンスや《失われた時》に関心を抱く。人々は消えてゆく具象芸術を理解しようと努める。一九二八年には、今日でも参考文献として多くの人々に認められているモリソンによるコロンブスの伝記が出るが、それ以前に出された伝記と大同小異である。あえて名前は言わないでおくが、ある人物、ヨーロッパの新たな怪物が大陸を純化し、そこに「新しい人間」を作り上げねばならないと書く。彼が言うには、排除すべき人間はやはりユダヤ人なのだ。作り出すべき「新しい人間」の名は、今度は《アーリア人》〔ナチスが白人の純粋種として想定した〕だ。もう少し東では、それはやがて《コミュニスト》になるだろう。

それでは今日はどうだろうか。この五百年祭に際してヨーロッパは少しばかり改悛《かいしゅん》の情を示す。《出会い》《ランコーントル》と言い、もはや《発見》《デクヴィルト》とは言わなくなる。微々たる進歩だ。人々は相変わらず民主主義、人権、理性、科学、進歩といった概念を知らせたことを誇らしく思っている。人々は当時の夢についても、《必然的な》《避けられない》《意図しない》虐殺についても、何ひとつ後悔していない。

一四九二年のあり余るはどある中から、何を取り出すべきだろうか。

まず〈過去〉（ユダヤ教とイスラム教に対して）、〈現在〉（梅毒に対して）、〈未来〉（新世界に対して）を勝手に捏造するヨーロッパの〈純潔に対する強迫観念〉。

つぎに〈社会の周縁に生きる人間《マルジノー》たちの勝利〉。ベーハイムとネブリハ、コロンブスとアブラヴァネール、ピーコ・デラ・ミランドラとフィチーノ、こうした空想家や著作家は、彼らが求めていなかったものを見つけることになったのだ。マキャヴェリは書いている。《運命は、大事をなそうと思い、また運命から与えられる好機を認識するだけの知力と能力のある人間につかまえられるときは、よいものである》。世紀全体がこの文章の中にある。あの反逆児たち——商人、芸術家、探検家、数学者、哲学者たち——は、新しい人間たちのために地上の楽園を探し求めていたのだ。

最後に、一四九二年は〈大陸＝歴史の形成の仕組み《メカニスム》〉を明らかにする。〈大陸＝歴史〉となるために、ひとつの政治的空間は、その過去から身を清め、その土地から邪魔者たちを追放し、ひとつの歴史、征服に値するひとつの空間、移住させるのに適したひとつの地上の楽園、作り出すのに都合のよい「新しい人間」を勝手に捏造することになる。

要するに、中世でもあり近代でもある一四九二年のこれらの出来事は、そこから引き出すべき教訓については、注意して眺められねばならない。

今日、状況は全く変わっている。規模も投資するお金も同じではない。もはや一四九二年は、いかなる点においても単なる比喩《メタフォール》にしかなりえないのかもしれない。世界は人口が二十倍になり、豊かさは百万倍になり、軍備は十億倍になり、人々はそこできわめて強力なエネルギーを自由に使用している。通信手段《メディア》は口頭でも文書でも比較にならないほど速くなり、残虐行為に及ぶ力は相対的にものすごく巨大になっている。確かに、一四九二年があったために、今日のヨーロッパは大西洋的であって地中海的ではなく、征服的であって愛想がよくなく、自らの芸術作品を自慢し、民族大虐殺のことは忘れている。その他の世界は、一四九二年があったために、ヨーロッパ由来の名前で呼ばれている。新しい土地で、人々は「新しい人間」をでっち上げ、過去の全くない社会を作り上げたいと思いつづけている。アメリカという植民地は地球第一の強国となり、ほんの少し前には「旧世界」をそれ自身の悪魔から救いさえしている。

地政学的には、ヨーロッパはもはや〈大陸＝歴史〉ではない。十五世紀のイギリス人のように、今日のヨーロッパ人は平和と強い経済力を夢見ている。またブルゴーニュ人のように、連邦組織の統一を夢見ている。インディオのように、人権と創造を夢見ている。またスペイン人のように、栄光を夢見ている。そしてフランス人のように、彼らは偉大さを夢見ている。ヨーロッパは分裂に脅かされ、五世紀にわたって荒廃をもたらした植民地開発に疲れ果てて、東を忘れていたことに不安を抱いて再び方向転換する。もはや大西洋ではなく東に向かってである。ヨーロッパの《中心》はもはやアントワープとかアムステルダムとかロンドンではなく、パリとベルリンだ。ヨーロッパの人口は、他の世界の人口と比較すると、その比率は一四九二年時点の二分の一である。ヨーロッパは自らの悪魔たちと縁を切るために寄り集まり、ヨーロッパを構成する国々──それ自身民族の寄り集まりだ──を忘れようとしている。しかしヨーロッパはもはや──あるいはまだ──自らを〈大陸＝歴史〉と考える方策を取り戻せないでいる。

数十年前からそう〔大陸＝歴史と〕なったのはアメリカである。ヨーロッパの記憶が印刷術とともに知られたように、アメリカの記憶は映画とともに形成されたが、映画によって綴ることができたその誕生の歴史つまり中西部の輝かしい征服は、グラナダに関してスペイン人が自慢していたのと同じくでたらめなものだ。今日のアメリカはさらに一歩進めて、勝手にルーツを捏造しようとさえしている。まず西洋の価値基準（民主主義と市場）のアメリカ化というプロセスが見られ、それがヨーロッパ生まれであることを忘れようとする人たちがいる。それから一九九二年の重要な出来事として、アメリカにおいてさえ混血の拒否が——各人が自分の過去を好きなように語り、その遺産をひとつの大陸の住人としてではなく、個人あるいはひとつの集団の一員として選択しようとする意思によって示される拒否が——あるかもしれない。

より一般的には、十五世紀のヨーロッパでイスラム教徒やユダヤ人を追放したように、自分の領土あるいは集団から《他者《よそもの》》を追放する危険はどこにでもある。ヨーロッパでもアメリカでも、《他者》が《社会》の中に溶け込むことができない問題について、同化と排斥をめぐって同じ論争が見られる。悲しいことに純潔の時代が戻ったのだ。もはや人民《ピープル》はどこでも、ブロワの全国三部会で大法官〔フィリップ・〕ポがそのすばらしい表現の中で言っていた《王国の住民全体》といったものではなくなるおそれがある。

それでも世界はますます、暑い地域と寒い地域、黒人と白人、北と南との混血の場所となっている。アメリカはひとりのスペイン下級貴族がひとりのインディオ女性を犯した産物だ、とメキシコ人はよく言う。それが世界なのだ。混血し、混ざり合い、そうした曖昧さから自らの力を引き出すのだ。

一四九二年は、人々が過去を葬り去れないことを教えている。過去がいつもあなた方の顔に現れるのだ。そして未来に影響を及ぼす。白紙のページはない。

〈新しい大陸＝歴史〉は環太平洋にも出現するかもしれない。アニメーションと合成画像を用いて、イデオロギーも地上の楽園もないたくさんの放浪者《ノマド》の世界が作り出されている。東京からは、マルコ・ポーロやマゼランは何と言われるのだろうか。そして広島からはどうだろうか。

北の言語が南の武器となる。北アメリカにおけるスペイン語、マグレブにおけるフランス語は新しい混合集団、新しい混血集団の表現手段だ。アメリカ合衆国のヒスパニック化、ヨーロッパのイスラム化。これらは巡り合わせだろうか。こうして少しずつ〈大陸＝歴史〉を南へ移動させ、その記憶を保ちつづけるのだ。

アフリカから見た世界が語られる日はいつか来るのだろうか。ヨーロッパではアフリカがスワヒリ語でどのように呼ばれるのかを知るだけなのだろうか。

これからどんな世界が開かれるのだろうか。新しい地上の楽園はどこになるのだろうか。私は、新しい地上の楽園がオリノコ川に代わって、〈麻薬〉——地図のない大陸の旅——と〈実験室〉になるのではないかと恐れている。実験室では、遺伝学に対する幻想が西洋の夢の最後の不幸を生み出し、純潔の保持と人為的淘汰という究極の暴挙が行われるのだ。これはもう創造《アルティフェックス》の世界ではなく、操作《アルテファアクト》の世界だ。

誰が反逆児になるのだろうか。その人たちの声はどこで聞いてもらえるのだろうか。世界にひとつの場所を得ることだけを夢見ている人々の声を聞かずに、彼らは世界を変えるのだろうか。

どこかにコロンブスやダ・ヴィンチ、ネブリハやベーハイムのような人たちが存在し、また機会あらば栄誉を掠《かす》めようと待ち構えているヴェスプッチやボルジアのような人たち、夢を遠ざけるコルテスやアルブケルケのような人たちも存在している。

まもなくまた別の世界が始まる。これまでの世界と同じように偶然と激しい欲望からなる世界が。その世界もまた海から海へと移動し、他者の追放の上に自らを構築し、純潔を追い求め、自らの残虐行為を忘れ、地上の楽園の名において人類を破壊するかもしれない。

我々がこの記念祭を契機に、混血の美しさ、反逆児たちの偉大さ、優しさの徳に思いを巡らし、ひとかたまりの「地球」としてその歴史を受け入れることができないかぎりは。

# お礼の言葉

好意的な助言を与えてくれたクロード・デュラン、めんどうな最終原稿の読み直しをしてくれたドゥニ・マラヴァルとその手伝いをしてくれたセルジュ・ヴァルリ、参考文献をチェックしてくれたジャンヌ・オズネ、以上の方々の助力がなかったならばこの書物は完成を見なかっただろう。

# 訳者あとがき

本書はJacques ATTALI, *1492*, Fayard, 1991／1992（ジャック・アタリ『一四九二年』）の全訳であり、著者が訂正を加えた一九九二年版テキストにもとづいて訳出した。原著タイトルはコロンブスの西インド諸島到達の年を示していることはいうまでもないが、訳書では著者の主張を前面におし出して『歴史の破壊　未来の略奪』とし、サブタイトルとして「キリスト教ヨーロッパの地球支配」を付した。

本書の訳出に際して昨年（一九九二年）夏に訳者に届けられた著者の訂正表には「十七刷のために」と記されているから、本書が出版直後から多数の読者を獲得し、版を重ねたことがわかる。そのあと本書は「リーヴル・ド・ポッシュ（ポケット・ブック）」叢書にも入ったから、今後も数多くの人々に読まれるにちがいない。

著者ジャック・アタリは一九四三年アルジェリア生まれのユダヤ系フランス人。一九五六年パリに移り、理工科学校を卒業、パリ政治学院、鉱山大学校、国立行政学院といったフランスのエリート校を修了する。経済学国家博士。国務院審議官を務めるかたわら、理工科学校、パリ第九大学で理論経済学の講義を担当する。その後、当時のミッテラン社会党第一書記の経済顧問に就き、一九八一年にミッテラン政権の誕生とともに大統領特別顧問となる。そして一九九一年四月には欧州復興開発銀行（旧ソ連・東欧支援のための専門金融機関）初代総裁に就任するが、今年（一九九三年）六月に任期を残して総裁を辞任している。

　この間アタリは、一九七三年以来ほぼ毎年著作を公にしている。そのうちこれまで邦訳されたものを挙げておこう。

『アンチ・エコノミクス』（斉藤日出治他訳、法政大学出版局、一九八六年）——*L'Anti-économique*, PUF, 1974.

『情報とエネルギーの人間科学——言葉と道具』（平田清明・斉藤日出治訳、日本評論社、一九八三年）——*La Parole et l'outil*, PUF, 1976.

『音楽／貨幣／雑音』（金塚貞文訳、みすず書房、一九八五年）——*Bruits*, PUF, 1977.

『カニバリスムの秩序』（金塚貞文訳、みすず書房、一九八四年）——*L'Ordre cannibale*, Grasset, 1979.

『時間の歴史』（蔵持不三也訳、原書房、一九八六年）——*Histoires du Temps*, Fayard, 1982.

　現代世界の分析と理解を試みるアタリの主題と関心が、既成の狭い学問領域を超えて新しい知の領域に及んでいることは、これらの著作からも容易にうかがわれよう。

以上の略歴に見る現代フランスの英才アタリの、精力的かつ華々しい政治的・社会的活動と著作活動には目を見張るものがある。まだ五十歳になるかならぬかのアタリであるから、今後ますます活発な活動と発言をつづけることはまちがいあるまい。

なお『朝日新聞』一九九三年五月二十二日付の記事によると、最近アタリはエリゼ宮(仏大統領府)の毎日をまとめた『ベルバタム』という著作を出版し、それがベストセラーになっている(また各国首脳の「問題発言」や著名人の発言の無断引用などで物議をかもしている)という。

＊

さて昨年(一九九二年)はコロンブスのアメリカ大陸到達から五百周年に当たり、コロンブス伝や当時のアメリカ大陸に関する書物が内外で数多く出版された。アタリの本書も「一四九二年の五百年祭」に向けて書かれたものであるが、その内容は西欧史観によるこの記念祭に対してきわめて批判的で、挑戦的とすら言える。以下、アタリの文章を引用しながら、本書の内容を簡単に紹介しておこう。

アタリは一四九二年という年が近代ヨーロッパの、否世界の歴史においてきわめて重要な意味を持ったことを指摘し、その理由を次のように述べる。それは「今日重要なほとんどすべてのことは、善いことも悪いことも、あのときに決まった」（一四ページ）からであり、この年が「文化的・政治的・経済的に今日あるような世界を」（三〇四ページ）作ったからである。そして一四九二年以降、世界の支配者となったヨーロッパは「自分の思うままに歴史を語り、それを改竄《かいざん》するか、勝手に想像」し（三〇四ページ）、自らの残虐行為は隠して、〈進歩〉という名において「発見から征服へ、次いで征服から開発へと移」り、「〈よりよいもの〉の源泉として自らの価値を認めさせる」からである（三〇七ページ）。「一四九二年以前にはまだ選択の可能性が数々ある」のに、「一四九二年にその選択がなされ」（三〇四ページ）、一四九二年以降どうしてこのようなことになったのか。その仕組《メカニスム》みを理解するために、これまでの歴史分析にあきたらないアタリは、「全体がまとまって、ある〈時点〉ある〈日時〉を構成するあらゆる出来事の詳細にまで入り込む」（一四ページ）方法をとる。

第I部（ヨーロッパを捏造する）において、アタリは彼が「〈大陸＝歴史《コンティナン＝イストワール》〉と名づけるもの、世界の歴史を決定し、その解釈を他者に押しつけるのに十分な思想的・経済的・政治的な力を備えたひとつの空間となる」（二六ページ）一四九二年直前までのヨーロッパを七つの側面（目次を参照）から述べていく。その記述はきわめて具体的であり、アフリカとアジアの両大陸を含めて諸々の事実や出来事を記し、それらを積み重ねていく。その中でもアタリは、ヨーロッパがイスラム教徒、次いでユダヤ人を排斥し追放して、勝手なヨーロッパ像を捏造しようとした点、また一四九二年のアメリカ大陸到達は単なる〈発見〉

ではなく、ヨーロッパ社会の発展から必然的に生まれたひとつの〈出会い〉である点を強調している。

第II部（一四九二年）では、アタリはその年に起こった出来事を、一月から十二月まで年表形式で細大もらさず記していく。きわめて詳細なヨーロッパ史年表を作成するかのように、数多くの文献を参照援用して、もろもろの出来事を具体的かつ立体的に記述していく。その中で中心となる出来事はスペインのグラナダ陥落、ユダヤ人追放であり、コロンブスの航海とアメリカ大陸到達である。

第III部（歴史を捏造する）では、今や非ヨーロッパ的なもの（イスラム教徒、とくにユダヤ人）を排除し、自らを「キリスト教ヨーロッパ」として定義するヨーロッパが行なった数々の蛮行、ヨーロッパで起こった諸々の出来事が述べられる。〈キリスト教化〉〈進歩〉という名において世界征服に乗り出し、とくに新大陸では新しい土地を征服し植民地化し、先住民を大量虐殺するヨーロッパ。一四九二年の出来事が近代市民階級《ブルジョワジー》のモラルを形成し、ユダヤ人追放がモンテーニュとかスピノザのような〈近代知識人〉を誕生させることになったヨーロッパ。そして「キリスト教ヨーロッパ」という連邦統一の夢が消え去り、それに代わって「ナショナリズムという新しい爆発の点火装置が始動」（四〇四ページ）するヨーロッパである。

以上のようにアタリは、一四九二年を中央に置き、その前後を左右に配置した、いわば三枚綴りの絵の中に、その時期を構成するあらゆる出来事を書き込んでゆく。しかしそれは、もろもろの出来事の単なる列挙ではなく、アタリの歴史分析と理解の方法にもとづいたものである。つまり本書の中でアタリは、従来の歴史叙述では無視されたり省略されたりしがちな、一見不規則な、あるいは、無関係に見えるあらゆる事実や出来事を提示し、そこからそれらの因果関係や「そのあとすぐに人々の記憶に刻まれることになる急激な変化や急展開や主観的な事柄を見つけ出」(一四ページ)そうと試みている。というのも一四九二年以降ヨーロッパが自らの歴史を捏造するように、「歴史はそれを構成する断片を隠す」からであり、「一四九二年の《真実》はさまざまに変化するからだ」(四一九ページ)。「結び」の中でアタリは、これら「一四九二年」の出来事から、現在および未来へ向けての教訓を引き出し警告を発しているが、われわれ読者もこの挑戦的とも言える「アタリの一四九二年」から、固有の近代ヨーロッパ像、世界像を自ら構築し、固有の教訓を引き出すことができるだろう。

ちなみに今年(一九九三年)は国連が制定した「国際先住民年」の一年目である。

＊

一四九二年前後の一時期とはいえ、巻末の「参考文献」を縦横に駆使して四大陸にわたる諸々の事実や出来事を盛り込んでいくアタリのこの書物を翻訳することは容易ではなかった。次々に出てくる出来事の歴史的背景の理解や、おびただしい数の固有名詞(人名、地名など)の調査に手間取り、ときにはアタリ独特の簡潔な表現と文体の訳出に悩みながらも、本書の翻訳をともかく終えることができたのは、多くの方々のご協力による。とくに、中世関係については篠田勝英氏（白百合女子大学）、スペイン関係については牛島信明氏（東京外国語大学）、ユダヤ関係については関根清三氏（東京大学）、アメリカ関係については清水知久氏（元日本女子大学）、アフリカ関係については同僚の和崎春日氏、難解なラテン語およびフランス語については、それぞれ同僚の新海邦治氏およびB・P・レッルス氏にご指導とご教示をいただいた。この場を借りて心から御礼申しあげる。また本書の翻訳を訳者を勧めてくれた宮下志朗氏（東京大学）にも御礼申しあげたい。最後に、本書の出版にあたって、一方ならずお世話になった朝日新聞社書籍第一編集室の方々に感謝申しあげる。

一九九三年十一月

斎藤広信

# 文庫版あとがき

このたび本訳書を「ちくま学芸文庫」に収録させていただくことになった。収録に際して旧訳を読み返して手直しし、また細かな歴史的事項について原書の誤記あるいは疑問点を検討することができた。もとよりこれは訳者の無知と不注意によるものであるが、このような機会を得られたことを嬉しく思っている。なお本訳書のタイトルは、編集部の提案を受け、『1492　西欧文明の世界支配』に改めた。今回の編集出版に際してお世話になった高田俊哉さん（ちくま学芸文庫編集室）にお礼申し上げる。

著者のジャック・アタリは本書の刊行以後も、経済・政治・歴史などの分野にわたり多くの著作を公にしている。日本でもそのいくつかは翻訳され、最近では二〇〇六年の著書『21世紀の歴史』（邦題）が話題を呼んでいる。

またアタリは一九九八年に貧困層を支援するNPO団体「プラネットファイナンス」を創設し、現在も会長を務めている。さらにサルコジ大統領の諮問委員会委員長としても活発な活動と発言をつづけている。

本書（原題は『一四九二年』）は、コロンブスのアメリカ大陸到達五百年祭に合わせて執筆された。近代世界の夜明けとされる時代をグローバルな視点から大胆かつ批判的に分析し、西欧文明の支配とそれにつづく現代がどのような世界であるのかを示唆した本書の内容は、刊行から十数年を経た今もなお新鮮で刺激的である。読者はこの〈アタリの一四九二年〉をどのように読まれるであろうか。

訳者

二〇〇九年十一月

## 【人名索引（王朝・家を含む）】

### あ

## え



## お



## か

## き



## く



## け

し

## す



## せ



## そ



## た



## ち

## つ



## て



## と

## な



## に



## ぬ



## ね



## の



## は



## ひ

## ふ

## ほ

## ま



## み



## む



## め

## も



## や



## ゆ



## よ



## ら

ろ



〈人名索引〉は，原書の索引をもとに作製した。（訳者）

## 【参考文献】

1. ANTONETTI P., *Histoire de Florence*, Paris, Laffont.
2. ARIÉ R., *L'Espagne musulmane au temps des Nasrides (1232-1492)*. Thèse d'État, Paris III. Paris, E. de Boccard, 1973.
3. ATTALI J., *Bruits*, Paris, P.U.F., 1977.
4. ATTALI J., *L'Ordre cannibale*, Paris, Grasset, 1979.
5. ATTALI J., *Histoires du temps*, Paris, Fayard, 1982.
6. BENNASSAR B. et L., *1492, un monde nouveau ?* Paris, Perrin, 1991.
7. BENOIT P., «Calcul, algèbre et marchandise», *in* SERRES M. (sous la direction de), *Éléments d'histoire des sciences*, Paris, Bordas, 1988.
8. BÉRANGER J., *Histoire de l'Empire des Habsbourg (1273-1918)*, Paris, Fayard, 1990.
9. BOORSTIN D., *les Découvreurs*, Paris, Seghers, 1986.
10. BOUDET J., *Chronologie universelle*, Paris, Bordas, 1988.
11. BRAUDEL F., *La Méditerranée et le monde méditerranéen à l'époque de Philippe II*, Paris, Armand Colin, 1966.
12. BRAUDEL F., *Civilisation matérielle, économie et capitalisme*, 3 vol., Paris, Armand Colin, 1979.
13. BRAUDEL F. et LABROUSSE E. (sous la direction de), *Histoire économique et sociale de la France*, tome 1.
14. LE ROY LADURIE E., MORINEAU M., *1450-1660, paysannerie et croissance*, tome 2, Paris, P.U.F., 1977.
15. BRION M., *Laurent le Magnifique*, Paris, Albin Michel, 1937.
16. CARDINI F., *1492, l'Europe au temps de la découverte de l'Amérique*, Paris, Solar, 1990.
17. CARPENTIER A., *La Harpe et l'Ombre*, Paris, Gallimard, 1979.
18. CARRIVE P. et MANDEVILLE B., *Passions, vices, vertus*, Paris, Vrin, 1980.
19. CÉLÉRIER P., *Histoire de la navigation*, Paris, P.U.F., 1968.
20. CHANDEIGNE, *Lisbonne hors les murs (1415-1580)*, Paris, Autrement, n° 1., septembre 1990.
21. CHASTEL A., *Italie, 1460-1500*, Gallimard, «L'Univers des Formes», 1965.
22. CHAUNU P., *L'Expansion européenne du XIII$^{e}$ au XV$^{e}$ siècles*, Paris, P.U.F., Nouvelle Clio, 1969.
23. CHAUNU P., *Conquête et exploitation des nouveaux mondes (XVI$^{e}$ siècle)*, Paris, P.U.F., Nouvelle Clio, 1969.

24. CHAUNU P., *Le temps des réformes. La crise de la Chrétienté ; l'éclatement (1250-1550)*, Paris, Fayard, 1975.
25. CHAUNU P., *Séville et l'Atlantique aux XVI^e^ et XVII^e^ siècles*, Paris, Flammarion, 1977.
26. CHAUNU P., *Les Amériques : XVI^e^, XVII^e^, XVIII^e^ siècles*, Paris, Armand Colin, 1976.
27. CHEVALLIER J. J., *Histoire de la pensée politique*, 3 vol., Paris, Payot, 1979.
28. CHOISY A., *Histoire de l'architecture*, 2 vol., Paris, Gauthier-Villars, 1899. Réédition, Genève-Paris, Slatkine, 1982.
29. CLOULAS I., *Les Borgia*, Paris, Fayard, 1987.
30. CLOULAS I., *Laurent le Magnifique*, Paris, Fayard, 1982.
31. CLOULAS I., *Charles VIII et le mirage italien*, Paris, Albin Michel, 1986.
32. COLOMB Christophe, *Journal*, La Découverte, nouv. éd., 1991.
33. COMMYNES DE Philippe, *Hystoire faicte et composée par...*, Paris, 1524.
34. CROIX R. de la, *Des navires et des hommes. Histoire de la navigation*, Paris, Fayard, 1864.
35. DEBRAY R., *Les Visiteurs de l'aube*, Paris.
36. DEDIEU J.-P., *L'Inquisition*, Paris, Éditions du Cerf, 1987.
37. DELORME J., *Thomas More*, Paris, 1936.
38. DELUMEAU J., *La Civilisation de la Renaissance*, Paris, Arthaud, 1984.
39. DESCOLA J., *Histoire d'Espagne*, Paris, Fayard, 1979.
40. DAUFOURCQ C. E., GAUTIER-DALCHÉ J., *Histoire économique et sociale de l'Espagne chrétienne au Moyen Age*, Paris, Armand Colin, 1976.
41. DUMAS J.-L., *Histoire de la pensée*, tome 2, Paris, Tallandier, 1990.
42. DUMUR G., *Histoire des spectacles*, Paris, La Pléiade, 1981.
43. DURAND F., *Les Vikings*, Paris, P.U.F., 4^e^ éd., 1985.
44. DURANT W., *Histoire de la civilisation : La Renaissance*, Paris, Rencontres, 1963.
45. EHRENBERG R., *Le Siècle des Fugger*, Paris, S.E.V.P.E.N., 1955.
46. FAVIER J., *De l'or et des épices. Naissance de l'homme d'affaires au Moyen Age*, Paris, Fayard, 1987.
47. FAVIER J., *Les Grandes Découvertes, d'Alexandre à Magellan*, Paris, Fayard, 1991.
48. FINOT J., *Étude historique sur les relations commerciales entre la Flandre et l'Espagne au Moyen Age*, Paris, A. Picard et fils, 1899.
49. FLEG E., *Anthologie juive des origines à nos jours*, Paris, Flammarion, 1956.
50. FOSSIER R. (sous la direction de), *Le Moyen Age*, tome 3 : *Le temps des crises (1250-1520)*, Paris, Armand Colin, 1983.

51. GACHARD M., *Les monuments de la diplomatie vénitienne considérés sous le point de vue de l'Histoire moderne en général et de l'Histoire de la Belgique en particulier*, Mémoire présenté à la séance de l'Académie royale, le 7 mars 1853, par M. Gachard, archiviste général du royaume de Belgique.
52. GAXOTTE P., *Histoire de l'Allemagne*, Paris, Flammarion, 1975.
53. GERMA P., *Depuis quand ? Ces choses de la vie quotidienne*, Paris, Berger-Levrault, 1936.
54. GERNET J., *Le Monde chinois*, Paris, Armand Colin, 1972.
55. GILLE B. (sous la direction de), *Histoire des techniques*, Paris, Gallimard, La Pléiade, 1978.
56. GIRAUD Y. et JUNG M. R., *La Renaissance*, tome 1 (1480-1548), Paris, Arthaud, 1972.
57. GODINHO V. M., *Les découvertes, XV^e^-XVI^e^ : une révolution des mentalités*, Paris, Autrement, série Mémoires. Supplément au n° 1, 1990.
58. GORIS J. A., *Étude sur les colonies marchandes méridionales à Anvers de 1488 à 1567*. Contribution à l'histoire des débuts du capitalisme moderne, Louvain, Uystpruyst, 1925.
59. GRUZINSKI S. et BERNAND C., *Histoire du nouveau monde*, tome 1, *De la découverte à la conquête*, Paris, Fayard, 1991.
60. GUICCIARDINI, *L'Histoire d'Italie*, Paris, 1568.
61. JOSEPH HA-COHEN, *La Vallée des Pleurs*, traduction française, 1881.
62. HEERS J., *Gênes au XV^e^ siècle : civilisation méditerranéenne, grand capitalisme et capitalisme populaire*, Paris, Flammarion, 1971.
63. HEERS J., *Christophe Colomb*, Paris, Hachette, 1981.
64. HEERS J., *L'Occident aux XIV^e^ et XV^e^ siècles : aspects économiques et sociaux*, Paris, P.U.F., Nouvelle Clio, 4^e^ éd. refondue, 1973.
65. IANCU D., *Les Juifs en Provence (1475-1501) : De l'insertion à l'expulsion*, Institut historique de Provence, 1981.
66. KOYRÉ A., *La révolution astronomique : Copernic, Kepler, Borelli*, Paris, Hermann, 1961.
67. KRIEGEL M., «La prise d'une décision : l'expulsion des Juifs d'Espagne en 1492», *in Revue historique*, 102^e^ année, tome CCLX, Paris, P.U.F., 1978.
68. KRIEGEL M., *Les Juifs à la fin du Moyen Age dans L'Europe méditerranéenne*, Paris, Hachette, 1979.
69. LABANDE-MAILFERT Y., *Charles VIII et son milieu (1470-1498) La jeunesse au pouvoir*, Paris, Librairie C. Klincksieck, 1975.
70. LABANDE-MAILFERT Y., *Charles VIII*, Paris, Fayard, 1986.
71. LANE F. C., *Venise, une république maritime*, Paris, Flammarion, 1975.

72. LARAN M. et SAUSSAY J., *La Russie ancienne*, Paris, Masson, 1975.
73. LEROY B., *Les «Menir» : une famille sépharade à travers les siècles* (*XII*$^{e}$ -*XX*$^{e}$), Bordeaux, C.N.R.S., 1985.
74. LE ROY LADURIE E., *L'État français* (tome 3 de *l'Histoire de France*), Paris, Hachette, 1987.
75. LÉVY R., *Trente siècles d'Histoire de Chine*, Paris, P.U.F., 1967.
76. LICHTENTHAELER C., *Histoire de la médecine*, Paris, Fayard, 1978.
77. LOMBARD M., *L'Islam dans sa première grandeur*, Paris, Flammarion, 1971.
78. LUCAS-DUBRETON J., *La Vie quotidienne à Florence au temps des Médicis*, Paris, Hachette, 1958.
79. MACHIAVEL N., *Le Prince*, Paris, Gallimard, 1986.
80. MADARIAGA DE S., *Christophe Colomb*, Paris, 1952.
81. MAINE R., *Nouvelle histoire de la Marine*. Tome 1 : *De la rame à la voile*, Paris, Éd. Maritimes et d'Outre-Mer, 1977.
82. MAHN-LOT M., *La Découverte de l'Amérique*, Paris, Flammarion, «Questions d'Histoire», 1970.
83. MALO C., *Histoire des Juifs depuis la destruction de Jérusalem jusqu'à nos jours*, Paris, Leroux, 1826.
84. MANTRAN R., *Histoire de la Turquie*, Paris, P.U.F., (5$^{e}$ éd.), 1983.
85. MANTRAN R. (sous la direction de), *Histoire de l'Empire ottoman*, Paris, Fayard, 1989.
86. MARGOLIN J.-C. (sous la direction de), *L'Avènement des temps modernes*, Paris, P.U.F., «Peuples et Civilisations», 1977.
87. MARIÉJOL J.-H., *L'Espagne sous Ferdinand et Isabelle*, Paris, Librairies-Imprimeries Réunies, 1892.
88. MAUROIS A., *Histoire d'Angleterre*, Paris, Fayard, 1978.
89. MENDEZ BEJARANO M., *Histoire de la Juiverie de Séville*, Madrid, Editorial Ibero-Africano-Americana, 1922.
90. MÉTRAUX A., *Les Incas*, Paris, Seuil, 1962.
91. MÉTRAUX A., *Religions et magies indiennes d'Amérique du Sud*, Paris, Gallimard, 1967.
92. MOLLAT M., *La Vie quotidienne des gens de mer en Atlantique* (*IX*$^{e}$-*XVI*$^{e}$ *siècles*), Paris, Hachette, 1983.
93. MONTAIGNE, *De la vanité*, Rivages, «Petite Bibliothèque», Paris, 1989.
94. MUNTZ E., *Histoire de l'art pendant la Renaissance*, tome 2 : *Italie, l'Age d'or*, Paris, Hachette, 1891.
95. NEHRER A., *David Gans* (*1541-1613*) *: disciple du Maharal, assistant de*

*Tycho Brahé et de Jean Kepler*, Paris, Klincksieck, 1974.

96. PAPIN Y.-D., *Précis de chronologie de civilisation française*, Paris, Albin Michel, 1981.
97. PÉREZ J., *Isabelle et Ferdinand, Rois Catholiques d'Espagne*, Paris, Fayard, 1988.
98. POLIAKOV L., *Histoire de l'antisémitisme*, 3 vol. Tome 2 : *de Mahomet aux Marranes*, Paris, Calmann-Levy, 1961.
99. POSTAN M. et HILL C., *Histoire économique et sociale de la Grande-Bretagne*, 2 vol., Paris, Seuil, 1977.
100. REISCHAUER E.-O., *Histoire du Japon et des Japonais*, 2 vol., Paris, Seuil, 1973.
101. RENOUARD Y., *Histoire de Florence*, Paris, P.U.F., (3e éd.), 1974.
102. RESENDE G. DE, *Recollection des merveilles advenues en notre temps*, 1534.
103. RIASANOVSKY N.-V., *Histoire de la Russie*, Paris, Robert Laffont, 1987.
104. ROTH C., *Histoire du peuple juif*, 2 vol., Paris, Stock, 1980.
105. SARDELLA P., *Nouvelles et spéculations à Venise au début du XVIe siècle*, Paris, Armand Colin, 1948
106. SCHICK L., *Un grand homme d'affaires du début du XVIe siècle : Jacob Fugger*, Paris, S.E.V.P.E.N., 1957.
107. SCHWARZFUCHS S., *Les Juifs en France*, Paris, Albin Michel, 1975.
108. SEPHIHA H.-M., *L'Agonie des Judéo-Espagnols*, Paris, Entente, seconde édition, 1979.
109. SHAW S., *Histoire de l'Empire ottoman et de la Turquie*, 2 vol., Roanne, Éditions Horvath.
110. SIRAT C., *La Philosophie juive médiévale en pays de chrétienté*, Paris, C.N.R.S., 1988.
111. SOIL H., *Abravanel, Don Isaac, sa vie et ses œuvres*, Paris, Gallimard, 1983.
112. SUAREZ FERNANDEZ L., *Les Juifs espagnols au Moyen Age*, Paris, Gallimard, 1983.
113. TENENTI A., *Florence à l'époque des Médicis ; de la Cité à l'État*, Paris, Flammarion, 1968.
114. THOMAS H., *Histoire inachevée du monde*, Paris, Robert Laffont, 1986.
115. TODOROV T., «Voyageurs et Indigènes» *in L'Homme de la Renaissance*, Paris, Seuil, 1990.
116. VINCENT B., *1492, l'année admirable*, Paris, Aubier, 1991.
117. WACHTEL N., *La vision des vaincus. Les Indiens du Pérou devant la conquête espagnole*, Paris, Gallimard, 1971.

118. WALERY S., «Communication et accumulation du capital : pour une perspective de longue durée» *in Quaderni*, Université Paris-IX Dauphine, n° 12, hiver 1990/1991.
119. WARBURG A., *Essais florentins*, Klincksieck, 1990.
120. WICKERSHEIMER E., *La Syphilis à Genève à la fin du XV$^{e}$ siècle*, communication de 1926.
121. WICKERSHEIMER E., *Dictionnaire biographique des médecins du Moyen Age*, Genève, réimpression 1979.
122. YOVEL Y., *Spinoza and Other Heretics*, 2 vol., Princeton University Press, 1989.

〈編著書および無著者名刊行物〉

123. *L'Amérique en 1492 ; portrait d'un continent*, Paris, Larousse, 1991.
124. *Colloque international d'histoire de la médecine médiévale*, 1985. MOLLAT DU JOURDIN M. : «Hygiène et santé dans les voyages de découvertes.»
125. BIRABEN J.-N., *Hygiène et santé publique en France au Moyen Age.*
126. Comité scientifique international pour la rédaction d'une *Histoire générale de l'Afrique* (UNESCO). *Histoire générale de l'Afrique*, tome 4 : «L'Afrique du XII$^{e}$ au XVI$^{e}$ siècle», sous la direction de NIANE D.T., Unesco, 1985.
127. *Histoire de l'Europe* (sous la direction de Carpentier J. et Lebrun F.), Paris, Seuil, 1990.
128. *Histoire de la famille*, 2 vol., Armand Colin, 1986.
129. *Le Monde de Jacques Cartier. L'Aventure au XVI$^{e}$ siècle*, Berger Levrault, Paris, 1989.
130. *Histoire des femmes en Occident* (sous la direction de Duby G. et Perrot M.), tome 2 : *Le Moyen Age*, Paris, Plon, 1991.
131. *L'Homme de la Renaissance* (sous la direction de Garin E.), Paris, Seuil, 1990.
132. *L'Italie de la Renaissance ; un monde en mutation (1378-1494)* (coordination de Cloulas I.), Paris, Fayard, 1990.
133. Banque de données Blaise-Line de la British Library.
134. *Lisbonne hors les murs (1415-1580). L'invention du monde par les navigateurs portugais*, Paris, Autrement, série «Mémoires», n° 1, septembre 1990.
135. *Voies océanes*, Bibliothèque nationale, Paris, 1991.
136. *Tolède*, Paris, Autrement, série «Mémoires», n° 3, 1991.
137. *Arawak, histoire des Antilles*, SERMON, Tchou.

〈定期刊行物〉

138. *Cahiers français*, n° 244, «L'invention de l'Europe».

139. *Le Siècle*, année 1892.

140. *Le Temps*, année 1892.

本書は一九九四年三月、朝日新聞社より『歴史の破壊　未来の略奪
——キリスト教ヨーロッパの地球支配』という書名で刊行された。

**緑の資本論**　中沢新一

『資本論』の核心である価値形態論を一神教的に再構築することで、自壊する資本主義からの脱出の道を考察した、画期的論考。（矢田部和彦）

**反＝日本語論**　蓮實重彦

仏文学者の著者、フランス語を母国語とする夫人、日仏両語で育つ令息。三人が遭う言語的葛藤から見えてくるものとは？（シャンタル蓮實）

**橋爪大三郎の政治・経済学講義**　橋爪大三郎

政治は、経済は、どう動くのか。この時代を生きるために、日本と世界の現実を見定める目を養い、考える材料を蓄え、構想する力を培う基礎講座！

**フラジャイル**　松岡正剛

なぜ、弱さは強さよりも深いのか？　薄弱・断片・あやうさ・境界・異端……といった感覚に光をあて、「弱さ」のもつ新しい意味を探る。（高橋睦郎）

**言葉とは何か**　丸山圭三郎

言語学・記号学についての優れた入門書。ソシュール研究の泰斗が、平易な語り口で言葉の謎に迫る。術語・人物解説、図書案内付き。（中尾浩）

**〈ひと〉の現象学**　鷲田清一

知覚、理性、道徳等。ひとをめぐる出来事は、哲学の主題と常に伴走する。ヘーゲル的綜合を目指すのでなく、問いに向きあいゆるやかにトレースする。

**空間の詩学**　ガストン・バシュラール　岩村行雄訳

家、宇宙、貝殻など、さまざまな空間が喚起する詩的イメージ。新たなる想像力の現象学を提唱し、人間の夢想に迫るバシュラール詩学の頂点。

**リキッド・モダニティを読みとく**　ジグムント・バウマン　酒井邦秀訳

変わらぬ確かなものなどもはや何一つない現代世界。社会学の泰斗が身近な出来事や世相から〈液状化〉の具体相に迫る真摯で痛切な論考。文庫オリジナル。

**社会学の考え方〔第2版〕**　ジグムント・バウマン／ティム・メイ　奥井智之訳

日常世界はどのように構成されているのか。日々変化する現代社会をどう読み解くべきか。読者を〈社会学的思考〉の実践へと導く最高の入門書。新訳。

**コミュニティ**
ジグムント・バウマン　奥井智之訳
グローバル化し個別化する世界のなかで、コミュニティはいかなる様相を呈しているか。安全をとるか、自由をとるか。代表的社会学者が根源から問う。

**ウンコな議論**
ハリー・G・フランクファート　山形浩生訳／解説
ごまかし、でまかせ、いいのがれ。なぜ世の中、こんなものがみちるのか。道徳哲学の泰斗がその正体とカラクリを解く。爆笑必至の訳者解説を付す。

**世界リスク社会論**
ウルリッヒ・ベック　島村賢一訳
迫りくるリスクは我々から何を奪い、何をもたらすのか。『危険社会』の著者が、近代社会の根本原理をくつがえすリスクの本質と可能性に迫る。

**民主主義の革命**
エルネスト・ラクラウ／シャンタル・ムフ　西永亮／千葉眞訳
グラムシ、デリダらの思想を摂取し、根源的で複数的なデモクラシーへ向けて、新たなヘゲモニー概念を提示した、ポスト・マルクス主義の代表作。

**鏡の背面**
コンラート・ローレンツ　谷口茂訳
人間の認識システムはどのように進化してきたのか、そしてその特徴とは。ノーベル賞受賞の動物行動学者が試みた抱括的知識による壮大な総合人間哲学。

**人間の条件**
ハンナ・アレント　志水速雄訳
人間の活動的生活を《労働》《仕事》《活動》の三側面から考察し、《労働》優位の近代世界を思想史的に批判したアレントの主著。（阿部齊）

**革命について**
ハンナ・アレント　志水速雄訳
《自由の創設》をキイ概念としてアメリカとヨーロッパの二つの革命を比較・考察し、その最良の精神を二〇世紀の惨状から救い出す。（川崎修）

**暗い時代の人々**
ハンナ・アレント　阿部齊訳
自由が著しく損なわれた時代を自らの意思に従い行動し、生きた人々。政治・芸術・哲学への鋭い示唆を含み描かれる普遍的人間論。（村井洋）

**責任と判断**
ハンナ・アレント　ジェローム・コーン編　中山元訳
思想家ハンナ・アレント後期の未刊行論文集。人間の責任の意味と判断の能力を考察し、考える能力の喪失により生まれる〈凡庸な悪〉を明らかにする。

**政治の約束**
ハンナ・アレント
ジェローム・コーン編
高橋勇夫訳

われわれにとって「自由」とは何であるのか——。政治思想の起源から到達点までを描き、政治的経験の意味に根底から迫った、アレント思想の精髄。

**プリズメン**
Th・W・アドルノ
渡辺祐邦／三原弟平訳

「アウシュヴィッツ以後、詩を書くことは野蛮である」。果てしなく進行する大衆の従順化と、絶対的物象化の時代における文化批判のあり方を問う。

**スタンツェ**
ジョルジョ・アガンベン
岡田温司訳

西洋文化の豊饒なイメージの宝庫を自在に横切り、愛・言葉そして喪失の想像力が表象に与えた役割をたどる。21世紀を牽引する哲学者の博覧強記。

**事物のしるし**
ジョルジョ・アガンベン
岡田温司／岡本源太訳

パラダイム・しるし・哲学的考古学の鍵概念のもと、「しるし」の起源や特権的領域を探求する。私たちを西洋思想史の彼方に誘うユニークかつ重要な一冊。

**アタリ文明論講義**
ジャック・アタリ
林昌宏訳

歴史を動かすのは先を読む力だ。混迷を深める現代文明の行く末を見通し対処するにはどうすればよいのか。「欧州の知性」が危難の時代を読み解く。

**プラトンに関する十一章**
アラン
森進一訳

『幸福論』が広く静かに読み継がれているモラリスト、アラン。卓越した哲学教師でもあった彼が平易かつ明快にプラトン哲学の精髄を説いた名著。

**コンヴィヴィアリティのための道具**
イヴァン・イリイチ
渡辺京二／渡辺梨佐訳

破滅に向かう現代文明の大転換はまだ可能だ！　人間本来の自由と創造性が最大限活かされる社会をどう作るか。イリイチが遺した不朽のマニフェスト。

**重力と恩寵**
シモーヌ・ヴェイユ
田辺保訳

「重力」に似たものから、どのようにして免れればよいのか……ただ「恩寵」によって。苛烈な自己無化への意志に貫れた、独自の思索の断想集。ティボン編。

**工場日記**
シモーヌ・ヴェイユ
田辺保訳

人間のありのままの姿を知り、愛し、そこで生きたい——女工となった哲学者が、極限の状況で自己犠牲と献身について考え抜き、克明に綴った、魂の記録。

青色本　L・ウィトゲンシュタイン　大森荘蔵訳
「語の意味とは何か」。端的な問いかけで始まるこのコンパクトな書は、初めて読むウィトゲンシュタインとして最適な一冊。（野矢茂樹）

法の概念〔第3版〕　H・L・A・ハート　長谷部恭男訳
法とは何か。ルールの秩序という観念でこの難問に立ち向かい、法哲学の新たな地平を拓いた名著。批判に応える「後記」を含め、平明な新訳でおくる。

解釈としての社会批判　マイケル・ウォルツァー　大川正彦／川本隆史訳
社会の不正を糺すのに、普遍的な道徳を振りかざすだけでは有効でない。暮らしに根ざしながら同時にラディカルな批判が必要だ。その可能性を探究する。

思考の技法　グレアム・ウォーラス　松本剛史訳
知的創造を四段階に分け、危機の時代を打破する真の思考のあり方を究明する。『アイデアのつくり方』の源となった先駆的名著、本邦初訳。（平石耕）

ポパーとウィトゲンシュタインとのあいだで交わされた世上名高い10分間の大激論の謎　デヴィッド・エドモンズ／ジョン・エーディナウ　二木麻里訳
このすれ違いは避けられない運命だった？　二人の思想の歩み、そして大激論の真相に、ウィーン学団の人間模様やヨーロッパの歴史的背景から迫る。

大衆の反逆　オルテガ・イ・ガセット　神吉敬三訳
二〇世紀の初頭、《大衆》という現象の出現とその功罪を論じながら、自ら進んで困難に立ち向かう《真の貴族》という概念を対置した警世の書。

死にいたる病　S・キルケゴール　桝田啓三郎訳
死にいたる病とは絶望であり、絶望を深く自覚し神の前に自己をすてる。実存的な思索の深まりをデンマーク語原著から訳出し、詳細な注を付す。

ニーチェと悪循環　ピエール・クロソウスキー　兼子正勝訳
永劫回帰の啓示がニーチェに与えたものは、同一性の下に潜在する無数の強度の解放である。二十一世紀にあざやかに蘇る、逸脱のニーチェ論。

世界制作の方法　ネルソン・グッドマン　菅野盾樹訳
世界は「ある」のではなく、「制作」されるのだ。芸術・科学・日常経験・知覚など、幅広い分野で徹底した思索を行ったアメリカ現代哲学の重要著作。

存在と無 II
ジャン＝ポール・サルトル
松浪信三郎訳
II巻は、第三部「対他存在」を収録。私と他者との相剋関係を論じた「まなざし」論をはじめ、愛、憎悪、マゾヒズム、サディズムなど具体的な他者論を展開。

存在と無 III
ジャン＝ポール・サルトル
松浪信三郎訳
III巻は、第四部「持つ」「為す」「ある」を収録。この三つの基本的カテゴリーとの関連で人間の行動を分析し、絶対的自由を提唱。（北村晋）

公共哲学
マイケル・サンデル
鬼澤忍訳
経済格差、安楽死の幇助、市場の役割など、私達が現代の問題を考えるのに必要な思想とは？　ハーバード大講義で話題のサンデル教授の主著、初邦訳。

パルチザンの理論
カール・シュミット
新田邦夫訳
二〇世紀の戦争を特徴づける「絶対的な敵」殲滅の思想の端緒を、レーニン・毛沢東らの《パルチザン》戦争という形態のなかに見出した画期的論考。

政治思想論集
カール・シュミット
服部平治／宮本盛太郎訳
現代新たな角度で脚光をあびる政治哲学の巨人が、その思想の核を明かしたテクストを精選して収録。権力の源泉や限界といった基礎もわかる名論文集。

神秘学概論
ルドルフ・シュタイナー
高橋巖訳
宇宙論、人間論、進化の法則と意識の発達史を綴り、シュタイナー思想の根幹を展開する――四大主著の一冊、渾身の訳し下し。（笠井叡）

神智学
ルドルフ・シュタイナー
高橋巖訳
神秘主義的思考を明晰な思考に立脚した精神科学へと再編し、知性と精神性の健全な融合をめざしたシュタイナーの根本思想。四大主著の一冊。

いかにして超感覚的世界の認識を獲得するか
ルドルフ・シュタイナー
高橋巖訳
すべての人間には、特定の修行を通して高次の認識を獲得できる能力が潜在している。その顕在化のための道すじを詳述する不朽の名著。

自由の哲学
ルドルフ・シュタイナー
高橋巖訳
社会の一員である個人の究極の自由はどこに見出されるのか。思考は人間に何をもたらすのか。シュタイナー全業績の礎をなしている認識論哲学。

ハーバート・スペンサー
コレクション

ハーバート・スペンサー
森村進編訳

自由はどこまで守られるべきか。リバタリアニズムの源流となった思想家の理論の核が凝縮された論考を精選し、平明な訳で送る。文庫オリジナル編訳。

ナショナリズムとは何か

アントニー・D・スミス
庄司信訳

ナショナリズムは創られたものか、それとも自然なものか。この矛盾に満ちた心性の正体を、世界的権威が徹底的に解説する。最良の入門書、本邦初訳。

反解釈

スーザン・ソンタグ
高橋康也他訳

《解釈》を偏重する在来の批評に対し、《形式》を感受する官能美学の必要性をとき、理性や合理主義に対する感性の復権を唱えたマニフェスト。

声と現象

ジャック・デリダ
林好雄訳

フッサール『論理学研究』の綿密な読解を通して、「脱構築」「痕跡」「差延」「代補」「エクリチュール」など、デリダ思想の中心的〝操作子〟を生み出す。

歓待について

ジャック・デリダ
アンヌ・デュフールマンテル序論
廣瀬浩司訳

異邦人＝他者を迎え入れることはどこまで可能か？ ギリシャ悲劇、クロソウスキーなどを経由し、この喫緊の問いにひそむ歓待の（不）可能性に挑む。

省察

ルネ・デカルト
山田弘明訳

徹底した懐疑の積み重ねから、確実な知識を探り世界を証明づける。哲学入門者が最初に読むべき、近代哲学の源泉たる一冊。詳細な解説付新訳。

哲学原理

ルネ・デカルト
山田弘明／吉田健太郎／久保田進一／岩佐宣明訳・注解

『省察』刊行後、その知のすべてが記された本書は、デカルト形而上学の最終形態といえる。第一部の新訳と解題・詳細な解説を付す決定版。

方法序説

ルネ・デカルト
山田弘明訳

「私は考える、ゆえに私はある」。近代以降すべての哲学は、この言葉で始まった。世界中で最も読まれている哲学書の完訳。平明な徹底解説付。

宗教生活の基本形態（上）

エミール・デュルケーム
山﨑亮訳

宗教社会学の古典的名著を清新な新訳で。オーストラリアのトーテミズムにおける儀礼の研究から、宗教の本質的要素＝宗教生活の基本形態を析出する。

**宗教生活の基本形態（下）**　エミール・デュルケーム　山﨑亮訳

「最も原始的で単純な宗教」の分析から、宗教を、社会を「作り直す」行為の体系として位置づけ、20世紀人文学の原点となった名著。詳細な訳者解説を付す。

**社会分業論**　エミール・デュルケーム　田原音和訳

人類はなぜ社会を必要としたか。社会はいかにして発展するか。近代社会学の嚆矢をなすデュルケーム畢生の大著を定評ある名訳で送る。（菊谷和宏）

**公衆とその諸問題**　ジョン・デューイ　阿部齊訳

大衆社会の到来とともに公共性の成立基盤は衰退した。民主主義は再建可能か？　プラグマティズムの代表的思想家がこの難問を考究する。（宇野重規）

**旧体制と大革命**　A・ド・トクヴィル　小山勉訳

中央集権の確立、パリ一極集中、そして平等を自由に優先させる精神構造——フランス革命の成果は、実は旧体制の時代にすでに用意されていた。

**ニーチェ**　ジル・ドゥルーズ　湯浅博雄訳

〈力〉とは差異にこそその本質を有している——ニーチェのテキストを再解釈し、尖鋭なポスト構造主義的イメージを提出した、入門的な小論考。

**カントの批判哲学**　ジル・ドゥルーズ　國分功一郎訳

近代哲学を再構築してきたドゥルーズが、三批判書を追いつつカントの読み直しを図る。ドゥルーズ哲学が形成される契機となった一冊。新訳。

**基礎づけるとは何か**　ジル・ドゥルーズ　國分功一郎／長門裕介／西川耕平編訳

より幅広い問題に取り組んでいた、初期の未邦訳論考集。思想家ドゥルーズの「企画の種子」群を紹介し、彼の思想の全体像をいま一度描きなおす。

**スペクタクルの社会**　ギー・ドゥボール　木下誠訳

状況主義——「五月革命」の起爆剤のひとつとなった芸術＝思想運動——の理論的支柱で、最も急進的かつトータルな現代消費社会批判の書。

**論理哲学入門**　E・トゥーゲントハット／U・ヴォルフ　鈴木崇夫／石川求訳

論理学とは何か。またそれは言語や現実世界とどんな関係にあるのか。哲学史への確かな目配りと強靭な思索をもって解説するドイツの定評ある入門書。

**ニーチェの手紙**
茂木健一郎編・解説
塚越敏／眞田収一郎訳

哲学の全歴史を一新させた偉人が、思いを寄せる女性に綴った真情溢れる言葉から、手紙に残した名句まで――書簡から哲学者の真の人間像と思想に迫る。

**存在と時間　上・下**
M・ハイデッガー
細谷貞雄訳

哲学の根本課題、存在の問題を、現存在としての人間の時間性の視界から解明した大著。刊行時すでに哲学の古典と称された20世紀の記念碑的著作。

**「ヒューマニズム」について**
M・ハイデッガー
渡邊二郎訳

『存在と時間』から二〇年、沈黙を破った哲学者の後期の思想の精髄。「人間」ではなく「存在の真理」の思索を促す、書簡体による存在論入門。

**ドストエフスキーの詩学**
ミハイル・バフチン
望月哲男／鈴木淳一訳

ドストエフスキーの画期性とは何か？《ポリフォニー論》と《カーニバル論》という、魅力にみちた二視点を提起した先駆的著作。（望月哲男）

**表徴の帝国**
ロラン・バルト
宗左近訳

「日本」の風物・慣習に感嘆しつつもそれらを〈零度〉に解体し、詩的素材としてエクリチュールとシーニュについての思想を展開させたエッセイ集。

**エッフェル塔**
ロラン・バルト
宗左近／諸田和治訳
伊藤俊治図版監修

塔によって触発される表徴を次々に展開させることで、その創造力を自在に操る、バルト独自の構造主義的思考の原形。解説・貴重図版多数併載。

**エクリチュールの零度**
ロラン・バルト
森本和夫／林好雄訳註

哲学・文学・言語学など、現代思想の幅広い分野に怖るべき影響を与え続けているバルトの理論的主著。詳註を付した新訳決定版。（林好雄）

**映像の修辞学**
ロラン・バルト
蓮實重彦／杉本紀子訳

イメージは意味の極限である。広告写真や報道写真、そして映画におけるメッセージの記号を読み解き、意味を探り、自在に語る魅惑の映像論集。

**ロラン・バルト　中国旅行ノート**
ロラン・バルト
桑田光平訳

一九七四年、毛沢東政権下の中国を訪れたバルトの旅行の記録。それは書かれなかった中国版「記号の国」への覚書だった。新草稿、本邦初訳。（小林康夫）

ちくま学芸文庫

# 1492 西欧文明《せいおうぶんめい》の世界支配《せかいしはい》

二〇〇九年十二月 十 日 第一刷発行
二〇二〇年 七 月二十五日 第七刷発行

著者 ジャック・アタリ
訳者 斎藤広信（さいとう・ひろのぶ）

発行者 喜入冬子
発行所 株式会社 筑摩書房
東京都台東区蔵前二―五―三 〒一一一―八七五五
電話番号 〇三―五六八七―二六〇一（代表）
装幀者 安野光雅
印刷所 明和印刷株式会社
製本所 株式会社積信堂



ISBN978-4-480-09258-8 C0120